工业和信息化“十三五”人才培养规划教材

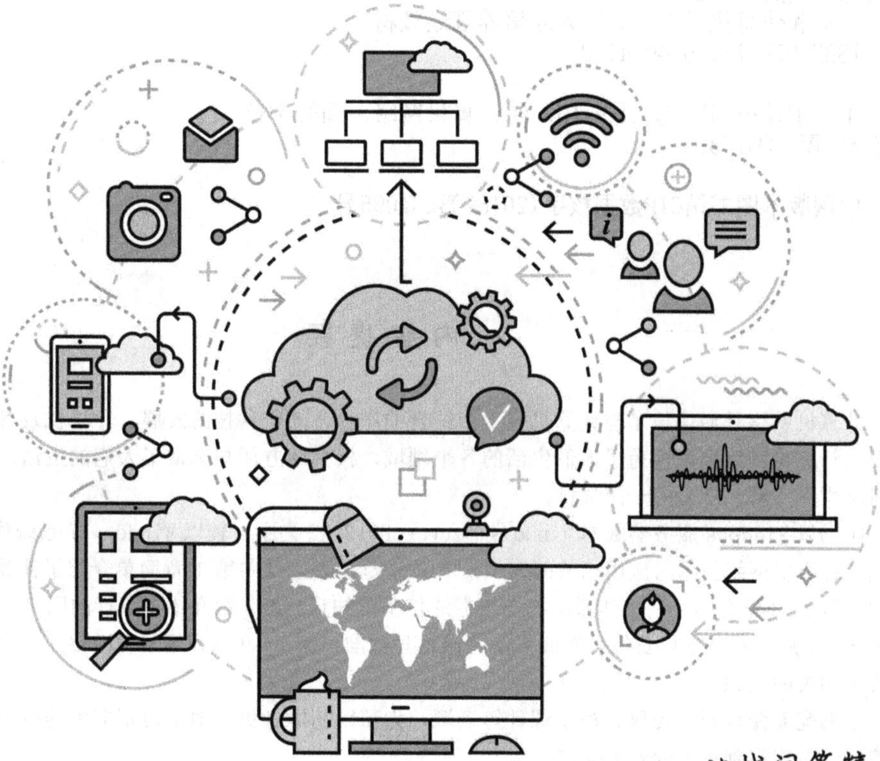

计算机网络技术及应用

黑马程序员 ◉ 编著

人 民 邮 电 出 版 社
北 京

图书在版编目（CIP）数据

计算机网络技术及应用 / 黑马程序员编著. -- 北京：人民邮电出版社，2019.1
工业和信息化“十三五”人才培养规划教材
ISBN 978-7-115-49441-2

Ⅰ. ①计… Ⅱ. ①黑… Ⅲ. ①计算机网络－高等学校－教材 Ⅳ. ①TP393

中国版本图书馆CIP数据核字(2018)第234095号

内 容 提 要

计算机网络是通信技术与计算机技术相结合的产物，随着科技的发展、计算机及各种移动设备的普及，计算机网络逐渐覆盖了人们生活的各个领域，极大地方便与丰富了人们的生活，也成为广大理工科学生应了解、学习的一门学科。

本书以 Windows 服务器版本 Windows Server 2012 R2 为主，辅以 Windows 7 系统作为教学环境，介绍了计算机网络技术与应用相关的知识。本书分为 9 章，其中第 1 章简单介绍了计算机网络与相关应用；第 2、3 章介绍了网络体系结构与数据通信基础知识；第 4 章介绍了流行的网络操作系统；第 5、6 章介绍了局域网技术以及综合布线系统的结构与标准；第 7～9 章介绍了与网络应用、网络管理与网络安全相关的知识。

本书配套源代码、习题、教学课件等资源，为帮助初学者更好地学习本书中的内容，还提供了在线答疑，希望得到更多读者的关注。

本书既可作为高等院校本、专科计算机相关专业及其他工科专业的计算机网络课程专用教材，也可作为自学者使用的辅助教材，是一本适用于计算机网络初学者的入门级教材。

◆ 编　　著　黑马程序员
　责任编辑　范博涛
　责任印制　马振武

◆ 人民邮电出版社出版发行　　北京市丰台区成寿寺路 11 号
　邮编　100164　　电子邮件　315@ptpress.com.cn
　网址　http://www.ptpress.com.cn
　固安县铭成印刷有限公司印刷

◆ 开本：787×1092　1/16
　印张：14　　2019 年 1 月第 1 版
　字数：344 千字　　2025 年 9 月河北第 17 次印刷

定价：39.80 元

读者服务热线：(010)81055256　印装质量热线：(010)81055316
反盗版热线：(010)81055315

FOREWORD

序言

本书的创作公司——江苏传智播客教育科技股份有限公司（简称“传智教育”）作为我国第一个实现 A 股 IPO 上市的教育企业，是一家培养高精尖数字化专业人才的公司，主要培养人工智能、大数据、智能制造、软件开发、区块链、数据分析、网络营销、新媒体等领域的人才。传智教育自成立以来贯彻国家科技发展战略，讲授的内容涵盖了各种前沿技术，已向我国高科技企业输送数十万名技术人员，为企业数字化转型、升级提供了强有力的人才支撑。

传智教育的教师团队由一批来自互联网企业或研究机构，且拥有 10 年以上开发经验的 IT 从业人员组成，他们负责研究、开发教学模式和课程内容。传智教育具有完善的课程研发体系，一直走在整个行业的前列，在行业内树立了良好的口碑。传智教育在教育领域有 2 个子品牌：黑马程序员和院校邦。

一、黑马程序员——高端 IT 教育品牌

黑马程序员的学员多为大学毕业后想从事 IT 行业，但各方面的条件还达不到岗位要求的年轻人。黑马程序员的学员筛选制度非常严格，包括了严格的技术测试、自学能力测试、性格测试、压力测试、品德测试等。严格的筛选制度确保了学员质量，可在一定程度上降低企业的用人风险。

自黑马程序员成立以来，教学研发团队一直致力于打造精品课程资源，不断在产、学、研 3 个层面创新自己的执教理念与教学方针，并集中黑马程序员的优势力量，有针对性地出版了计算机系列教材百余种，制作教学视频数百套，发表各类技术文章数千篇。

二、院校邦——院校服务品牌

院校邦以“协万千院校育人、助天下英才圆梦”为核心理念，立足于中国职业教育改革，为高校提供健全的校企合作解决方案，通过原创教材、高校教辅平台、师资培训、院校公开课、实习实训、协同育人、专业共建、“传智杯”大赛等，形成了系统的高校合作模式。院校邦旨在帮助高校深化教学改革，实现高校人才培养与企业发展的合作共赢。

（一）为学生提供的配套服务

1. 请同学们登录“传智高校学习平台”，免费获取海量学习资源。该平台可以帮助同学们解决各类学习问题。

2. 针对学习过程中存在的压力过大等问题，院校邦为同学们量身打造了 IT 学习小助手——邦小苑，可为同学们提供教材配套学习资源。同学们快来关注“邦小苑”微信公众号。

（二）为教师提供的配套服务

1. 院校邦为其所有教材精心设计了“教案+授课资源+考试系统+题库+教学辅助案例”的系列教学资源。教师可登录“传智高校教辅平台”免费使用。

2. 针对教学过程中存在的授课压力过大等问题，教师可添加“码大牛” QQ（2770814393），或者添加“码大牛”微信（18910502673），获取最新的教学辅助资源。

前言 FOREWORD

本书在编写的过程中，结合党的二十大精神进教材、进课堂、进头脑的要求，将知识教育与思想政治教育相结合，通过案例加深学生对知识的认识与理解，让学生在学习新兴技术的同时了解国家在科技方面的发展的伟大成果，提升学生的民族自豪感，引导学生树立正确的世界观、人生观和价值观，进一步提升学生的职业素养，落实德才兼备的高素质卓越工程师和高技能人才的培养要求。此外。编者依据书中的内容提供了线上学习资源，体现现代信息技术与教育教学的深度融合，进一步推动教育数字化发展。

随着互联网产业的兴起及世界级三大网络的逐步融合，计算机网络在其他两大网络（电信网络、有线电视网络）之后逐渐渗透到人们的生活与工作之中。计算机网络在给人们带来便利的同时，也改变了人们的生活方式，人们的衣、食、住、行、娱乐、科研、教育等方方面面都已离不开网络。大学生作为未来社会的建设者，应掌握当下社会的新兴科技，以适应社会发展的需求。

为什么要学习本书

计算机网络人才分为两类，一类是计算机专业出身，钻研计算机技术，引领技术继续发展的技术型人士；另一类是非计算机专业出身，掌握计算机网络技术与基础应用，在其他行业中应用计算机技术的应用型人才。本书站在初学者的角度，介绍了计算机网络的背景与结构，说明了数据通信相关内容，讲解了计算机网络基础技术与应用，无论是哪类人才，皆可通过学习本书掌握计算机网络入门知识，为下一步的学习或从业做准备。

本书在讲解时采用理论与实践相结合的方式，为每章配备了实践案例，先对相关知识进行说明，再以实际案例对其进行巩固。本书语言通俗易懂，相关案例精炼实用，旨在帮助读者学习理论知识的同时，提高学习兴趣，强化动手能力。

如何使用本书

本书以 Windows 服务器版本 Windows Server 2012 R2 为主，辅以 Windows 7 系统作为教学环境，全书共分为 9 章，具体介绍如下。

第 1 章对计算机网络的发展历程、类型、拓扑结构、功能进行了简单介绍，并演示了常见的网络应用，介绍了计算机网络的性能。通过本章的学习，读者可对计算机网络有简单的了解，并能熟练使用浏览器、电子邮件和即时通信工具。

第 2 章主要介绍了网络协议与体系结构，包括协议与体系结构对构建网络的意义、常见的网络体系结构、TCP/IP 体系结构中常用的协议等。此外，本章也对网络通信中涉及的 IP 地址进行了说明。通过本章的学习，读者会对常见的网络协议与体系结构有基本的了解，并掌握 IP 地址的分类，以及划分子网的方法。

第 3 章主要介绍了与数据通信相关的内容，包括数据通信中常用的概念、搭建物理信道的传输媒介、通信设备及设备接口等。通过本章的学习，读者将熟悉数据通信中常用的传输媒介、通信设备和接口。

第 4 章首先介绍了网络操作系统的概念、基本功能和主流的网络操作系统，其次展示了

Windows Server 2012 R2 操作系统的安装方式和配置网络连接的方式，之后对在 Windows 系统中创建用户、用户组的方式进行讲解，最后在实验中介绍了 Windows Server 2012 R2 中安装 DNS 服务的方式和共享资源的方法。通过本章的学习，读者会对网络操作系统的概念有所了解，并掌握安装 Windows Server 2012 R2 系统的方式，以及在该系统中安装服务、共享资源的方法。

第 5 章对局域网的概念、分类、标准及局域网组网技术和局域网组网设备进行了讲解。通过本章的学习，读者会对局域网有一定的了解，熟悉局域网中的组网设备，了解局域网中的组网技术，并能熟练组建小型局域网。

第 6 章主要介绍了与局域网相关的综合布线的基础知识。通过本章的学习，读者会对综合布线系统的功能与结构有整体的认识，了解综合布线系统的设计与实施过程，并掌握制作网线、安装网络信息模块的方法。

第 7 章首先介绍了网络应用的设计模式，之后分别介绍了 Web 应用和文件传输这两种常见网络应用服务器的创建、配置及发布和访问方式。通过本章的学习，读者会对网络应用的设计模式有所了解，并能在 Windows Server 2012 R2 系统中安装 IIS 管理器，创建、配置和使用 Web 服务器和 FTP 服务器。

第 8 章介绍了与网络管理相关的知识，包括网络管理模式、网管系统的功能、流行的网络管理协议，并以实验的方式展示如何向基于 SNMP 的管理系统中添加被管设备。通过本章的学习，读者会对网络管理的功能、网络管理协议有所了解，并掌握将设备添加为 SNMP 被管设备的方法。

第 9 章主要讲解了与网络安全相关的知识，包括网络安全的概念，实现信息安全、网络安全的技术，以及系统安全的常用配置，并在实验中介绍了抓取数据包、分析数据包的方法。通过本章的学习，读者会对网络遭遇的威胁、保障网络安全的技术有所了解，能通过更改系统配置提高系统安全性，并了解如何抓取、分析数据包。

在学习的过程中，读者应勤思考、勤总结，并自主实践书中提供的案例。

读者若不能完全理解书中所讲知识，可登录博学谷平台，配合平台中的教学视频进行学习。此外读者在学习的过程中，务必要勤于练习，确保真正获取所学知识。若在学习的过程中遇到无法解决的困难，建议读者莫要纠结于此，继续往后学习，或可豁然开朗。

致谢

本书的编写和整理工作由传智播客教育科技有限公司高教产品研发部完成，主要参与人员有吕春林、高美云、郑瑶瑶等，全体人员在近一年的编写过程中付出了很多辛勤的汗水，在此一并表示衷心的感谢。

意见反馈

尽管我们付出了最大的努力，但书中难免会有不妥之处，欢迎各界专家和读者朋友们多提宝贵意见，我们将不胜感激。您在阅读本书时，如发现任何问题或有不认同之处可以通过电子邮件与我们取得联系。

请发送电子邮件至：itcast_book@vip.sina.com。

黑马程序员

2023 年 5 月于北京

目录 CONTENTS

1 Chapter

第 1 章 初识计算机网络

拓展阅读

学习目标

- 了解计算机网络的演变历程
- 掌握网络类型、拓扑结构及功能
- 掌握接入 Internet 的方式
- 熟练使用基础网络应用
- 掌握网络性能的评判标准

计算机网络诞生于 20 世纪 60 年代，是继电信网络、有线电视网络之后出现的第三个世界级大型网络。通过计算机网络，人们可以用文字、语音、视频等形式交流，可以查看新闻、查阅资料、下载文件，可以在线购物、在线观影、玩游戏，也可以查阅、规划出行路线。总的来说，计算机网络为人们提供了新的资源共享与数据传输平台，也提供了全新的生活方式。本章作为全书第 1 章，将对计算机网络基础知识进行讲解，并介绍计算机网络在日常生活中的常见应用。

1.1 计算机网络概述

计算机网络是物理硬件、软件与协议的组合，在计算机网络中，首先需要将多台具有独立运算功能的计算机及其外部设备通过通信线路连接作为底层物理支撑，其次物理设备中需搭载网络操作系统、网络管理软件，再则操作系统中的软件需遵循协议的管理与协调，最终方能实现信息传递、资源共享。本节将从计算机网络的产生与发展、类型、拓扑结构及功能这些方面对计算机网络进行介绍。

1.1.1 计算机网络的产生与发展

计算机网络自诞生至今，其发展历程被划分为远程终端联机、计算机–计算机网络、网络互联和信息高速公路 4 个阶段，下面依次对各个阶段计算机网络的发展情况进行介绍。

1. 第一阶段：远程终端联机

计算机网络的产生可追溯到 1946 年，彼时已是电子计算机时代，计算机大多采用批处理方式，用户使用计算机时需先将程序制成穿孔纸带或卡片，再送到中心计算机进行处理。1954 年，收发器（Converter）诞生，使用此设备，人们可通过电话线路将穿孔纸带或卡片上的信息发送到计算机，远距离信息传送器械——电传打字机（Teletype）也作为远程终端与计算机相连，用户可利用电传打字机发送自己的程序，并接收中心计算机计算出来的结果。

计算机在与终端设备相连时，必须使用线路控制器接口，由于终端设备不唯一，为了避免计算机使用多个线路控制器，多重线路控制器应运而生。此时计算机可与多台终端设备相连，初阶计算机网络诞生，如图 1–1 所示。

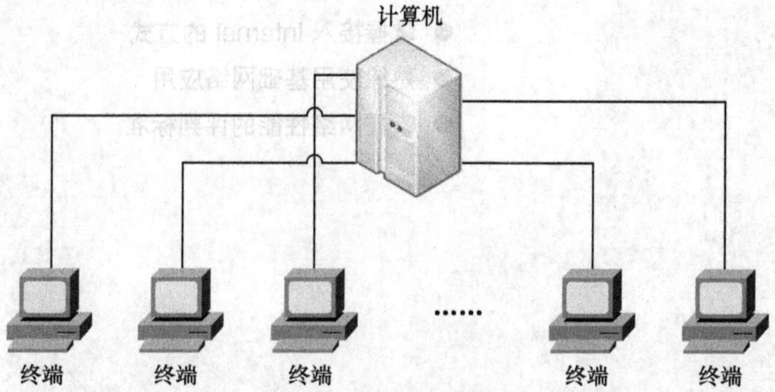

图1–1 初阶计算机网络

初阶计算机网络存在两个弊端：其一，因为初阶计算机网络中的中心计算机既要负责通信任务，又要进行数据处理，负荷较重，所以系统响应时间较长；其二，一条通信线路只能与一台终端相连，通信线路的利用率较低。

为了解决上述两个问题，人们在计算机网络中添加了用于承担通信任务的前端处理机，使中心计算机完全用于数据处理，以提高工作效率，并在远程终端较密集的位置添加了集中器（Concentrator），使多台终端共用一条通信线路，以提高通信线路的利用率。此时计算机网络的模型如图 1-2 所示。

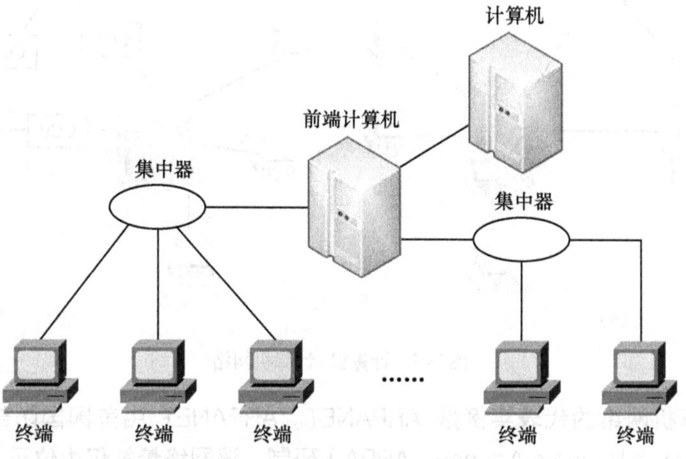

图1-2 多终端计算机网络

远程终端联机网络的代表实例之一是 SABRE-1，SABRE-1 是美国于 1963 年投入使用的航空订票系统，该系统由一台位于纽约的主机和分布在美国各地区的 2000 多台终端组成，人们可以通过系统的终端远程预订机票。

远程终端联机阶段以单台主机为中心，将多台终端设备与其相连，形成计算机网络。此阶段标志着计算机技术与通信技术的初步结合，是计算机网络的雏形。但该阶段并非真正意义上的计算机网络，此阶段中心主机尚不能与各用户同时通信，各用户操作的终端也不具备独立的数据处理能力，不能实现资源共享。

2. 第二阶段：计算机-计算机网络

远程终端联机阶段的计算机体积巨大，造价昂贵，因此普及率相当低。20 世纪 60 年代中期，经过一定的研究，计算机技术不断提升，计算机硬件价格逐步下降，计算机应用飞速发展，具有一定规模的公司已有能力负担多台计算机主机，而由于处于不同地域的多台计算机之间有通信需求，科学家逐渐研发出了计算机到计算机的通信技术。计算机-计算机网络逐渐形成。

计算机-计算机网络的结构有两种：其一是多台主机互联，每台主机又与各自的终端相连，此种结构中主机同时负责通信与数据处理；其二首先是每台主机与一台负责通信功能的通信控制处理机（Communication Control Processor，CCP）相连，并与各自的终端相连，其次多台 CCP 相连，形成带有通信功能的内网的网络。这两种计算机-计算机网络分别如图 1-3（a）和图 1-3（b）所示。

图 1-3（b）所示的计算机-计算机网络中，由 CCP 互联组成的内网也称通信子网，由中心机与终端组成的外网称为资源子网。通信子网提供通信服务，资源子网提供资源，两者相辅相成，缺一不可。

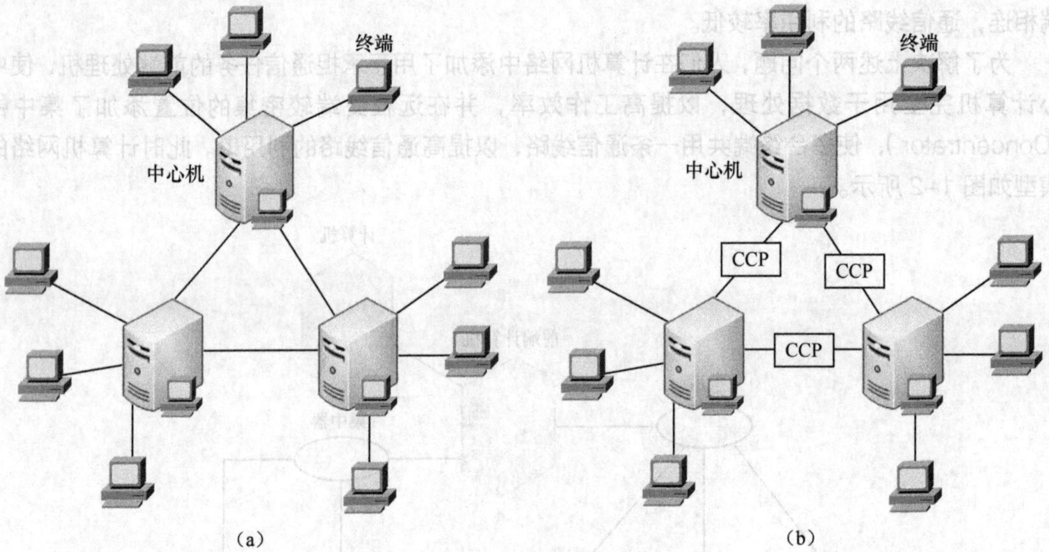

图1-3 计算机-计算机网络

计算机-计算机网络的代表实例是 ARPANET。ARPANET 由美国国防部高级研究计划署（Advanced Research Projects Agency，ARPA）研制，该网络最初仅由位于洛杉矶四所大学中的 4 台大型计算机组成，目的是方便大学之间共享资源。到了 1975 年，ARPANET 已连入了 100 多台主机，网络互联成为需要研究的核心问题，在研究此问题的过程中，网络协议簇 TCP/IP 应运而生，且有越来越多的人投入到了此协议簇的研究工作中。1983 年，TCP/IP 研制成功，ARPANET 主机使用的通信协议全部转换为 TCP/IP，ARPANET 逐渐成熟。之后美国国防部国防通信局将 APRANET 分为独立的两部分，一部分仍叫 APRANET，主要用于科研和教育；另一部分称为 MILNET，用于军方的非机密通信。

在计算机-计算机网络阶段，位于网络中的终端可以访问本地主机和通信子网上所有主机的软硬件资源，公用数据网（Public Data Network，PDN）与局部网络（Local Network，LN）技术也得到了飞速发展。该阶段所取得的成果对后续网络发展影响深远，同时期研发的网络协议也为以后网络理论的发展奠定了坚实的基础。

3. 第三阶段：网络互联

20 世纪 70 年代后期，人们已经意识到了网络体系结构与网络协议的多样化对计算机网络自身发展和应用的限制，并将研究重心逐渐放到了网络体系结构与网络协议国际化标准的建立与应用工作上。

1977 年，国际标准化组织（International Standards Organization，ISO）以各计算机制造厂家的网络体系结构为基础，开始制定一系列标准。1984 年，ISO 发布了开放系统互联参考模型（Open System Interconnection Reference Model，OSI/RM，简称 OSI）。OSI 的目的在于方便不同厂家的计算机互联，它制定了可以互联的计算机系统间使用的通信协议。符合 OSI 标准的网络也被称为第三代计算机网络。

20 世纪 80 年代，个人计算机（Person Computer，PC）得到了极大发展，计算机逐渐被应用于办公室与家庭环境。办公室与家庭环境无须使用远程公共数据网，局域网技术也开始被普遍应用。1980 年 2 月，局域网标准 IEEE 802 发布。局域网产生初期标准已制定，各成熟计算机网络厂商均按照标准制造设备，极大地促进了局域网的发展。

在网络互联阶段，网络中的节点不再是具体的设备，而是一个网络，此时的计算机网络更像是一个由网络组成的网络，如图 1-4 所示。

由多个网络互相连接形成的更大的网络称为互联网（Internet）。

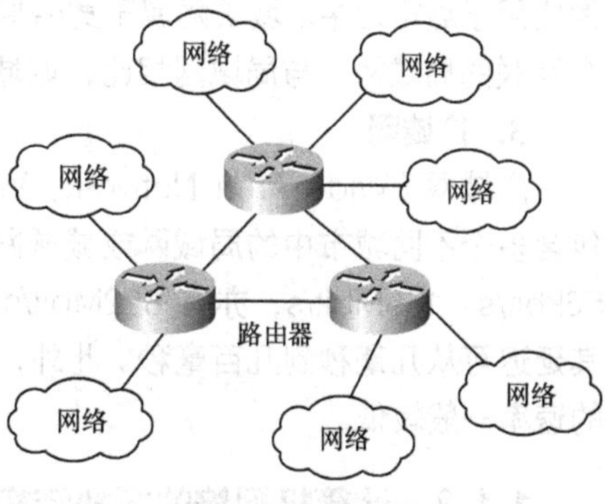

图1-4　网络互联

4. 第四阶段：信息高速公路

20 世纪 90 年代，计算机网络进入第四阶段，该阶段的特点是：高速、多业务、大数据量。1985 年，美国国家科学基金会（National Science Foundation，NSF）开始建立计算机网络 NSFNET。NSF 规划建立了 15 个超级计算机中心及国家教育科研网，这 15 个网络组成了用于支持科研和教育事业的全国性网络——NSFNET。之后 NSFNET 以这 15 个网络为基础，实现了其他网络的连接，并代替 ARPANET 成为用于科研和教育的主要网络。1989 年，MILNET 与 NSFNET 连接，开始采用 Internet 这个名称，之后其他部门的计算机网络相继并入 Internet，ARPANET 宣告解散。

Internet 是一个由路由器实现多个广域网和局域网互联的大型国际网，它是世界性的信息网络，且在全球的经济、文化、科研、教育等领域及人类生活中发挥着越来越重要的作用，通过 Internet 可以实现全球范围内的电子邮件收发、信息查询和浏览、文件传输、语音和图像通信服务等功能。关于 Internet 的详细介绍将在后续内容中讲解。

1.1.2　计算机网络的类型

根据不同的分类标准，如拓扑结构、传输介质、数据交换方式等，可将计算机网络划分为不同的类型，但这些分类标准只能反映网络的部分特征，无法体现网络技术的本质，因此人们通常以可反映网络技术本质特征的分类标准——计算机网络覆盖的地理范围，对计算机网络进行分类。根据计算机网络覆盖的地理范围，可将其划分为局域网、城域网和广域网。

1. 局域网

局域网（Local Area Network，LAN）是仅覆盖局部地区的网络，所覆盖的地理范围一般在几千米以内。局域网一般应用在一个房间、一栋建筑物或校园中，是应用最广泛，也是最常见的计算机网络。局域网对其中连接的设备数量没有过多要求，少则两台，多则上千台皆可组建局域网。

局域网的类型很多，若按传输介质划分，可分为有线网和无线网；若按网络拓扑结构划分，可分为总线网、树状网、环状网、星状网、混合网络等；若按传输介质所使用的访问控制方法划分，可分为以太网、令牌环网、FDDI 网和无线局域网，其中以太网是当前应用最普遍的局域网技术。

局域网覆盖的地理范围比较局限，但正因为这一特性，局域网的传输速率相当高，使用同轴电缆、双绞线、光纤作为传输介质时，局域网的最高传输速率分别可达 4Mbit/s、10Mbit/s、100Mbit/s。除高传输速率外，局域网还具有通信时延短、易扩缩、易管理、安全可靠等多种特性。

2. 城域网

城域网（Metropolitan Area Network，MAN）覆盖的地理范围一般在几千米到几十千米，通常应用于城市之中。城域网属于宽带局域网，可认为它是局域网的延伸。一个城域网通常包含多个互联的局域网。与局域网相比，城域网覆盖的范围更广，可连接的设备数量更多。

3. 广域网

广域网（Wide Area Network，WAN）也称远程网，其覆盖的范围为 100～1000km，一般包含多个不同城市中的局域网或城域网。广域网的数据传输速率比局域网高，其典型速率范围为 56kbit/s～155Mbit/s，亦有 622Mbit/s、2.4Gbit/s，但广域网信息传输的延迟比局域网大得多，其延迟可从几毫秒到几百毫秒。此外，广域网连接的设备较多，但总的带宽有限，所以终端用户的速率一般较低。

1.1.3 计算机网络的拓扑结构

拓扑是研究几何图形或空间在连续改变形状后还能保持不变性质的一个学科。在计算机网络中，拓扑被用于设计设备与传输介质之间的物理布局。从拓扑学的角度，网络设备被抽象为一个“点”，传输介质被抽象为“线”，如此网络规划人员可忽略网络中信号的流动与数据的传输，只关心网络的物理连接形态，并借助抽象的网络拓扑结构来评估网络的设计、功能、可靠性与成本等各项性能。常见的计算机网络拓扑结构分为星状、环状、总线、树状和网状等，下面将分别对这几种拓扑结构进行介绍。

1. 星状拓扑结构

星状拓扑结构中设备连接成星状网，这种网络中存在中央节点，其他节点都与中央节点直接相连，基于此种结构的网络如图 1-5 所示。

星状拓扑结构便于网络的集中控制，各端用户在通信时必定经过中心节点，因此星状网便于维护，安全性较高且比较可靠，即便端点设备出现故障，也不会影响其他端用户间的通信。当然，因为各端点都依赖中心节点，所以中心节点必须具有极高的可靠性，否则一旦中心节点故障，整个网络都会受到影响。

2. 环状拓扑结构

环状拓扑结构常用于局域网中，这种结构的传输媒介逐个连接端用户，直到将所有用户连成环状，基于此种结构的网络如图 1-6 所示。

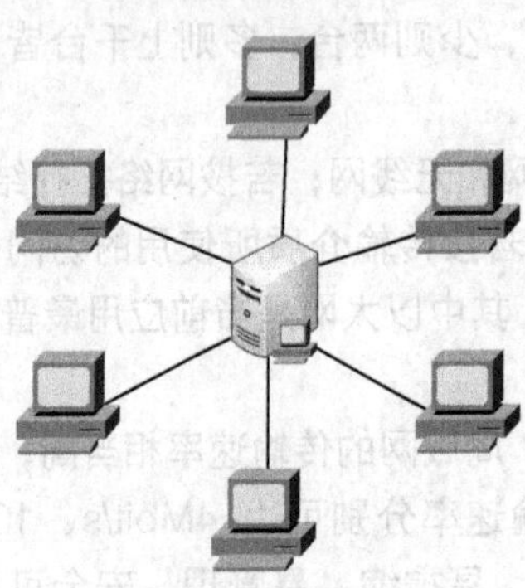

图1-5 星状网

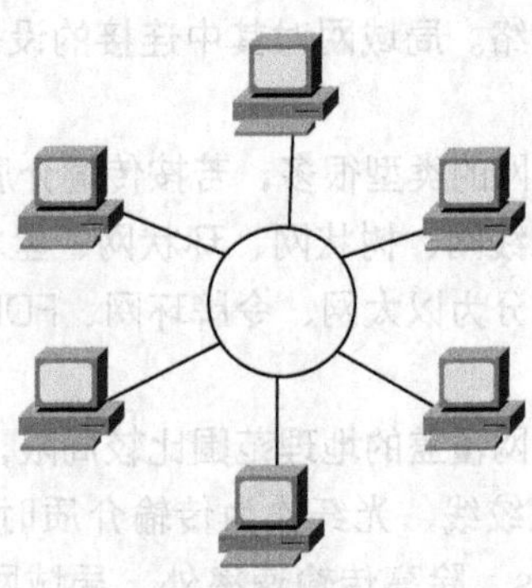

图1-6 环状网

环状网中的数据单向、逐站传送，虽然此种网络结构简单，传播时延稳定，但每个节点都与网络状况息息相关，一旦有某个节点故障，整个网络就会瘫痪。此外，环状网还存在以下问题。

（1）节点数量不能过多。数据在各个节点中串行传输，当环中节点过多时，信息的传输速率将会降低，且网络响应时间将会增加。

（2）网络中节点的增加、移动比较复杂。增加、移动节点时会对多个节点造成影响。

（3）网络的维护和管理比较复杂。当网络故障时，难以对故障进行定位，从而提高了网络维护和管理的难度。

3. 总线拓扑结构

总线拓扑结构中，所有节点共用一条信息传输通道（简称信道），基于此种结构的网络如图 1-7 所示。

总线网中一个节点发送的数据可以被其他各个节点接收。由于多个节点共用信道，此种网络必须规定信道分配方式，决定节点之间使用信道的优先顺序。总线网各节点之间互不影响，自身的故障一般不会影响整个网络，但若总线故障，整个网络将陷入瘫痪。尽管在性能上，总线网毁誉参半，但其成本低、安装简单，因此是使用最普遍的网络之一。

4. 树状拓扑结构

树状拓扑结构中的各节点以层次化结构排列，基于此种结构的网络如图 1-8 所示。

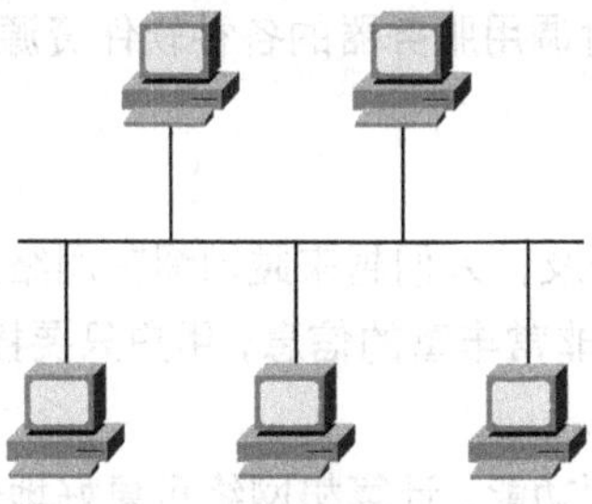

图1-7 总线网

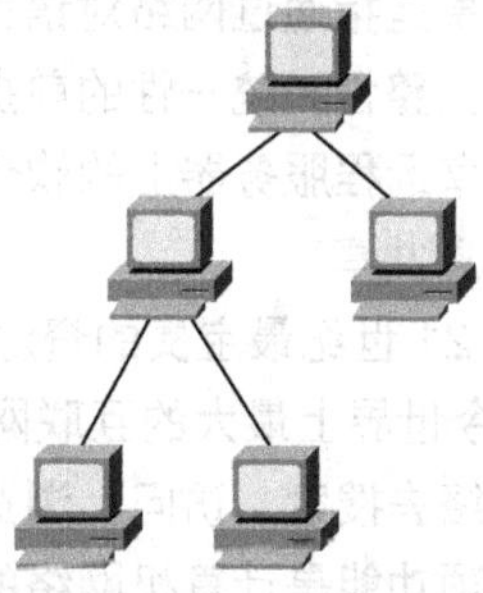

图1-8 树状网

树状网是分级的集中控制式网络，该结构网络的主要优点是易于扩展和故障隔离。树状结构的网络中可延伸出很多分支和子分支，很容易在网络中加入新的分支或节点；若树状网中的某一线路或分支节点出现故障，它主要影响局部区域，因此易于将故障部位与整个网络相隔离。

树状网的缺点也很明显，若其根节点出现故障，整个网络都会瘫痪；此种网络的层级不宜太多，随着层级的增加，网络节点转接开销会同步增加，高层节点的负荷也会加重。

5. 网状拓扑结构

网状拓扑结构中各节点之间互相连接，且每个节点至少与其他两个节点相连。基于网状拓扑结构的网络如图 1-9 所示。

网状网结构复杂，成本较高，难以管理和维护，但它具有较高的可靠性，主要应用于广域网中。

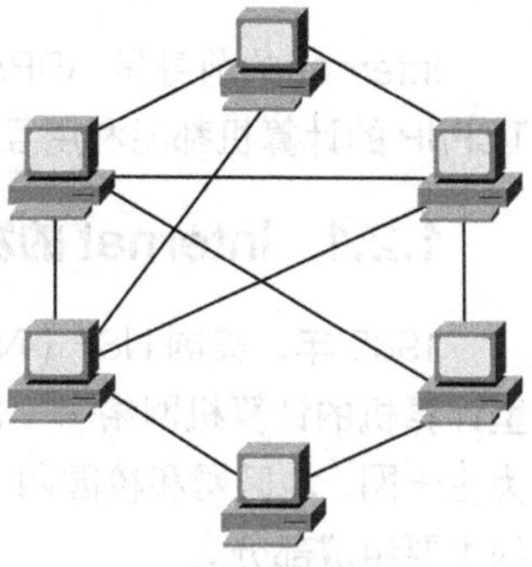

图1-9 网状网

1.1.4 计算机网络的功能

信息传递和资源共享是计算机网络产生与发展以来一直追求的目标，也是计算机网络最主要的两大功能。

1. 信息传递

信息传递是计算机网络最基本的功能，它用来快速传送计算机与终端、计算机与计算机之间的各种信息，包括文字信件、新闻消息、资讯信息、图片资料、报纸版面等。利用这一特点，可将分散在各个地区的单位或部门用计算机网络联系起来，进行统一的调配、控制和管理。目前，通过计算机网络的信息传递功能实现的应用涉及人类生活的各个领域，如日常交流、电子邮件、语音通信、视频通信、远程教学、远程医疗等。

2. 资源共享

“共享”是指网络中的部分或全部用户可以享受网络中的部分或全部资源，计算机网络可共享的资源包括硬件资源、软件资源和信息资源。

（1）硬件共享

硬件共享指通过网络对处理资源、存储资源、输入/输出资源等硬件资源的共享，计算机网络中的许多硬件设备造价昂贵，如巨型计算机、大容量存储器、高分辨率的激光打印机、绘图仪等，通过网络实现这些硬件资源的共享，不仅可节约成本，亦可提高资源利用率。

（2）软件共享

软件共享是指通过网络对语言处理程序、应用程序和服务程序等软件资源的共享。软件共享在保持数据完整性和统一性的前提下，允许多个用户同时调用服务器的各种软件资源。用户亦可通过网络共享远程服务器上的软件资源。

（3）信息共享

信息是 21 世纪最宝贵的资源之一，随着互联网的普及，人们越来越习惯在网络上发布、浏览信息。如今世界上最大的互联网——Internet 中包含了非常丰富的信息，用户只要接入互联网，便能通过网络去搜索、访问、浏览或者下载所需信息。

上述两项功能是计算机网络的核心功能，基于这两项功能，计算机网络可更好地保证网络服务的稳定运行，提高服务器系统的可用性、可靠性，实现分布式处理。

1.2 Internet 与 Internet 接入

Internet 的前身是 ARPANET，1983 年，TCP/IP 成为 ARPANET 上的标准协议，所有使用 TCP/IP 的计算机都能利用互联网进行通信，人们也因此将 1983 年作为 Internet 诞生的时间。

1.2.1 Internet 的发展史

1985 年，美国 NSF（National Science Foundation，国家科学基金会）建设了围绕 6 个大型计算机的计算机网络——国家科学基金网（NSFNET）。NSFNET 是一个三级计算机网络，分为主干网、地区网和校园网（企业网），该网络覆盖了美国主要的大学和研究所，并成为 Internet 的主要组成部分。

1991 年，NSF 和美国的其他政府机构意识到 Internet 不应局限于大学和研究机构，必须扩大使用范围，之后世界上的许多公司纷纷接入 Internet，网络上的通信量急剧增大，美国政府决定将 Internet 的主干网交由私人公司经营，并向接入 Internet 的单位收费。

自 1993 年开始，NSFNET 被若干个商用的 Internet 主干网替代。1995 年，NSFNET 宣布停止运作，此时商用 Internet 的主干网已覆盖了全球 91 个国家，主机超过 400 万台，之后 Internet 更以惊人的速度飞速发展，成为全球范围内最大的开放性互联网络。

在 NSFNET 被商用 Internet 主干网替代的过程中诞生了一个新的名词——ISP（Internet Service Provider，因特网服务提供者），ISP 实际上就是提供 Internet 服务的商业公司，因此 ISP 也称为因特网服务提供商。中国电信、中国联通和中国移动是我国最有名的 ISP。

根据提供服务的能力，ISP 可分为主干 ISP、地区 ISP 和本地 ISP。ISP 之间存在层级关系，地区 ISP 可以连接到主干 ISP，本地 ISP 可以连接到地区 ISP 或主干 ISP。大多终端用户连接的都是本地 ISP。本地 ISP 一般为大学或企业，这类 ISP 拥有网络，并向特定人群（员工、学生等）提供服务。

多学一招：什么是“宽带”

从一般角度理解，“宽带”指能够满足人们所能感受到的各种媒体在网络上传输所需要的带宽，它是一个动态的、发展的概念。OECD 2006 年报告称，任何传输速率在 256kbit/s 以上的互联网连接可称为宽带，FCC（美国联邦通信委员会）2015 年定义任何传输速率在 4Mbit/s 以上的互联网连接可称为宽带。

1.2.2 接入 Internet

为了方便各个地区的用户接入网络，且满足各种用户对网络速率的要求，ISP 提供了多种宽带接入技术。宽带接入技术实际上是解决通信服务提供商的机房交换机到用户计算机等终端设备之间网络连接的问题，在通信行业中，这个问题通常被称为“最后一公里”。常用的宽带接入技术有 ADSL 技术、HFC 接入技术以及光纤接入技术。

1. ADSL 技术

ADSL 技术是 xDSL 技术的一种，xDSL 是数字用户线路（Digital Subscriber Line）的总称，包括 ADSL、RADSL、VDSL、SDSL 等，是利用数字技术对现有模拟电话用户线进行改造，使其能承载宽带业务的一种技术。

ADSL 的全称为 Asymmetric Digital Subscriber Line，即非对称数字用户线路，或非对称数字用户环路。考虑到用户访问 Internet 主要用于获取网络资源，因此 ADSL 设计上行和下行使用不同的带宽，其中上行带宽最高可达 1Mbit/s，下行最高可达 8Mbit/s。

ADSL 技术的原理为：用户和 ISP 各通过一个 ADSL Modem 接入电话网，当用户计算机需要访问 Internet 时，用户的 ADSL Modem 先与 ISP 的 ADSL Modem 池中的一个 ADSL Modem 建立连接，进而与服务器建立连接；随后 ISP 自动为用户分配一个 IP 地址，用户方可通过 ISP 的线路访问 Internet，具体如图 1-10 所示。

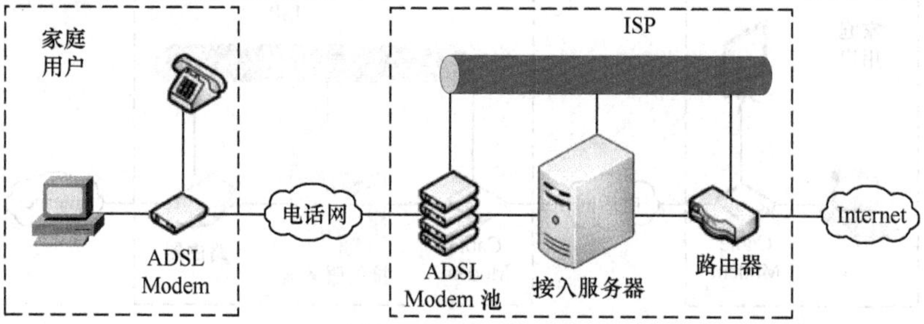

图1-10 ADSL技术原理

ADSL 技术的核心设备是 ADSL 调制解调器，该设备采用 DMT（Discrete Multi-Tone，离散多音调）技术，DMT 通过频分复用方法，将 40kHz 以上一直到 1.1MHz 的高端频谱划分为许多的子信道，其中 25 个子信道用于上行信道，249 个子信道用于下行信道，每个子信道占据 4kHz 带宽（严格讲是 4.3125kHz），并使用不同的载波进行数字调制，如图 1-11 所示。

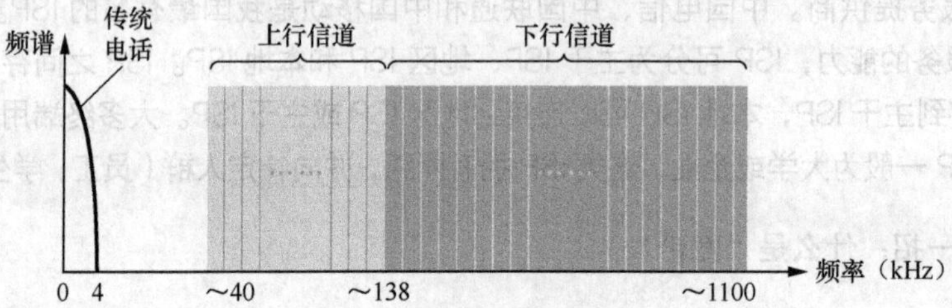

图1-11 ADSL信道划分

由图 1-11 可知，传统电话通信仅使用 0 ~ 4kHz 的带宽，使用 ADSL 技术可在不影响传统电话通信的前提下，充分利用电话线路与高频段的带宽。

2. HFC 技术

HFC（Hybrid Fiber Coaxial，混合光纤同轴网）是指光纤、同轴电缆混合网，HFC 技术是在覆盖到家庭用户的 CATV（有线电视网）的基础上开发的一种宽带接入技术。

CATV 使用的传输媒介为同轴电缆，因为 ISP 机房交换机到用户设备之间的距离较远，而同轴电缆随距离的增加衰减越来越严重，为保证信号强度，需要在线路之中安装信号放大器。但任何一个设备的损坏都会影响网络的可靠性，所以放大器的增多会导致网络可靠性的降低。此外，信号经多次放大后，会产生明显的失真。综上所述，使用同轴电缆铺设的远距离线路其传输的可靠性和信号的质量都无法得到保障。

为了改善上述问题，HFC 将 CATV 中主干部分的同轴电缆更换为性能优异的光纤，在支干部分仍使用同轴电缆，如此每条支干可连接 500 ~ 2000 个用户。

CATV 的最高传输频率是 450MHz，仅用于电视信号的下行传输，由于用户上网时要求双向数据传输功能，HFC 使用更宽的频谱，分不同频段分别实现上行、下行的数据传输，并在不同的频段实现电视数据的模拟信号和网络流量的数字信号传输。

HFC 使用的接入设备是 Cable Modem（线缆调制解调器），用户和 ISP 的接入服务器都通过 Cable Modem 连接到有线电视网，当用户设备需要使用 Internet 时，用户端的 Cable Modem 与 ISP 端的 Cable Modem 建立连接，进而与接入服务器建立连接，ISP 自动为用户分配一个 IP 地址，之后用户方可通过 ISP 的线路访问 Internet，具体如图 1-12 所示。

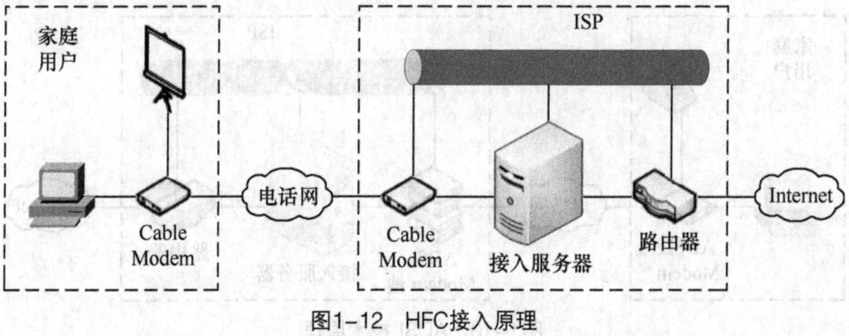

图1-12 HFC接入原理

3. 光纤接入技术

光纤接入技术将光纤铺设到了用户家庭中，在用户家中才将光信号转换为电信号，由于光纤优异的性能，用户在网速和网络可靠性方面可以有更好的体验。根据光纤到用户的距离，光纤接入可分为光纤到小区、光纤到路边、光纤到大楼、光纤到户、光纤到桌面等。我国城市已基本实现光纤到户，用户可在家中通过光猫连接光纤，使用双绞线连接个人设备实现 Internet 的接入。

1.3 使用计算机网络

信息化是当今社会发展的潮流，随着通信技术和计算机技术的发展，计算机网络逐渐被应用于军事、政治、科研、教育、经济以及日常生活等方方面面，计算机网络的应用也越来越普及。本节将展示在日常生活中如何使用计算机网络。

1.3.1 浏览器的使用

Internet 是世界上最大的互联网，而浏览器是连接互联网的基础应用之一。国内常见的浏览器有 Internet Explorer（IE 浏览器）、Google Chrome（谷歌浏览器）、safari、Firefox（火狐浏览器），它们的图标分别如图 1-13 所示。

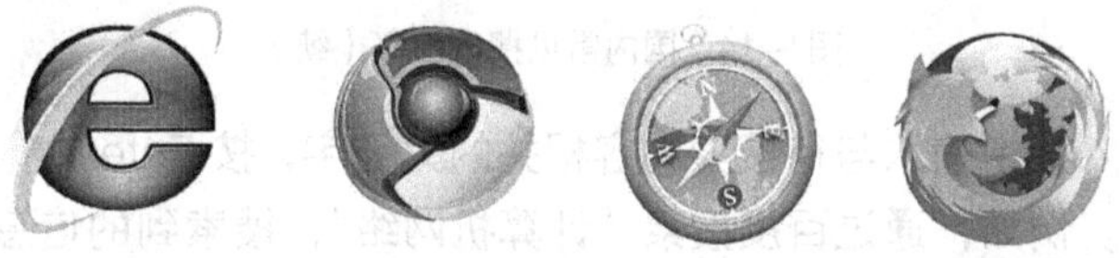

图1-13　常见浏览器

浏览器是指可以显示网页服务或文件系统的 HTML 文件内容，并提供用户与这些文件交互的一种软件，若要从庞大的 Internet 信息库中获取到想要的信息，还需要使用搜索引擎。

搜索引擎是指根据一定的策略，运用特定的计算机程序从互联网上搜集信息，在对信息进行组织和处理后，为用户提供检索服务，将用户检索的相关信息展示给用户的系统。在浏览器顶部的地址栏中输入搜索引擎的地址，便可进入其主页。国内常用的搜索引擎有百度、360、必应等，这几种搜索引擎的网址分别为：www.baidu.com、www.360.cn、www.bing.com，它们的主页分别如图 1-14（a）、图 1-14（b）、图 1-14（c）所示。

(a) 百度

图1-14　国内常见搜索引擎

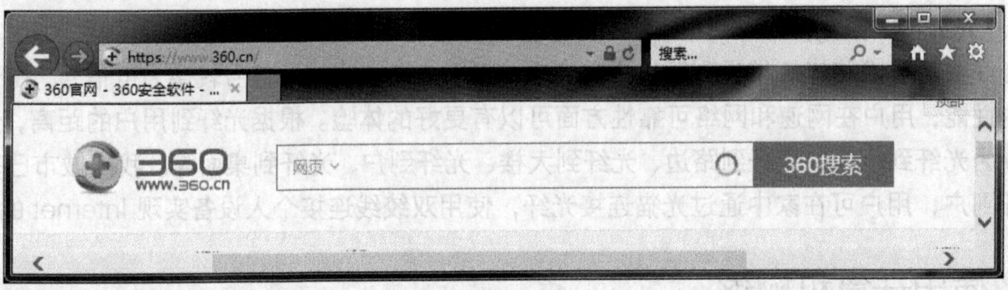

（b）360

（c）必应

图1-14　国内常见搜索引擎（续）

在搜索引擎的输入框中输入与待搜索内容相关的关键字，按 Enter 键，或单击输入框右侧的搜索按钮，开始搜索。例如，通过百度搜索“计算机网络”，搜索到的信息如图 1-15 所示。

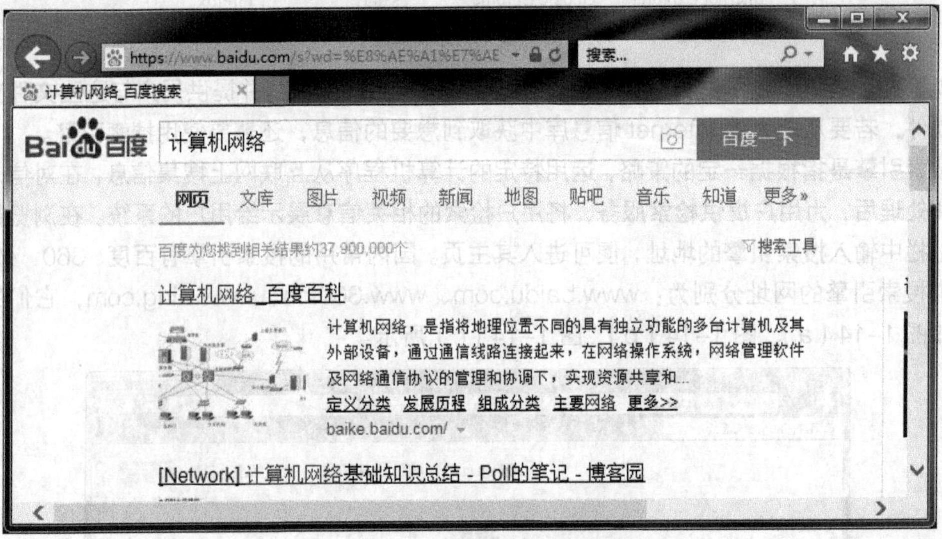

图1-15　“计算机网络”搜索结果

除了在浏览器中通过搜索引擎搜索外，用户亦可通过输入网址直接访问一些门户网站，如输入“www.sina.com”访问新浪首页、输入“www.163.com”访问网易首页等。新浪首页如图 1-16 所示。

进入门户网站后，用户可通过单击网络中的超链接，获取信息，或使用网站提供的功能。

图1-16 新浪首页

1.3.2 电子邮箱的使用

电子邮箱是计算机网络在日常生活中的应用之一，一般用于实现网络间电子数据（如信件、单据、资料等）的传递与交换，虽然它根据传统的邮政服务模型建立，但与之相比，无论是传输速度、内容和形式，还是性价比与安全性都有很大程度的提升。

早期的电子邮箱功能单一，仅支持纯文本数据的收发，容量较小，无安全性检查，传输速度较慢，多用于局域网中。当前的邮箱功能丰富，支持传送文本、图片、音频、视频等多种多样的数据，且容量较大，支持附件功能，传输速度也非常快。

在发送电子邮件之前，需先拥有一个邮箱。邮箱是用户身份的标识，目前中国最大的电子邮件服务商是网易，该服务商提供的 3 种免费邮箱分别为 163 邮箱、126 邮箱以及 yeah 邮箱，它们的图标分别如图 1-17 所示。

图1-17 网易邮箱

邮箱的格式一般为“用户名@邮件服务商地址”，其中用户名是用户在使用邮件服务时的唯一标识，一般可由字母、数字、下划线，或由 11 位手机号码组成；邮件服务商地址用于识别服务商，网易邮件服务商提供的 3 种免费邮箱的地址依次为 163.com、126.com 以及 yeah.net。

下面以 163 邮箱为例，演示电子邮箱的使用方法。

1. 注册邮箱

若用户已有邮箱，可跳过此步；若没有邮箱，可到 http://reg.email.163.com 网站注册邮箱，邮箱注册页面如图 1-18 所示。

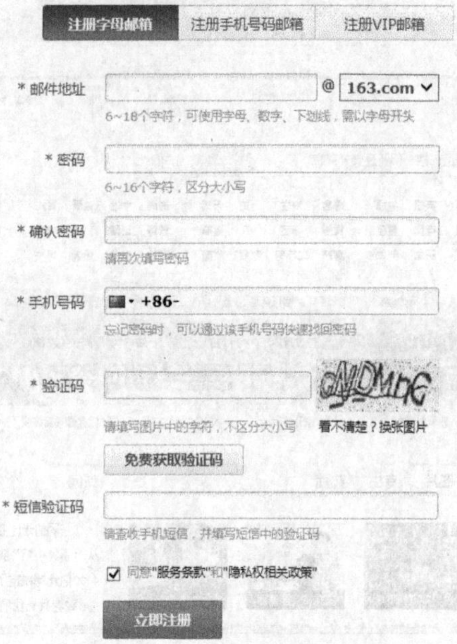

图1-18　163邮箱注册页面

由图 1-18 可知，163 邮箱支持注册字母邮箱、手机号码邮箱和 VIP 邮箱。邮箱的具体注册方法在注册页面有详细说明，此处不再赘述。之后的操作将以邮箱“czbk_itheima@163.com”为例进行演示。

2. 登录邮箱

用户可在浏览器中输入网址 mail.163.com，进入 163 邮箱的登录界面，并以邮箱账号登录。输入账号和密码，单击登录按钮登录邮箱。登录成功后进入邮箱主页面，如图 1-19 所示。

图1-19　163邮箱主页面

3. 发送邮件

单击图 1-19 所示界面中的“写信”按钮，将会跳转到写信界面，如图 1-20 所示。

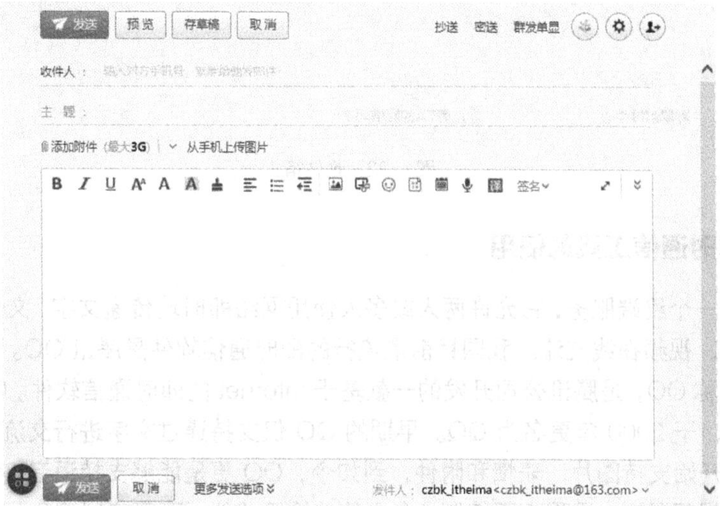

图1-20　写信界面

在写信界面的“收件人”一栏中输入收件地址，在“主题”一栏写入主题，单击在工具栏下方的空白区域，编辑邮件正文。在工具栏中，用户可对正文文本格式进行设置，也可以插入图片、添加表情、信纸、插入日期、使用语音输入等功能。163 邮箱支持附件功能，用户可单击 添加附件 链接，打开“选择要加载的文件”窗口，如图 1-21 所示。

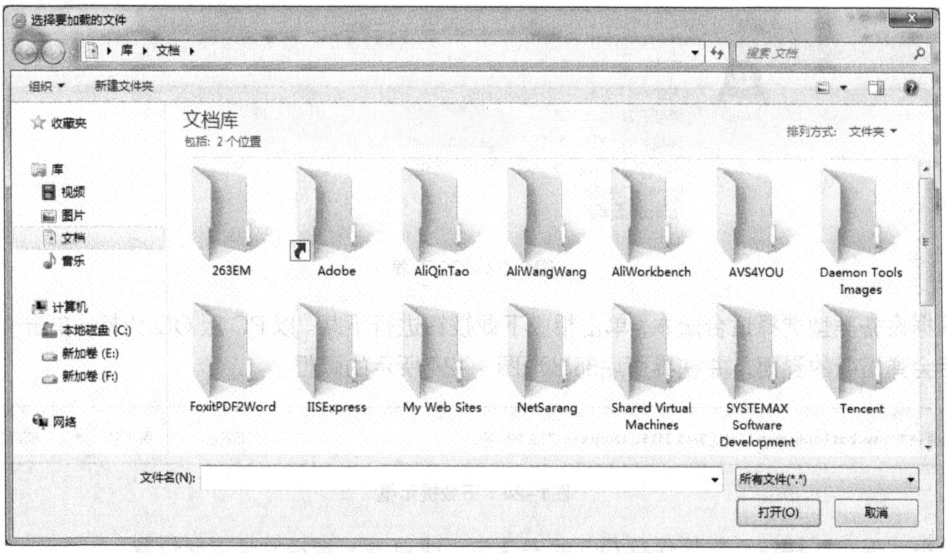

图1-21　“选择要加载的文件”窗口

附件大小上限为 3GB，用户可选择大小不超过 3GB 的文件作为附件，与正文一起发送。邮件编辑完成后，单击图 1-20 所示写信界面左下角的 发送 按钮发送信件。

4．接收邮件

单击图 1-19 所示界面左侧的 收件箱 (1) 选项，可查看收到的邮件列表，如图 1-22 所示。单击邮件列表中的邮件，可查看邮件的详细内容。除以上功能外，163 邮箱还有查看已发送的邮件、管理邮件等功能。该邮箱界面友好，使用简单，其他功能不再演示，有兴趣的读者可自行尝试。

图1-22 收件箱

1.3.3 即时通信工具的使用

即时通信是一个终端服务，它允许两人或多人使用网络即时地传递文字、文件、音频等信息，并允许使用语音、视频在线交流。我国目前最流行的即时通信软件是腾讯 QQ。

腾讯 QQ 简称 QQ，是腾讯公司开发的一款基于 Internet 的即时通信软件。QQ 诞生自 1992 年，原名 OICQ，于 2000 年更名为 QQ。早期的 QQ 仅支持通过文字进行交流，随着计算机网络的发展，QQ 开始支持图片、表情和附件，到如今，QQ 更是能够支持语音、短视频消息，并支持语音通话、视频通话、远程桌面控制、大文件传输等功能。下面将以 QQ 为例展示即时通信工具的用法。

1. 下载与安装 QQ

在使用 QQ 之前需先在计算机中安装 QQ，在搜索引擎中输入 QQ 进行搜索，可在搜索结果中看到图 1-23 所示的搜索结果。

图1-23 QQ下载

根据设备类型选择适合版本，单击相应下载按钮进行下载。以 PC 版 QQ 为例，单击 立即下载 按钮后会弹出新的界面，并在界面底部出现图 1-24 所示的弹框。

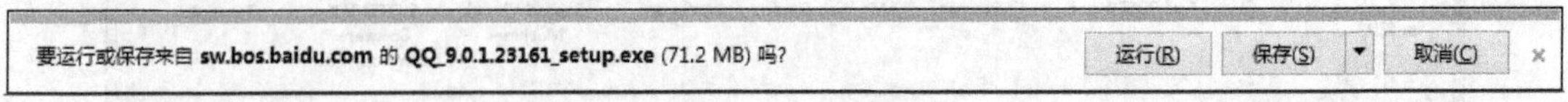

图1-24 下载提示框

单击“保存”按钮，直接保存 QQ 的安装包，或单击 ▾ 选择文件存储位置。

下载完成后，进入安装包所在文件夹，双击安装包，根据提示开始安装 QQ。

2. 登录 QQ

安装完成后可双击 QQ 图标打开登录框。QQ 的登录框如图 1-25 所示。

QQ 同样需要使用账号登录，若没有 QQ 账号，可单击登录框中的超链接 注册帐号 进入账号注册界面，根据注册界面的提示进行账号注册。账号注册完成后，在 QQ 登录界面的两个输入框中分别输入账号和密码，单击“登录”按钮，若账号、密码验证无误，方可成功登录 QQ。

图1-25　QQ登录框

3. QQ 即时通信

登录 QQ 后，在 QQ 列表中选择一位好友，双击好友头像，可打开聊天窗口。QQ 列表和聊天窗口分别如图 1-26（a）和图 1-26（b）所示。

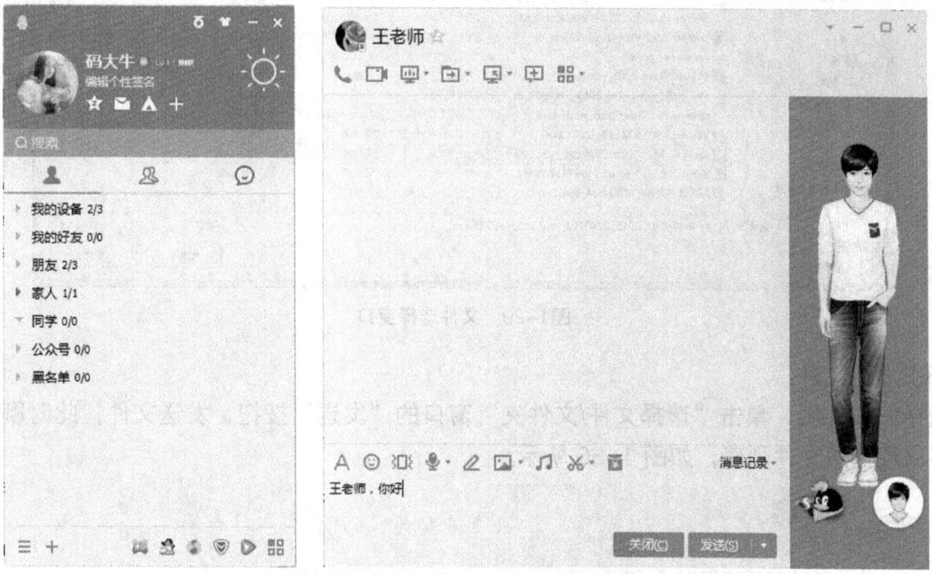

(a) QQ 列表　　(b) 聊天窗口

图1-26　QQ界面

在聊天窗口底部的聊天栏里输入信息，单击按钮，消息将被发送给对方，并同时出现在对方和自己聊天窗口上方的信息栏里。

4. QQ 附加功能

聊天窗口上方有一排工具栏，如图 1-27 所示。

图 1-27 所示的工具栏是 QQ 附加功能的入口，依次表示“发起语音通话”“发起视频通话”“远程演示”“传送文件”“远程桌面”“发起多人聊天”和“应用”。下面演示“传送文件”功能。

（1）选择传送文件的方式

单击“传送文件”按钮，将会出现图 1-28 所示的下拉列表。

图1-27　聊天窗口工具栏

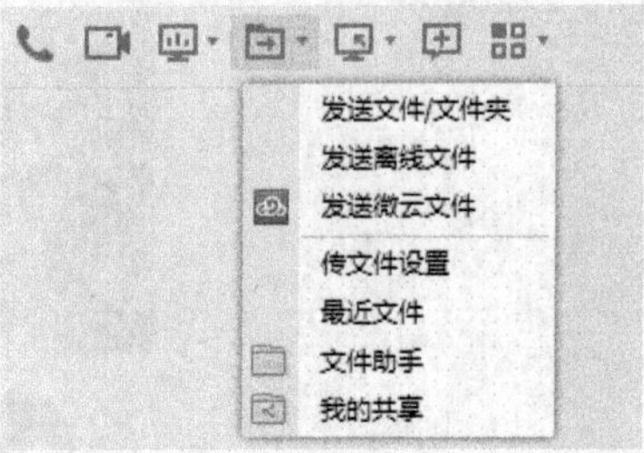

图1-28　“传送文件”相关选项

（2）选择要发送的文件

单击“发送文件/文件夹”，会弹出“选择文件/文件夹”窗口，用户可通过此窗口选择要发送的本地文件，如图 1-29 所示。

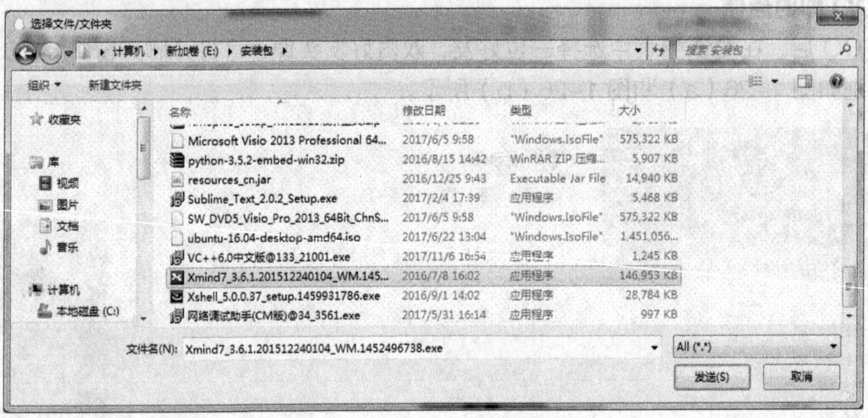

图1-29　文件选择窗口

（3）发送文件

选择好文件后，单击“选择文件/文件夹”窗口的“发送”按钮，发送文件，此时聊天窗口右侧将出现传送文件列表，如图 1-30 所示。

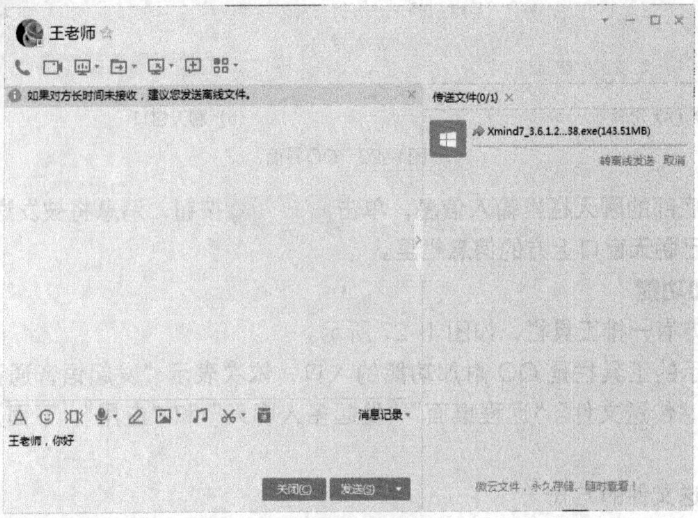

图1-30　传送文件

（4）离线发送文件

若对方无法立刻接收文件，可单击传输列表中文件下方的转离线发送，以离线方式向对方发送文件。

QQ 也支持以拖动的方式直接发送文件，具体操作为：打开聊天窗口，进入要发送的文件所在的文件夹选中要发送的文件，按下鼠标左键，将目标文件拖动到聊天窗口。之后聊天窗口右侧同样会出现图 1-30 所示的传送文件列表。

1.4 计算机网络的性能

计算机网络的性能一般由速率、带宽、吞吐量、时延、时延带宽积、往返时间、利用率这 7 个性能指标决定。

1. 速率

网络技术中的速率指连接在计算机网络上的主机在数字信道上传输数据的速率，也称为数据率（data rate）或比特率（bit rate）。计算机只能识别二进制的 0 和 1，其中 0 表示低电平，1 表示高电平。在计算机通信的过程中，发送的信息会被转换成二进制数字传输，如图 1-31 所示。

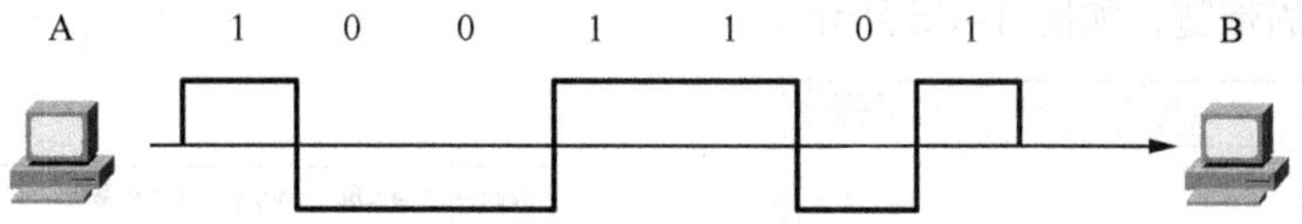

图1-31　数据传输示意图

一个二进制数称为一个比特（bit），比特是计算机中数据量的单位。速率实质上就是网络每秒传输的比特数量，其单位为 bit/s（比特每秒）。当速率较高时，可用 kbit/s（10^3bit/s，千比特每秒）、Mbit/s（10^6bit/s，兆比特每秒）、Gbit/s（10^9bit/s，吉比特每秒）或 Tbit/s（10^{12}bit/s，太比特每秒）作为速率单位。人们习惯省略单位中的 bit/s，使用 10M、100M、1000M 来描述速率，这种说法虽不严谨，但最为常用。

读者可能有过这样的疑问：为什么使用的是十兆网、百兆网、千兆网，但计算机的实际上传、下载速率却不足网络速率的 1/10？这是因为，计算机中的速率与网络速率使用的单位不同，当我们在计算机中上传或下载文件时，下载窗口也会显示速率，以下载为例，如图 1-32 所示。

图1-32　计算机文件下载示意图

观察图 1-32 中的速率，单位为 KB/秒。这里大写的 B 代表的是字节，是 Byte 的缩写，8b=1B，所以不计单位，网络速率值与计算机中速率值之比为 8∶1，换言之，当网络速率一定时，计算机中速率的值最高为网络速率值的 1/8。

2. 带宽

带宽本用于模拟信号系统中，指代某个信号具有的频带宽度，其单位为 Hz（赫兹）。在计算机网络中，带宽用来表示网络通信线路传送数据的能力，即最高速率，单位为 bit/s。带宽类似高速公路，带宽越大，就说明网络传输数据的能力越强，单位时间内可传输的数据量越大。

单击“开始”→“控制面板”→“所有控制面板项”可打开“网络和共享中心”窗口，单击此窗口中的“本地连接”按钮，可打开“本地连接 状态”窗口，在此窗口可查看计算机的带宽。以本教材使用的主机为例，“本地连接 状态”窗口如图 1-33 所示。

观察图 1-33 中的“速度”项可知，主机的带宽为 100Mbit/s，说明该主机的网卡每秒最多可传输 100Mb 的数据。

通过本地连接的配置信息，可查看计算机中网卡支持的带宽。单击图 1-33 所示窗口左下角的“属性”按钮，将弹出“本地连接 属性”窗口，如图 1-34 所示。

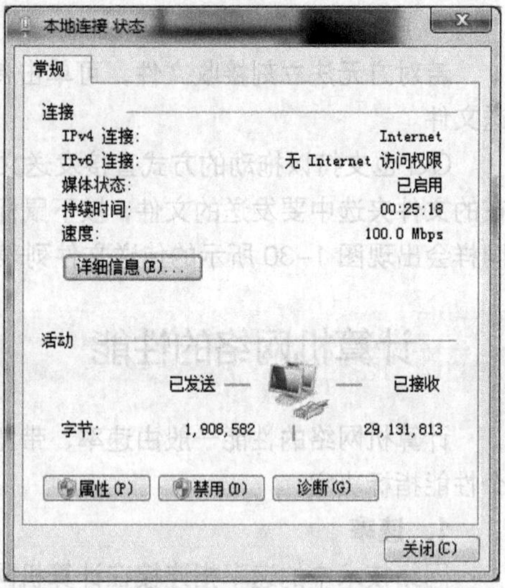

图1-33 本地连接 状态

单击图 1-34 右上角的“配置”按钮，将弹出“Realtek PCIe GBE Family Controller 属性”窗口。单击该窗口的“高级”选项卡，选择“连接速度和双工模式”属性，可在右侧下拉列表中观察到网卡支持的带宽，如图 1-35 所示。

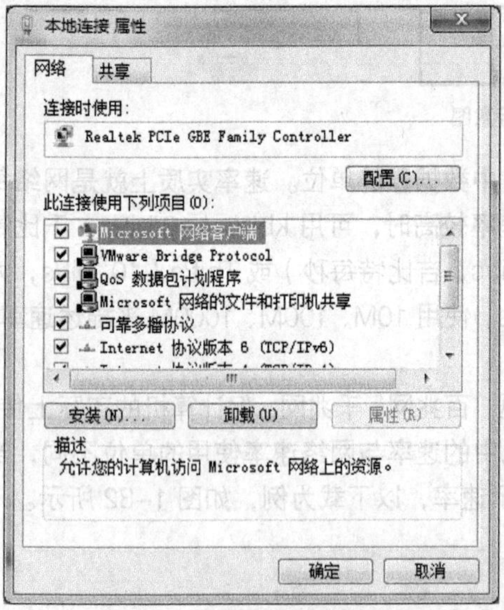

图1-34 本地连接 属性

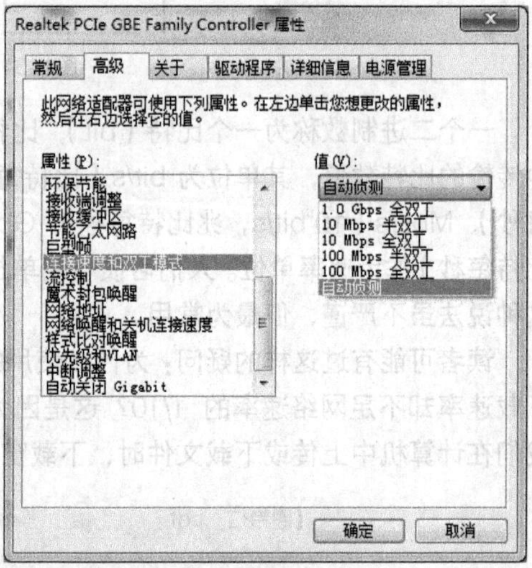

图1-35 Realtek PCIe GBE Family Controller属性

由图 1-35 可知，网卡可支持的带宽为 10Mbit/s、100Mbit/s 和 1Gbit/s。图 1-35 所示的“连接速度和双工模式”选项的默认值为“自动检测”，表明计算机当前会根据连接的交换机接口的带宽来自动协商自身带宽。需要注意的是，这里的带宽是访问 Internet 的最高带宽，实际带宽由电信运营商控制。

3. 吞吐量

吞吐量表示单位时间内通过某个网络（或信道、接口）的数据量，包括该时间内因上传或下载产生的所有流量，如图 1-36 所示。

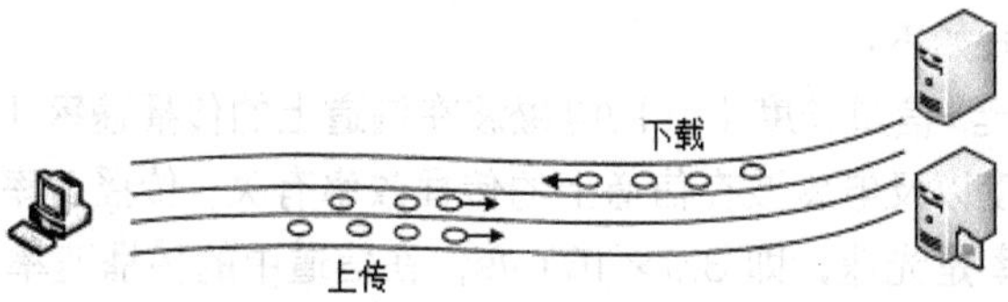

图1-36 网络吞吐量图示

假设图 1-36 中的每个椭圆代表 10KB 的数据，图中的所有椭圆表示当前单位时间内通过某个网络的所有数据量，则该网络当前的吞吐量为（30+40+40）KB/s，即 110KB/s。显然，吞吐量受到带宽和速率的限制。

4. 时延

时延指数据从网络的一端传送到另一端所需的时间，也称为延迟或迟延。时延是一个非常重要的性能指标，它包含发送时延、传播时延、处理时延和排队时延。

（1）发送时延

发送时延指主机或路由器发送数据所耗费的时间，即从发送数据中的第一个比特开始，到数据中最后一个比特发送完毕所需要的时间。图 1-37（a）和图 1-37（b）所示，表示一段数据的发送过程。

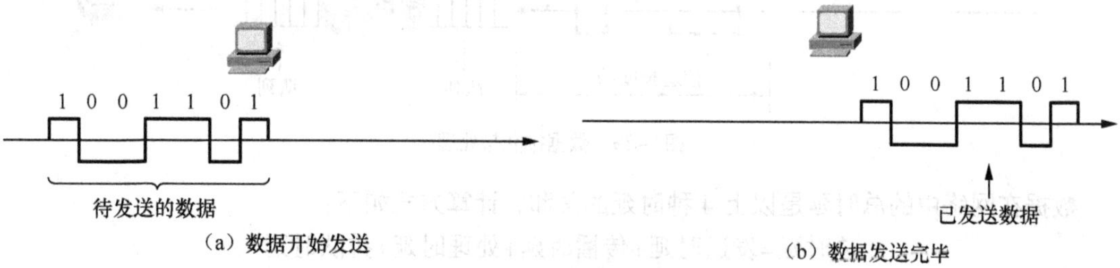

图1-37 数据发送示意图

发送时延的计算方式如下：

发送时延=数据帧长度（bit）/发送速率（bit/s）

由以上公式可知，发送时延与数据帧的长度和发送速率（即带宽）有关，发送时延与数据帧长度成正比，随着数据帧长度的增加而增加；与发送速率成反比，随着发送速率的增加而减小。数据帧的最大长度为 1526B，即 $1526\times8=12208$bit，当网卡带宽为 100Mbit/s 时，数据帧的最大发送时延为 $12208/100000000\approx1.2\times10^{-4}$s。

（2）传播时延

传播时延指电磁波在信道中传播时所需花费的时间，即从最后一比特发送完毕，到最后一比特到达路由器接口所需的时间，如图 1-38 所示。

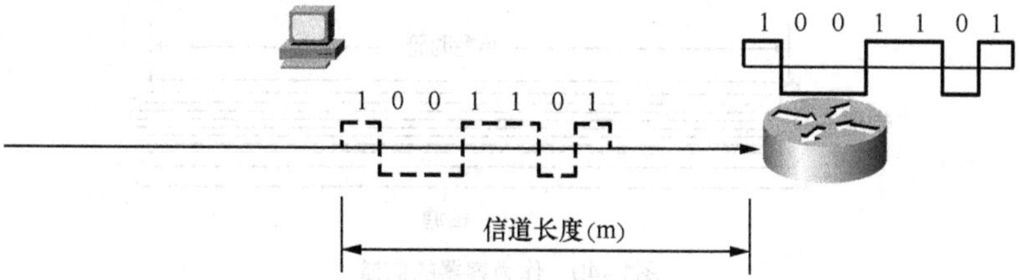

图1-38 数据传播示意图

传播时延的计算方式如下：

传播时延=信道长度（m）/电磁波在信道上的传播速率（m/s）

传播时延和信道长度以及电磁波在信道上的传播效率有关，传播速率又与传播介质有关。电磁波在真空中的传播速率是光速，即 3.0×10^8m/s，在信道中的传播速率比真空略低：铜线电缆中电磁波的传播速率约为 2.3×10^8m/s，光纤中电磁波的传播速率约为 2.0×10^8m/s。

（3）处理时延

位于接收端的主机或路由器在接收到数据包时，会对数据包进行一系列处理，如分析包的首部、差错检验、查找路由表为数据报选择转发出口等，这些处理操作需要耗费一定的时间，由此就产生了处理时延。

（4）排队时延

数据在网络中传播时会经过许多路由器，到达路由器时数据需先进入路由器的输入队列排队等候处理，在路由器确定了转发接口后，还要到输出队列中排队等候转发，由此就产生了排队时延，如图 1-39 所示。

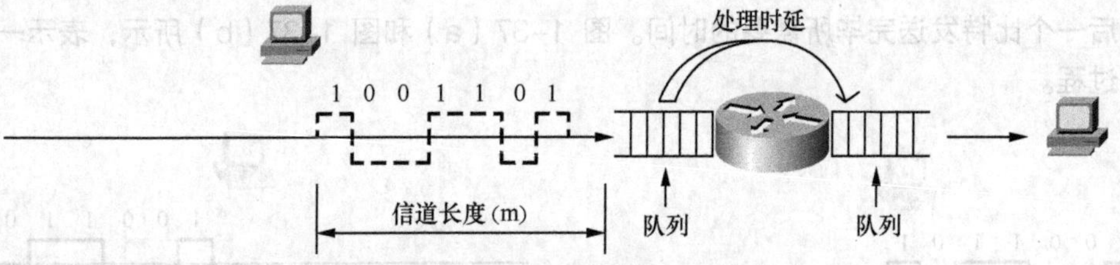

图1-39　数据排队与处理

数据在网络中的总时延是以上 4 种时延的总和，计算方式如下：

总时延=发送时延+传播时延+处理时延+排队时延

由于网络的复杂性，哪种因素在总时延中占据主导地位是不确定的，需根据实际情境具体分析。

5. 时延带宽积

时延带宽积可用来计算信道上有多少比特，其计算公式如下：

时延带宽积=传播时延 × 带宽

例如，某网络的传播时延为 2ms，带宽为 100Mbit/s，那么该网络的时延带宽积为：

时延带宽积=$2\times10^{-3}\times100\times10^{6}=2\times10^{5}$（bit）

也就是说，若发送端连续发送数据，那么当发送的第一个比特到达终点时，信道上有 20 万比特的数据正向终点移动。形象地将信道视为容器，则该容器的截面积表示带宽，长度表示传播时延，如图 1-40 所示。

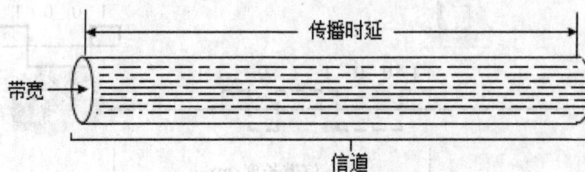

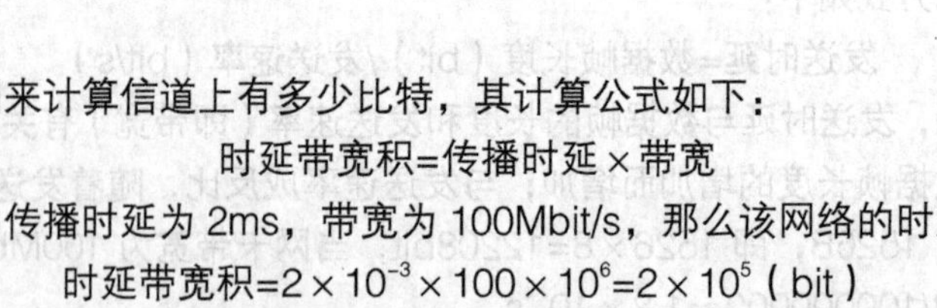

图1-40　作为容器的信道

6. 往返时间

往返时间表示从发送端发送数据，至发送端接收到来自接收端的确认信息（接收端在收到数据时立刻发送确认信息）这整个过程历经的时间。

往返时间是计算机网络的一项重要性能指标，它可能不只包括双倍传播时延，当数据经由路由器转发时，往返时间还会包括处理时延、排队时延以及转发数据时的发送时延。数据经过的路由器越多，其往返时间就越长。

在 Windows 系统的命令提示符中可使用 ping 命令测试不同网站的往返时间，包括最短往返时间、最长往返时间和平均往返时间。使用 ping 命令分别对本地网站、国内网站和国外网站进行测试，测试结果分别如图 1-41（a）、图 1-41（b）、图 1-41（c）所示。

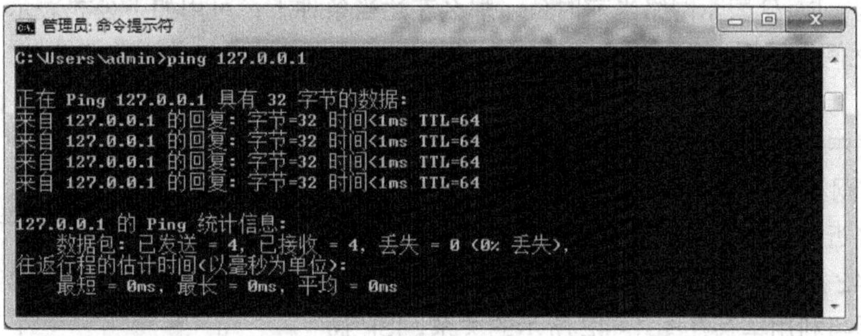

(a) 本地网站往返时间

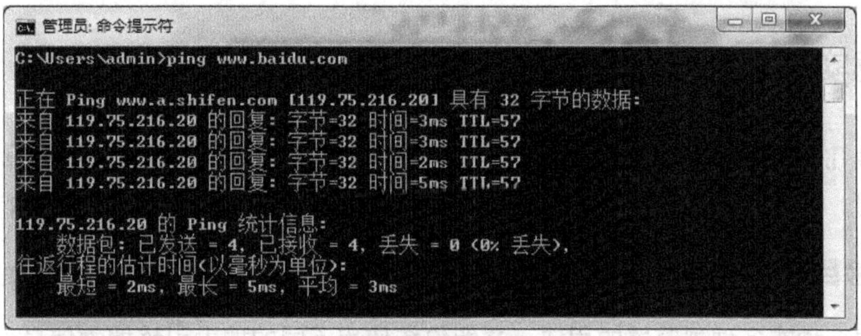

(b) 国内网站往返时间

(c) 国外网站往返时间

图1-41　往返时间测试

由图 1-41 所示的测试结果可知，本地网站往返时间最短，国内网站往返时间较长，国外网站的往返时间又远大于国内网络的往返时间。

往返时间也被用于计算往返时间带宽积。往返时间带宽积的计算公式如下：

往返时间带宽积=往返时间×带宽

在发送方连续发送数据时，若接收方检测到数据包有误，将会立即向发送端发送通知，使发送方停止发送数据，这种情况下，通常使用往返时间带宽积来计算自错误数据包被发送，到发送方接收到通知这段时间内，发送方发送的比特量。

7. 利用率

利用率指网络中有数据通过的时间所占的百分比，没有数据通过时利用率为零。利用率并非越高越好，因为利用率越高，数据在被处理前后的排队时间可能就越长，时延也就越大。这就好比道路的利用：路面行车较少时，道路畅通；路面行车较多时，可能造成拥堵。以 D_0 表示网络空闲时的时延，以 D 表示网络当前时延，那么在适当条件下，可用如下公式表示 D、D_0 以及网络利用率 U 之间的关系：

$$D=D_0/(1-U)$$

以上公式中网络利用率的取值在 0～1 之间。由以上公式可知，当网络利用率约为 1/2 时，时延就会加倍；当网络利用率接近 1 时，时延接近无限大。该公式对应的图形如图 1-42 所示。

由于时延与利用率存在图 1-42 所示的关系，ISP 通常控制他们主干网的信道利用率不超过 50%。

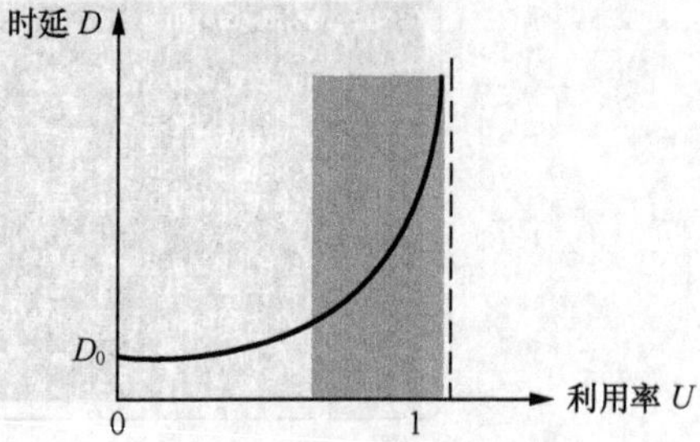

图1-42　时延与利用率的关系

1.5 本章实验——熟悉网络应用

本节提供几个基础的实验案例，读者可按实验要求接触计算机网络，熟悉计算机网络在日常生活中的应用。

一、实验目的

（1）掌握一种或多种浏览器的用法，并能熟练使用不同的搜索引擎搜索信息。

（2）掌握电子邮箱的使用方法，可熟练使用电子邮箱收、发邮件。

（3）掌握一种即时通信工具的用法（QQ、微信等），并挖掘该工具除聊天外的其他功能。

二、实验材料与工具

实验设备：已接入网络的微型计算机。

操作系统：Windows 7 64 位。

应用软件：浏览器。

三、实验步骤

1. 浏览器的使用

（1）打开 IE 浏览器（或其他浏览器），在地址栏中输入搜索引擎网址（如 www.baidu.com）；

（2）在输入框中输入要搜索的信息，进行搜索。此处以搜索“计算机”为例；

（3）查阅并整理搜索到的信息，了解计算机的产生与发展历程；

（4）与他人探讨计算机的发展与网络发展之间的联系。

2. 电子邮箱的使用

（1）在搜索引擎中搜索“163”（或其他），通过页面上的登录窗口登入邮箱（若无账号则先进行注册）；

（2）登录成功后，与他人交换邮箱，尝试发送和接收邮件；

（3）进入收件箱，管理邮件。

3. 即时通信工具的使用

（1）在搜索引擎中搜索即时通信工具，下载并安装一种工具到计算机中；

（2）登录即时通信工具，使用文字、图片、语音与他人交流；

（3）使用即时通信工具的语音通话、视频通话功能；

（4）挖掘并尝试即时通信工具的其他功能；

（5）与他人交流即时通信工具的使用体验。

四、总结

总结实验过程，与他人交流实验中出现的问题。

1.6 本章小结

本章对计算机网络的发展历程、类型、拓扑结构、功能、Internet 的接入方式进行了简单介绍，并演示了常见的网络应用，介绍了计算机网络的性能。通过本章的学习，读者应对计算机网络有了简单的了解，并能熟练使用浏览器、电子邮箱和即时通信工具。

1.7 本章习题

一、填空题

1. 计算机网络的两大功能是________和________。

2. ________是一种计算机硬件，它可以将数字信号翻译成模拟信号，将模拟信号翻译成计算机语言。

3. 计算机–计算机网络中，由 CCP 互联组成的内网称为________，由中心机和终端组成的外网称为________。

4. 由多个网络互相连接形成的更大的网络称为________。

5. ________是一个由路由器实现多个广域网和局域网互联的大型国际网。

6. 按拓扑结构分类，局域网可分为________、________、________、________等。

7. ________、________、________是我国最有名的 ISP。

8. 常用的宽带接入技术有________、________、________。

二、判断题

1. Internet 是世界上最大的互联网。（　）

2. 星状网络便于集中管控与维护，安全性较高，也比较可靠，即便任意节点出现故障，也不会影响其他端用户间的通信。（　）

3. NSFNET 是一个三级计算机网络，分为主干网、地区网和校园网。（ ）

4. ADSL 技术是利用覆盖到家庭用户的有线电视网开发的一种宽带接入技术。（ ）

三、单选题

1. 某个节点的故障不会对网络中其他节点造成影响的网络拓扑结构是？（ ）

A. 星状　B. 树状　C. 总线　D. 环状

2. 从以下选项中选出计算机互联的主要目的。（ ）

A. 资源共享　B. 集中计算　C. 制定网络协议　D. 以上全部

3. Internet 是世界上最大的互联网，它的前身是？（ ）

A. Intranet　B. Ethernet　C. internet　D. ARPAnet

4. 下列哪个选项是 Internet 使用的核心协议。（ ）

A. ICMP　B. ISO　C. TCP/IP　D. UDP

5. 计算机网络是一门综合技术，它所依赖的主要技术是？（ ）

A. 计算机技术与多媒体技术　B. 计算机技术与通信技术

C. 电子技术与通信技术　D. 数字技术与模拟技术

四、简答题

1. 为什么百兆宽带的下载速度最高只有 10MB 左右？

2. 数据在网络中的总时延如何计算？

3. 根据给出的信息，分别计算以下情景中网络的发送时延和传播时延：数据长度为 10^7bit，发送速率为 100Gbit/s，传播距离为 1000km，传播速率为 2×10^8m/s。

2 Chapter

第2章 网络协议与体系结构

学习目标

- 了解网络协议与体系结构
- 熟悉 OSI 模型各层功能
- 熟悉 OSI 通信流程
- 熟悉 TCP/IP 参考模型
- 了解 IP 地址的分类
- 掌握 IP 地址配置方式

拓展阅读

计算机网络是一个非常复杂的系统，在技术层面上，它涉及计算机技术、通信技术、多媒体技术等多个领域；在地理范围上，它的用户、设备遍布全球。若想保证这样一个复杂的系统能够高效、可靠地运行，系统中的每一部分必须有合理的分工，且要遵守严谨的规则。协议与体系结构就是计算机网络各部分遵循的规则与分工原则。本章将从基础概念入手，对计算机网络中常见的协议和体系结构进行讲解。

2.1 了解协议与体系结构

为了帮助读者理解计算机网络的协议和体系结构，本节先对计算机网络协议与体系结构的概念以及相关知识进行讲解。

2.1.1 网络协议概述

从本质上讲，协议就是规则。规则的存在是为了保障系统的正常、高效运行，如在交通系统中，行人、车辆需要遵循交通规则，以保障道路畅通；在社会生活中，人们遵循相同的法律法规，以保障社会稳定；在交流时，人们使用相同的语言，以保障正常沟通。为了保障计算机能够正常、稳定、高效地通信，网络中的计算机之间也需遵循同一套规则，即网络协议。

在计算机网络中，协议是用于规定信息的格式、发送/接收信息的方式的一套规则，它主要由语法、语义和时序 3 个要素组成，这 3 个要素的含义如下。

- 语法。语法即数据与控制信息的结构或格式，即通信双方“如何讲”。
- 语义。语义即需要发出何种控制信息，完成何种动作以及做出何种响应，即通信双方准备“讲什么”。
- 时序。时序又称为同步，指事件实现顺序的详细说明，即在实现操作时先做什么，后做什么。

协议还具有以下特点：

（1）协议必须是清晰的，每一步都要明确定义，且不会引起误解；

（2）协议涉及的每个用户都必须了解协议，且预先知道需要完成的所有步骤；

（3）协议涉及的每个用户都必须同意并遵守它。

网络协议的制定是为了保障通信双方或多方更好地协同工作，它作用在网络通信与数据交换的整个流程。网络的组成非常复杂，因此基于网络的通信与数据交换过程也是十分复杂的。为了给这个复杂的过程制定相对合理、完善的协议，人们着手研究网络的体系结构，以便在统一的指导原则之下进行网络的设计、建造与使用。

2.1.2 网络体系结构概述

体系结构是对系统各部分组成和相互关系进行研究的学科。网络的设计、建造与使用不仅涉及硬件设备，也涉及软件，其中硬件设备用于搭建物理环境，软件在物理环境的基础上，实现网络通信与数据交换的功能。为了保证物理环境中各环节的硬件设备能够协同工作，硬件设备的生产与使用标准应得以统一；为了保证软件能够适应网络，软件的开发也应遵循预定的规则，此外，所有的软件应都遵循网络协议，实现基于硬件环境的网络通信。

简而言之，网络协议需要对网络中的硬件、软件以及软硬件的协同方式与整个通信流程都做出规定。为了将复杂的问题简单化，人们考虑使用分治法，将网络系统模块化，按层次组织各模块，为网络的不同层次制定各自的协议。这就是对网络、网络协议的分层，即网络的体系结构。

1．分层的优点

采用分层的体系结构描述网络有以下优点。

（1）有利于标准化的促进。网络分层后可有针对性地为各层制定协议，网络使用的协议随着层次的划分被分割，每层的协议只需对该层的功能与提供的服务进行规定。

（2）层与层之间相互独立。网络中的各层负责实现一定的功能，提供与其上层交互的接口；各层不关心下层如何实现，仅使用下层提供的服务（即通过下层提供的接口获取下层功能对本层的支持）。

（3）灵活性好。各层可选择最优技术实现本层功能；当网络中的某些功能需要改进时，只需保证层次间接口不变，对功能涉及的网络中的部分层次进行维护，无需调整整个网络。

2．层次间的关系

网络中的各层实现一定的功能，各层之间通过下层接口实现交互，进而实现完整的网络通信与数据交换功能。相邻层之间的关系如图 2-1 所示。

网络各层制定的协议由本层的使用者共同遵守，相同层次的使用者方可互相理解本层中信息的含义。计算机网络的层次模型如图 2-2 所示。

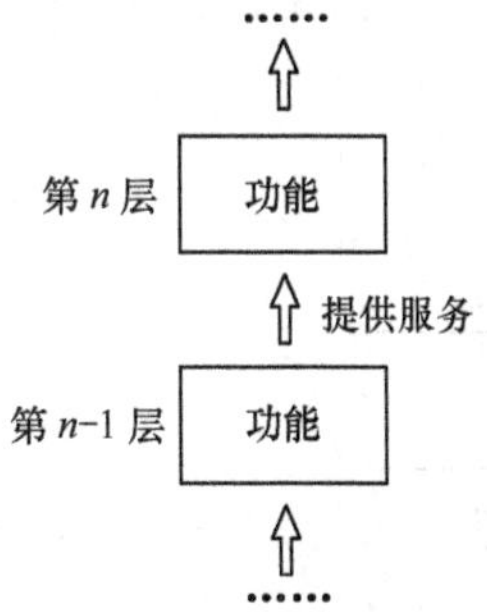

图2-1　相邻层次关系

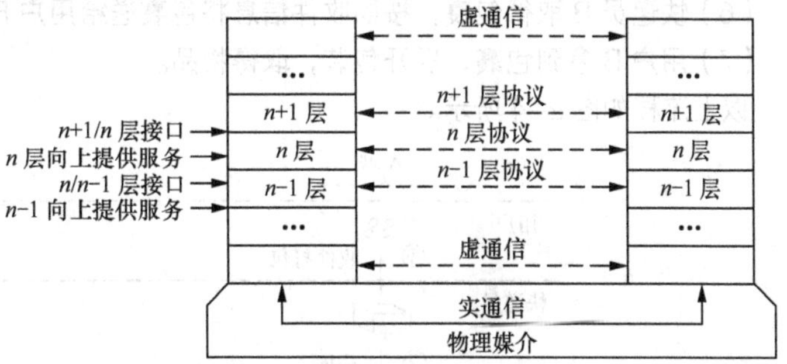

图2-2　计算机网络的层次模型

3．节点通信流程

计算机网络的层次模型是对网络通信步骤的抽象，在具体实现中，每一层都会产生负责实现某项功能的实体。实体分为硬件实体和软件实体，硬件实体指网络中实现物理环境中某项功能的硬件设备；软件实体指某次网络通信中实现某项功能的进程。

使用计算机网络的个体称为节点，通过网络进行交互的不同节点上同一层的实体称为对等实体。例如，在节点 A 与节点 B 通过网络进行通信时，节点 A 第三层的进程与节点 B 第三层的进程就是对等实体。

当然在实际通信中，对等实体之间只是遵守相同的协议，并不直接进行数据传输。数据总是从一个节点的最高层出发，自顶向下到达节点最底层后沿着物理媒介传输到另一个节点，并从该节点的底层到达最高层。节点间实体的通信模型如图 2-3 所示。

4．层次关系举例

随着网络的普及，网购成为人们的主要消费方式之一，与其相辅相成的物流行业也走进了人们的生活。此处将以物流系统为例对层次关系进行说明。

在物流系统中，物品从用户 A 手中到达用户 B 手中经过以下流程。

（1）A 城用户 A 向物流公司下单，通知物流公司取件。

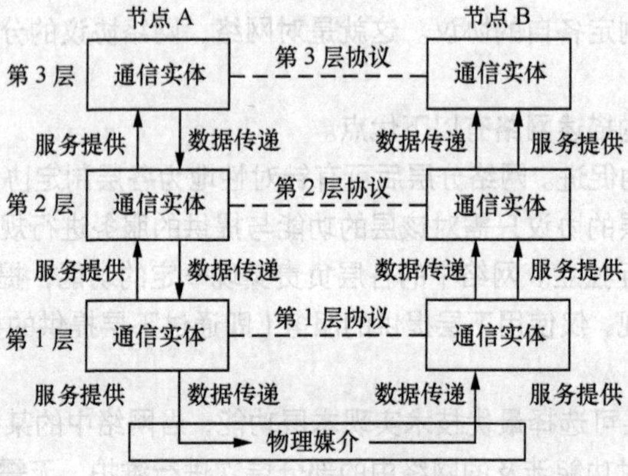

图2-3 节点间实体通信模型

（2）物流公司派出快递员 A 取件，快递员 A 收件并将其打包，附上寄/收件信息，送到货仓。

（3）物流公司将货仓的包裹按收件地址分拣，由货运员 A 将包裹送往运输部门。

（4）运输部门将包裹从 A 城运送到 B 城。

（5）B 城的货运员 B 从运输部门将包裹送到货仓，交由分拣员分拣。

（6）快递员 B 取得包裹，按照收件信息将包裹送给用户 B。

（7）用户 B 拿到包裹，拆开包装，取得物品。

以上流程如图 2-4 所示。

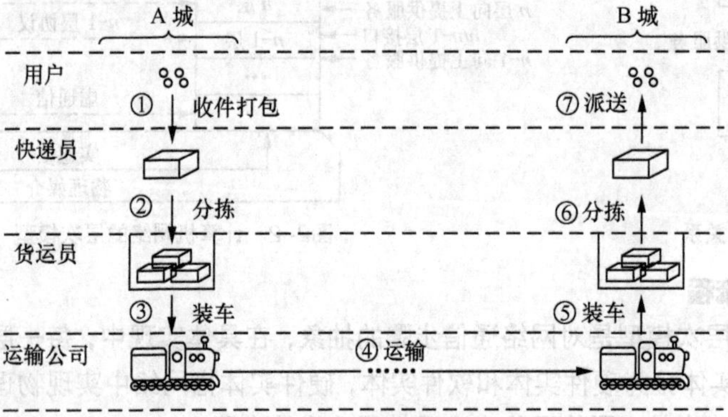

图2-4 物品运输流程

由图 2-4 可知，物品运输流程大致可划分为 4 层，这 4 层自顶向下依次为：

（1）用户 A 与用户 B 所处层次（第 4 层）；

（2）快递员 A 与快递员 B 所处层次（第 3 层）；

（3）货运员 A 与货运员 B 所处层次（第 2 层）；

（4）运输公司所在层次（第 1 层）。

其中用户、快递员、货运员、运输公司的运输工具依次为物流模型自顶向下各层的实体，它们遵循相同的规则。物流系统中的各层都实现一定的功能，其中第 1 层的运输公司负责物品的跨地域运输；第 2 层的货运员负责物品的短距离运输；第 3 层的快递员负责物品的收取与派送；第 4 层的用户仅负责提供/收取物品。

物流系统中各层只需对本次实现的功能负责，并向上层提供服务，只要这两点得到满足，整个系统便可正常运行。物流系统的分层管理简化了物流系统的结构，整个系统的效率得到了提升。

2.2 OSI 与 TCP/IP

常见的体系结构有 OSI（Open System Interconnect，开放式系统互联）和 TCP/IP（Transmission Control Protocol/Internet Protocol，传输控制协议/互联网协议）。

OSI 由 ISO（International Organization for Standardization，国际标准化组织）制定，共分为 7 层，由上而下依次为应用层、表示层、会话层、传输层、网络层、数据链路层和物理层，虽然 OSI 由 ISO 制定，但其实用性较差，并未得到广泛应用。

在 OSI 诞生时，Internet 已实现了全世界的基本覆盖，因此市面上应用最广泛的体系结构为 Internet 中使用 TCP/IP 参考模型，它包含 4 层，分别为应用层、传输层、网际层和网络接口层。

这两种体系结构中各层的对应关系如图 2-5 所示。

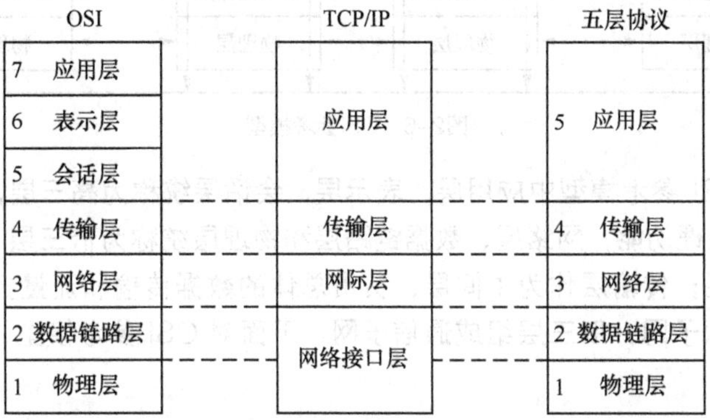

图2-5 体系结构层次关系

图 2-5 中还展示了一种五层协议体系结构，该结构结合 OSI 和 TCP/IP 的优点，分为应用层、传输层、网络层、数据链路层和物理层，常用于计算机网络中对 TCP/IP 体系结构的阐述。

这些体系结构在划分层次时都遵循以下原则。

- 网络中各节点都有相同的层次。
- 不同节点的同等层具有相同的功能。
- 同一节点内相邻层之间通过接口通信。
- 每一层使用下层提供的服务，并向其上层提供服务。
- 不同节点的同等层按照协议实现对等层之间的通信。
- 根据功能需要进行分层，每层应当实现定义明确的功能。
- 向应用程序提供服务。

在之后的小节中将分别对 OSI 和 TCP/IP 参考模型进行讲解。

2.3 OSI 参考模型

本节将对 OSI 参考模型各层的功能进行详细讲解，并结合实际案例，说明基于 OSI 参考模型时网络的通信流程。

2.3.1 OSI 各层功能

OSI 参考模型中的 7 层自顶向下依次为应用层、表示层、会话层、传输层、网络层、数据链路层和物理层，其参考模型如图 2-6 所示。

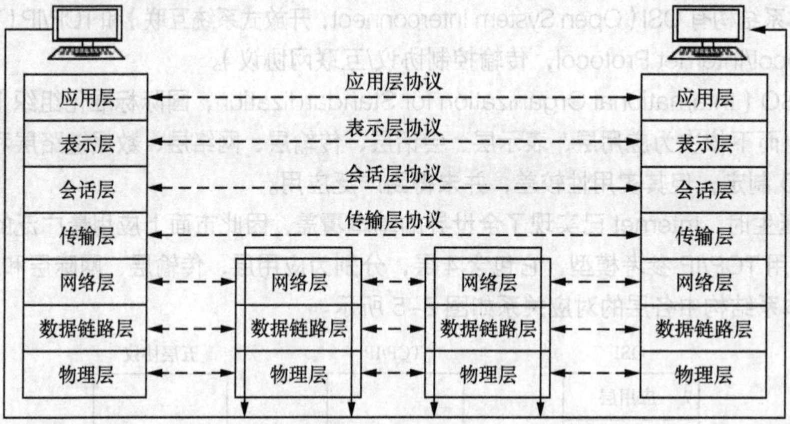

图2-6 OSI参考模型

图 2-6 所示 OSI 参考模型中应用层、表示层、会话层统称为高三层，负责实现基于通信主机的程序级数据处理功能；网络层、数据链路层和物理层统称为低三层，负责实现基于网络设备的数据传输功能；传输层作为中间层，负责总体的数据传输和流量控制。OSI 参考模型中的高三层组成资源子网，低三层组成通信子网。下面对 OSI 参考模型中各层负责的功能进行说明。

1. 应用层

应用层负责提供最终用户与网络交互的接口。人们可通过各种应用程序（如 QQ、浏览器等客户端程序，或 Web 服务器、邮件服务器、流媒体服务器等服务器程序）向网络发起请求。当然实质上应用程序是对应用层接口的封装，真正提供网络资源访问的是应用层接口。应用层向下使用表示层提供的服务。

2. 表示层

表示层为在应用进程之间传递的数据提供表示方法，包括编码方式、加密方式、压缩方式等。发送端和接收端必须使用相同的数据表示方法，才能保证数据的正常显示，否则将会产生乱码。表示层向上为应用层提供服务，向下使用会话层的服务。

3. 会话层

会话层负责为通信的应用程序创建、维护和释放连接，该层向下使用传输层提供的服务，使应用进程建立和维持会话（会话指应用进程之间的信息交换过程），并使会话同步。

4. 传输层

传输层通过流量控制、分段/重组和差错校验等功能实现端到端之间可靠的数据传输，它向上对会话层提供可靠的数据传输服务，向下使用网络层提供的服务。

5. 网络层

网络层负责实现两端之间数据的透明传送，具体功能包括逻辑寻址、路由选择以及连接的建立、保持、终止等。

6. 数据链路层

数据链路层（简称链路层）负责建立逻辑连接、硬件地址寻址、差错校验等功能。链路层使用物理层提供的服务，接收来自物理层的比特流，并将比特组合成字节，进而组合成帧，在进行硬件寻址时通过 MAC 地址访问物理媒介。

7. 物理层

物理层负责建立、维护和断开物理连接。物理层由光纤、电缆和电磁波等真实存在的物理媒介组成，这些物理媒介组成数据通路，以传输各种形式的物理信号。在计算机网络中，物理层传输的数据一般是比特流。物理层向上为数据链路层提供服务。

OSI 参考模型中的每一层实现特定的功能，且为上一层提供服务。当部分功能需要更改时，只需调整该模型中的一层或几层，便可实现对整个流程的更新。

分层不仅明确了通信流程，也有利于网络工作人员明确分工。

（1）软件开发人员

软件开发人员解决应用层、表示层、会话层和传输层的问题，如应用程序之间如何通信、数据以何种形式展示、通信内容是否需要加密、数据传输是否需要稳定连接等，他们不关心数据通过何种网络（局域网、广域网、无线网络等）传输，只向下要求网络畅通。

（2）网络工程师

网络工程师负责解决网络层和数据链路层的问题，包括如何配置路由器以实现数据包的路径选择、如何封装数据包使其能在不同的网络中传输等。他们不关心高三层的数据如何产生、如何封装，只向下要求物理媒介可正常工作。

（3）通信工程师

通信工程师负责解决物理层的问题，如传输媒介的研发、性能提升等，包括如何在通信线路上更快、更稳定地传输信号，他们不关心信号的类型。

网络工作人员分工如图 2-7 所示。

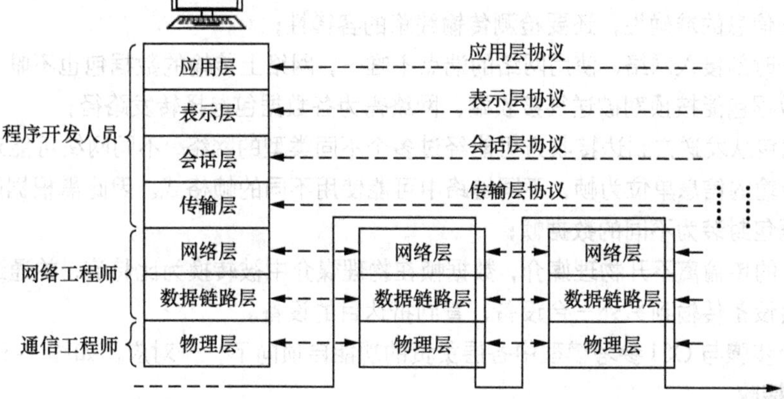

图2-7　网络工作人员分工示意图

2.3.2 OSI 通信流程

随着网络的普及，各种基于网络的应用程序层出不穷，只要使用相同的体系结构，这些应用程序便遵循相同的通信流程。为更形象地帮助读者理解基于 OSI 参考模型的数据传输流程，本节将以计算机访问网页为例对网络通信流程进行说明。

访问网页的流程如下：用户在计算机 A 中打开浏览器，在浏览器地址栏中输入网址，浏览器向网站服务器发起通信请求；网站的 Web 服务器接收到浏览器发起的请求，将指定网页返回给计算机 A 的浏览器，浏览器接收并显示请求的网页。以上过程如图 2-8 所示。

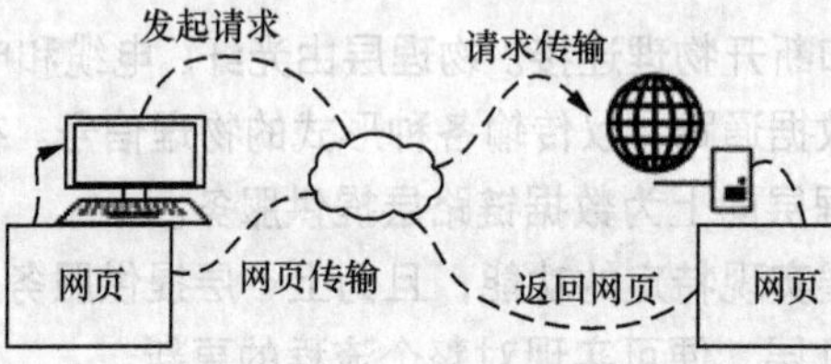

图2-8 网页访问流程

图 2-8 是用户层面可观察到的网页访问流程，该流程涉及两次 OSI 参考模型通信过程：第一次为用户发起请求，请求通过网络传输到 Web 服务器；第二次为 Web 服务器解析请求并发送网页，网页通过网络传输以及用户端浏览器解析网页。每次通信都可视为一次数据的发送和接收，下面以 Web 服务器到客户端浏览器的通信为例，分析 OSI 参考模型中的数据传输流程。

1. 信息发送

在 Web 服务器到客户端浏览器的通信中，服务器充当信息的发送方。根据 OSI 参考模型，服务器端返回网页时将经过 7 个步骤，分别如下。

（1）Web 服务器接收到来自客户端浏览器的请求，将目标网页打包，作为本次通信过程中传输的主要数据；

（2）网络中传递的是数字信号，因此在传输网页之前需先对其中内容进行编码；

（3）Web 服务器要与计算机 A 中的浏览器进行通信，则需与其建立会话进程；

（4）网页中包含的信息量较多，为降低传播时延，控制网络流量，也为方便对信息进行校验，需要将待传输的网页信息拆分、打包、放入缓存并分段编号，随后依次发送包含信息的数据包。此外为了保证信息的准确性，还要检测传输线路的容错性；

（5）同一时刻接入网络、使用网络的端点不唯一，网络上传输的数据包也不唯一，为了保证各端发送的数据包能按预期被送往接收端，网络需为各数据包选择转发路径；

（6）数据包从发送方到达接收方可能经过多个不同类型的网络，不同网络可能对应不同的链路。链路中传输的信息单位为帧，不同链路中可能使用不同的帧格式。因此需根据网络类型，将待转发的数据包封装为不同的数据帧；

（7）信息的传输离不开物理媒介，数据帧在物理媒介中被转换为比特流，并通过物理媒介从网络中的一台设备传输到另外一台设备，直到抵达目的设备。

以上 7 个步骤与 OSI 参考模型中各层负责的功能自顶向下一一对应，如图 2-9 所示。

2. 信息接收

若网络通畅，发送方发送的信息便可顺利传送到接收方，即计算机 A 中。从信息递达计算机 A 到浏览器解析数据、呈现给用户，同样经历 7 个步骤，具体如下。

（1）接收方计算机 A 通过网卡接收经由物理媒介传输的信息，并将信息拷入内存；

（2）接收方计算机对接收到的信息进行检测，若数据有误，通知信息发送方重新发送；若信息正确，则在接收完成后断开链路；

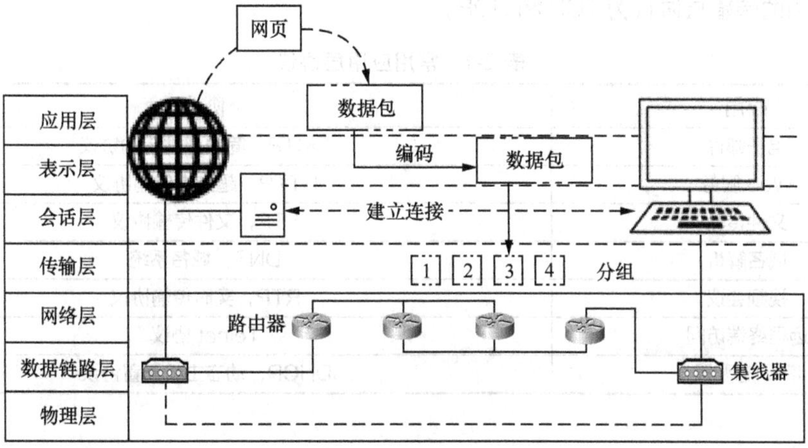

图2-9　数据传输与OSI对应关系

（3）接收方获取信息中的地址，与自身地址进行核对，判断所接收信息是否为应接收的信息；

（4）接收方接收到完整的信息并对信息进行检查后，发送确认信息；

（5）接收方与发送方之间的通信完成，会话结束；

（6）接收方按照与发送方约定的方式，对信息进行转码、解密等操作；

（7）接收方获取到发送方发送的原始信息，并将其以网页形式在浏览器中展示。

以上 7 个步骤与 OSI 参考模型中各层负责的功能自底向上一一对应。

至此，Web 服务器与浏览器之间的一次通信完成。若浏览器再次向 Web 服务器发起请求，新的链路将被建立，Web 服务器和客户端浏览器将再次执行上述信息发送和接收的过程。

2.4 TCP/IP 参考模型

本节将对 TCP/IP 参考模型各层的功能进行详细讲解，并结合案例，说明基于 TCP/IP 参考模型时网络的通信流程。

2.4.1 TCP/IP 分层与常用协议

TCP/IP 是目前应用最广泛的参考模型，为了明确基于 TCP/IP 参考模型时网络通信的流程与各层的功能，人们将 TCP/IP 的底层——网络接口层分为数据链路层和物理层进行理解。五层协议体系结构中各层的功能分别如下。

1. 应用层

TCP/IP 参考模型的应用层对应 OSI 参考模型的应用层、表示层和会话层，TCP/IP 的应用层负责实现 OSI 参考模型中高三层的所有功能，包括提供用户与网络交互的接口、规定应用进程之间所传输数据的表示方法以及为通信的应用程序创建、维护和释放链接。

网络应用多种多样，很难使用几种高度统一的协议来为应用进程提供服务，因此，应用层有很多种协议，常见的应用及其对应的应用层协议如表 2-1 所示。

2. 传输层

TCP/IP 参考模型的传输层对应 OSI 参考模型的传输层，该层为应用层提供端到端的数据通信服务。常用的传输层协议为 TCP 和 UDP。

表 2-1 常用应用层协议

应用	协议
电子邮件	SMTP，简单邮件传输协议
Web 服务	HTTP，超文本传输协议
文件传输	FTP，文件传输协议
域名解析	DNS，域名系统
视频会议	RTP，实时传输协议
远程终端访问	Telnet 协议
IP 动态配置	DHCP，动态主机配置协议

（1）TCP

TCP 即传输控制协议（Transmission Control Protocol），使用该协议的传输层会在接收由应用层传输而来的、使用字节表示的数据流后，根据协议规则将数据流分为多个报文段，并为每个报文段添加本层的控制信息，生成传递给网络层的数据单元。

TCP 是一种面向连接的、可靠的、基于字节流的传输协议，在传递数据之前，收发双方会先通过一种被称为"三次握手"的协商机制建立连接，为数据传输做好准备。为了防止报文段丢失，TCP 会给每个数据段一个序号，接收端应按序号顺序接收数据。若接收端正常接收到报文段，便会向发送端发送一个确认信息；若发送端在一定的时延后未接收到确认信息，便假设报文段已丢失，并重新向接收端发送对应报文段。此外，TCP 中还定义了一个校验和函数，用于检测发送和接收的数据，防止产生数据错误。

通信结束后，通信双方经过"四次挥手"关闭连接，因为 TCP 连接是全双工的，所以每个方向必须单独关闭连接，即连接的一端需先发送关闭信息到另一端；关闭信息发送后，发送关闭信息的一端不会再发送信息，但未发送关闭信息的仍可发送信息。

（2）UDP

UDP 即用户数据报协议（User Datagram Protocol），使用 UDP 的传输层中传输的数据是按 UDP 封装成的数据报，每个数据报的前 8 个字节用来存储报头信息，其余字节用来存储需传输的数据。

UDP 是一种无连接的传输层协议。因为 UDP 的收发双方并不存在连接关系，按照 UDP 传输数据时，发送方发送数据报给接收方，之后可立即发送其他数据报给另一个接收方；同样地，接收方也可以接收由多个发送方发来的数据。UDP 不对数据报编号，它不保证接收方以正确的顺序接收到完整的数据，但 UDP 会将数据报的长度随数据发送给接收方。

虽然 UDP 是面向无连接的通信，不能如 TCP 般很好地保证数据的完整性和正确性，但 UDP 处理速度快，耗费资源少，因此在对数据完整性要求低、对传输效率要求高的应用中一般使用 UDP 传输数据。Internet 中几种典型应用及其使用的传输层协议如下：

① 电子邮件——使用 TCP。

② Web 服务——使用 TCP。

③ IP 电话——使用 UDP。

④ 流式多媒体通信——使用 UDP。

为了实现应用进程间的通信，传输层必须能够识别网络中的不同进程。传输层通过端口号来标识本地的进程，端口号是进程的逻辑编号，其取值范围为 0～65535。

当然端口号只能标识本地进程，若想找到网络中的远端进程，还需能够先找到拥有目标进程的主机。计算机网络中使用 IP 地址标识网络中唯一一台主机（IP 地址相关知识将在后续内容中讲解），通过“IP 地址+端口号”的组合方可在网络中标识唯一的一个进程。

3. 网络层

TCP/IP 参考模型的网际层（五层协议中称为网络层）对应 OSI 参考模型的网络层。网络层通过网络互联和路由选择功能实现主机与网络之间的交互，完成主机到主机的通信。

网络层向传输层提供服务，它提供的服务分为两种：一种服务“面向连接”，一种服务“无连接”。“面向连接”是一种可提供可靠数据传输的方式，在传递数据之前建立逻辑信道，该信道在通信结束前一直存在。“无连接”则不必建立连接，通信双方需要交换的数据以分组为单位独立发送，它只“尽最大努力地交付”，不保证分组的正确顺序、交付时限，甚至也不是百分百实现交付，这种方式下，通信的可靠性由传输层负责。

“面向连接”的方式更可靠，但为“面向连接”这一需求制定的协议比较复杂，相关的软件、硬件设备的设计也比较复杂，一般用于对数据完整性较高的网络中。“无连接”方式只负责传输，不保证可靠性，由此简化了部分网络硬件（如路由器）功能，也能适用于更多应用。这两种方式各有优劣，在实际情境中应按需选择。

网络层中最常使用的协议是 IP（Internet Protocol，网际协议）。IP 的两个基本功能为寻址和分段。传输层的数据封装完成后并没有直接发送到接收方，而是先递达网络层。网络层在原数据报前添加 IP 首部，封装成 IP 数据报并解析数据报中的目的地址，为其选择传输路径。IP 中这种选择道路的功能也被称为路由功能。此外，IP 可重新组装数据报，改变数据报的大小，以适应不同网络对包大小的要求。

IP 本身不具备差错控制能力，网络层设计了 ICMP（Internet Control Message Protocol，网际控制报文协议）来辅助 IP 实现数据的可靠传递，该协议作为 IP 的一部分，负责差错报告和网络状态报告功能。

4. 数据链路层

数据链路层简称为链路层，其主要功能为封装成帧、透明传输和差错检测。

（1）封装成帧

帧是链路层的数据传输单位，当接收到来自网络层的数据时，链路层在该数据前后分别添加首部和尾部，就构成了数据帧；当接收到来自物理层的比特流时，链路层可根据帧首部和帧尾部识别帧，将比特流封装成帧。

（2）透明传输

任何数据在链路层都应能无差别传输，但对数据中包含的用于标识帧首部和帧尾部的信息应采取一定措施，保证接收方能够正确识别信息的语义。

（3）差错检测

数据在链路中传输时总不会是百分百可靠的，因此链路层需要具有差错检测功能。

数据链路层的常用协议为 PPP（Point-to-Point Protocol，点对点协议），该协议规定，接收方接收到数据帧时仅对其进行差错检测，若检测正确就保留这个帧，否则将其丢弃。PPP 包含以下组成部分。

① 将 IP 数据报封装到串行链路的方法，用于帧的封装。

② 建立、配置和测试数据链路的链路控制协议（LCP）。

③ 用于协商网络层使用的协议、配置 IP 地址等参数的网络控制协议（NCP）。

5. 物理层

物理层是网络体系结构中的最底层，它与物理设备相关，主要规定物理设备与传输媒介之间的接口规则，实现网络中物理设备间比特流的传输。计算机网络涉及的网络设备和传输媒介种类繁多，物理层的功能是尽量屏蔽这些差异，为其上的数据链路层提供透明服务。

物理层常用的协议有 EIA RS-232-C、EIA RS-449 等，这些协议规定物理设备的特性，如设备接口的形状与尺寸、信号传输时的电平与脉冲宽度、电路信号出现的顺序、应答关系等。

2.4.2 TCP/IP 数据传输流程

当网络基于 TCP/IP 参考模型搭建时，在数据的传输流程中，除传输层和网络层外，应用层和数据链路层也会向从上层接收到的数据报中添加控制信息，若接收双方通过同一个路由器连接，那么数据在传输过程中的变化将如图 2-10 所示。

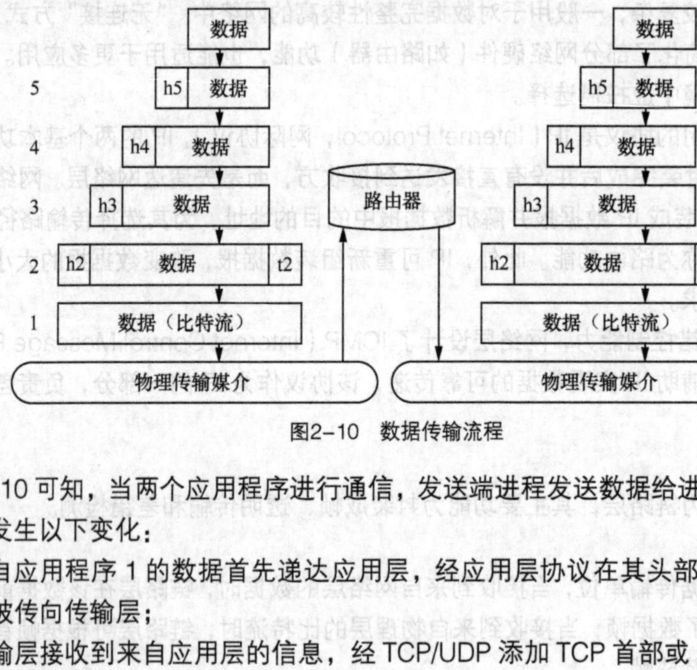

图2-10 数据传输流程

由图 2-10 可知，当两个应用程序进行通信，发送端进程发送数据给进程 B 时，数据在传输过程中将会发生以下变化：

（1）来自应用程序 1 的数据首先递达应用层，经应用层协议在其头部添加相应的控制信息后，该数据被传向传输层；

（2）传输层接收到来自应用层的信息，经 TCP/UDP 添加 TCP 首部或 UDP 首部后，作为数据段或数据报被传送到网络层；

（3）网络层接收到来自传输层的数据段或数据报，为其添加 IP 首部并封装为 IP 数据报，传送到数据链路层；

（4）数据链路层接收到来自网络层的 IP 数据报，在其头尾分别添加头、尾控制信息，封装成帧数据，传递到物理层；

（5）物理层接收到来自数据链路层的帧数据，将其转化为由 0、1 代码组成的比特流，传送到物理传输媒介；

（6）物理传输媒介中的比特流经路由转发，递达应用程序 2 所在的物理传输媒介中，之后

TCP/IP 协议簇中的协议先将比特流格式的数据转换为数据帧，并依次去除链路层、网络层、传输层和应用层添加的头部控制信息，最后将实际的数据递送给应用程序 2，到此两个进程成功通过网络实现数据传递。

由以上数据传输过程可知，体系结构中各层的实现建立在其下一层所提供的服务上，并向其上层提供服务，各层之间的关系如图 2-11 所示。

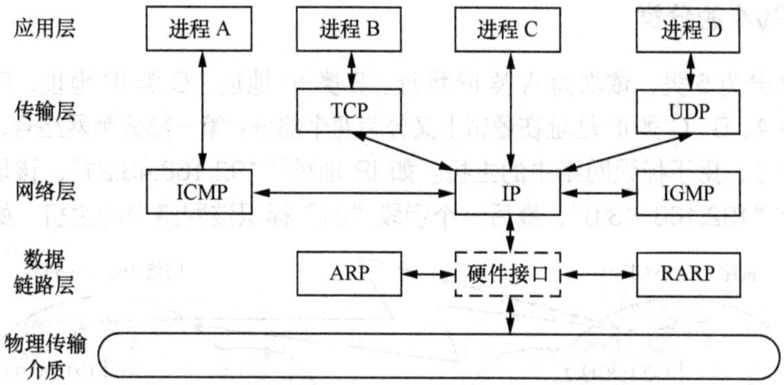

图2-11　体系结构关系示意图

图 2-11 中的 ICMP、IGMP、ARP 和 RARP 分别为网络层和数据链路层的协议。

2.5 IP 地址

想要使用 Internet，用户必须拥有 IP 地址，但 IP 地址的管理机构只将 IP 地址分批租赁给通过审查的 ISP，不会将单独 IP 租赁给个人。合格的 ISP 拥有从 IP 地址管理机构申请到的成批的 IP 地址，也拥有通信线路，个人用户可向 ISP 缴纳费用，通过该 ISP 获取 IP 地址，接入 Internet。

IP 地址用于在网络上唯一标记一台计算机。图 2-12 所示的网络中，包含多个小型的网络与众多主机，假设其中的 pc1 要向 pc2 发送信息，那么 pc1 必须能在这个网络中找到 pc2，这要求 pc2 在整个网络中有一个唯一标识，这个唯一标识就是 IP 地址。

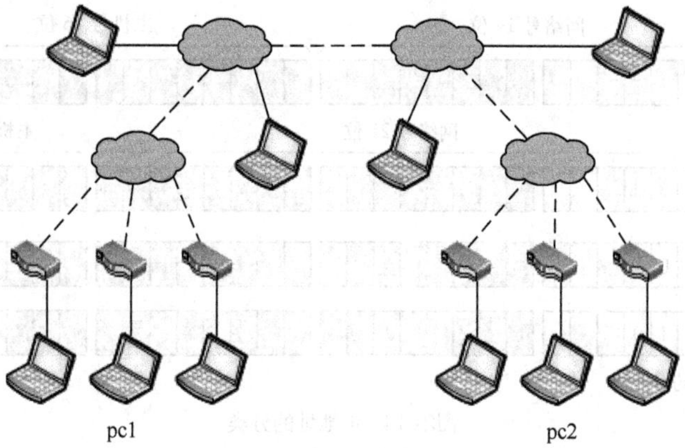

图2-12　网络中的主机

目前较通用的 IP 地址是互联网协议的第四版地址，即 IPv4。IPv4 由 4 个字段和 3 个分隔字段的"."组成，每个字段的取值范围为 0~255，即 $0 \sim 2^8-1$，如"127.0.0.1"就是一个标准的 IPv4 格式的地址，使用这种方式表示的地址叫作"点分十进制"地址。IP 地址中的字段也可以使用二进制表示，如"127.0.0.1"也可表示为"11111111.00000000.00000000.00000001"，这个地址是本机回送地址（Loopback Address），可用于网卡在本机内部的访问。

2.5.1 IPv4 的分类

IPv4 地址共分为 5 类，依次为 A 类 IP 地址、B 类 IP 地址、C 类 IP 地址、D 类 IP 地址和 E 类 IP 地址。其中 A、B、C 类 IP 地址在逻辑上又分为两个部分：第一部分为网络号，用于标识网络；第二部分为主机号，用于标识网络中的主机。如 IP 地址"192.168.43.21"，该地址的前 3 个字段标识网络号为"192.168. 43.0"，最后一个字段"21"标识该网络中的主机，如图 2-13 所示。

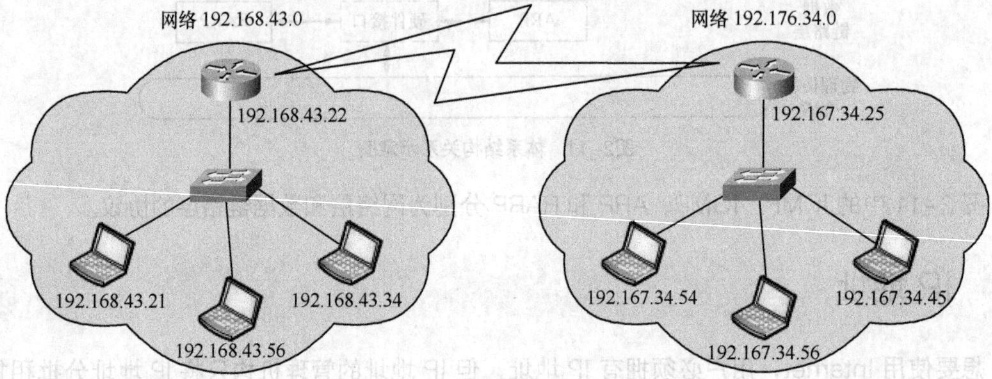

图2-13 IP地址图示

由图 2-13 可知，处于同一网络中的主机由最后一个字段区分。

图 2-13 中所示的 IP 地址都是 C 类 IP 地址，IP 地址根据取值范围分类，具体如图 2-14 所示。

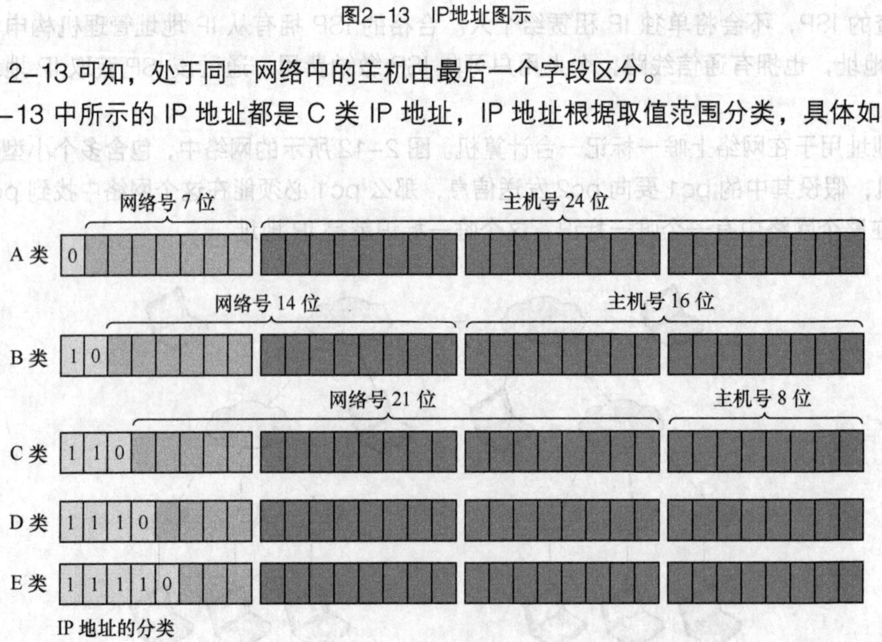

图2-14 IP地址的分类

网络号相同的 IP 地址处于同一个网段，A~E 类 IP 地址的取值范围及可用 IP 数量分别如下。

1. A 类地址

A 类 IP 地址由 1 个字节的网络号和 3 个字节的主机号组成，网络号的最高位必须是“0”。A 类 IP 地址的范围为：1.0.0.1～126.255.255.254，可用 A 类网络共有 2^7-2，即 126 个；每个网络的可用 IP 地址有 $2^{24}-2$，即 1677214 个。

2. B 类地址

B 类 IP 地址由 2 个字节的网络号和 2 个字节的主机号组成，网络号的最高位必须是“10”。B 类 IP 地址的范围为：128.1.0.1～191.255.255.254，可用 B 类网络有 $2^{14}-2$，即 16384 个，每个网络的可用 IP 地址有 $2^{16}-2$，即 65534 个。

3. C 类地址

C 类 IP 地址由 3 个字节的网络号和 1 个字节的主机号组成，网络号的最高位必须是“110”。C 类 IP 地址的范围为：192.0.1.1～223.255.255.254。每个 C 类网络中可用 IP 地址有 2^8-2，即 254 个。

4. D 类地址

D 类 IP 地址不分网络号和主机号，它固定以“1110”开头，取值范围为：224.0.0.1～239.255.255.254。D 类 IP 地址并不指向特定的网络，目前这一类地址被用在多播通信中。

5. E 类地址

E 类地址不分网络号和主机号，它固定以“11110”开头，取值范围为：240.0.0.1～255.255.255.254。E 类 IP 地址仅在实验和开发中使用。

A、B、C 类 IP 地址每个网络号中的可用 IP 地址总是 2^n-2（n 为某类 IP 地址的网络号位数），这是因为，主机号从 0 开始，但第一个编号“0”与网络号一起表示该网络的网络号（如 C 类 IP 地址的第一个网络号为 127.0.0.0），最后一个编号“255”与网络号一起表示该网络的广播地址（如 C 类 IP 地址的第一个广播地址为 127.0.0.255）。

此外，每个网段中都有一部分 IP 地址供给局域网使用，这类 IP 地址称为私有地址，它们的范围如下：

（1）A 类私有地址：10.0.0.0～10.255.255.255。

（2）B 类私有地址：172.16.0.0～172.31.255.255。

（3）C 类私有地址：192.168.0.0～192.168.255.255。

由于使用 4 个字段表示的 IP 地址难以阅读和记忆，人们发明了域名系统，域名系统中的每个域名都对应唯一一个 IP 地址，使用域名或者与域名对应的 IP 地址可以访问网络上的同一台主机，例如，使用域名“www.baidu.com”或者 IP 地址“202.108.22.5”都能访问百度的主机。

多学一招：IPv6

随着智能设备的普及，IPv4 格式的地址数量已不能满足应用的需求，为此 IETF（Internet Engineering Task Force，因特网工程任务组）设计了新的 IP 地址格式，即 IPv6。IPv6 的地址长度为 128bit，是 IPv4 地址长度的 4 倍，通常使用点分 16 进制表示，如“2001:DB8:0:23:8:800:200C:417A”。若地址的一个字段全部为 0，可将其压缩为“::”，如“fe80::384a:22bc:2c98:71e5”。“::”在一个地址中只能出现一次。

如今网络中使用率较高的地址仍为 IPv4，对 IPv6 有兴趣的读者可查阅相关资料自行学习。

2.5.2 子网掩码

子网掩码又称为地址掩码，它用于划分 IP 地址中的网络号与主机号，网络号所占的位用“1”标识，主机号所占的位用“0”标识，因为 A、B、C 类 IP 地址网络号和主机号的位置是确定的，所以子网掩码的取值也是确定的，分别如下。

（1）255.0.0.0，等同于 11111111.00000000.00000000.00000000，用于匹配 A 类地址。

（2）255.255.0.0，等同于 11111111.11111111.00000000.00000000，用于匹配 B 类地址。

（3）255.255.255.0，等同于 11111111.11111111.11111111.00000000，用于匹配 C 类地址。

子网掩码通常应用于网络搭建中，申请到网络号之后，用户可利用子网掩码将该网络号标识的网络划分为多个子网，假设申请到了一个 C 类网络，网络号为“192.93.54.0”，这个网络中的可用 IP 地址有 254 个，若想将这个网络等分为 4 个子网，则可将子网掩码第四个字段的前两位设置为 1，得到子网掩码“11111111.11111111.11111111.11000000”，即“255.255.255.192”。此时得到的 4 个子网的 IP 地址取值范围分别如下。

（1）网络号：192.93.54.0。IP 地址范围：192.93.54.1 ~ 192.93.54.62。

（2）网络号：192.193.54.64。IP 地址范围：192.193.54.65 ~ 192.93.54.126。

（3）网络号：192.193.54.128。IP 地址范围：192.193.54.129 ~ 192.93.54.190。

（4）网络号：192.193.54.192。IP 地址范围：192.193.54.193 ~ 192.93.54.254。

以上示例将 C 类网络 193.93.54.0 等分为了 4 个子网，这 4 个子网使用相同的子网掩码。若要将该网络划分为不等长的子网，那么子网的子网掩码将各不相同。

例如，将 C 类子网 192.93.54.0 划分为 3 个不等长的子网，要求第一个子网需能容纳 100 台主机，第二个子网需能容纳 50 台主机，第三个子网需能容纳 25 台主机，那么第一个子网至少应有 126 个主机位，第二个子网至少应有 62 个主机位，第三个子网至少应有 30 个主机位。假设将 C 类网络 192.168.54.0 依次分给这 3 个子网，那这 3 个子网的网络号、子网掩码依次如下。

（1）网络号：192.93.54.0。子网掩码：255.255.255.128。

（2）网络号：192.93.54.128。子网掩码：255.255.255.192。

（3）网络号：192.93.54.192。子网掩码：255.255.255.224。

这 3 个子网的 IP 地址范围依次如下。

（1）子网一：192.93.54.1 ~ 192.93.54.126。

（2）子网二：192.93.54.129 ~ 192.93.54.190。

（3）子网三：192.93.54.193 ~ 192.93.54.222。

2.6 本章实验——配置 IP 地址

IP 地址的配置方法有两种：一种为动态获取 IP 地址，此种方式要求网络中存在 DHCP 服务器；另一种为配置静态 IP 地址，此种方式一般由用户手动设置 IP 地址、子网掩码、网关和 DNS 服务器。

一、实验要求

（1）掌握为主机配置动态 IP 地址的方法。

（2）掌握为主机配置静态 IP 地址的方法。

二、实验材料与工具

实验设备：已接入网络的微型计算机。

操作系统：Windows 7 64 位。

三、实验步骤

在进行实验之前需保证除 IP 地址配置外，网络其他模块已配置完备。

1. 配置动态 IP 地址

配置主机，使其动态获取 IP 地址的具体步骤如下。

（1）通过“开始”→“控制面板”，打开“控制面板”窗口。设置该窗口右上角的“查看方式”为“大图标”，打开“所有控制面板项”窗口，在该窗口中单击“网络和共享中心”，打开相应窗口。单击此界面中的“连接”项右侧的超链接“本地连接”，打开“本地连接 状态”窗口，如图 2-15 所示。

（2）单击“本地连接 状态”窗口的“属性”按钮，在弹出的“本地连接 属性”窗口中选择项目列表中的“Internet 协议版本 4（TCP/IPv4）”，如图 2-16 所示。

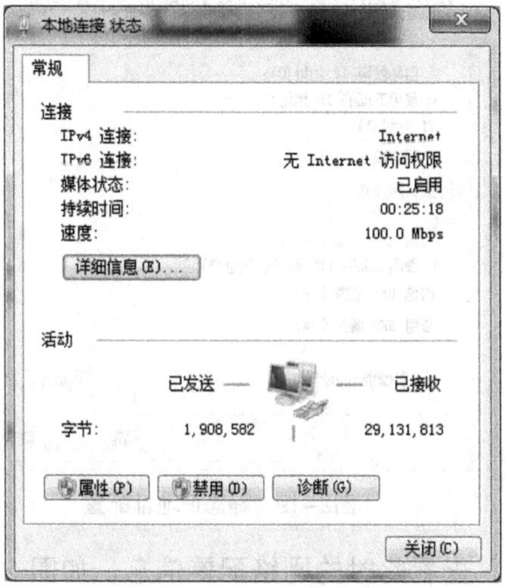

图2-15　本地连接 状态

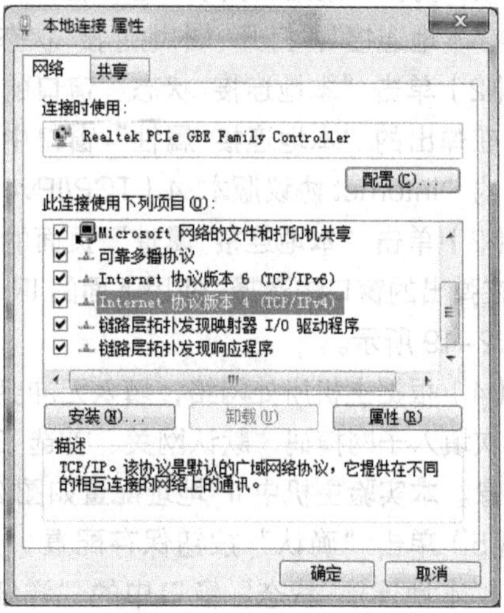

图2-16　本地连接 属性

（3）单击“本地连接 属性”窗口的“属性”按钮，在弹出的窗口中选择“自动获得 IP 地址”和“自动获得 DNS 服务器地址”选项，如图 2-17 所示。

（4）单击图 2-17 所示对话框中的“确定”按钮，保存配置并关闭“Internet 协议版本 4（TCP/IPv4）属性”对话框；关闭“本地连接 属性”对话框，单击“本地连接 状态”对话框中的“详细信息”按钮，查看网络连接的详细信息，如图 2-18 所示。

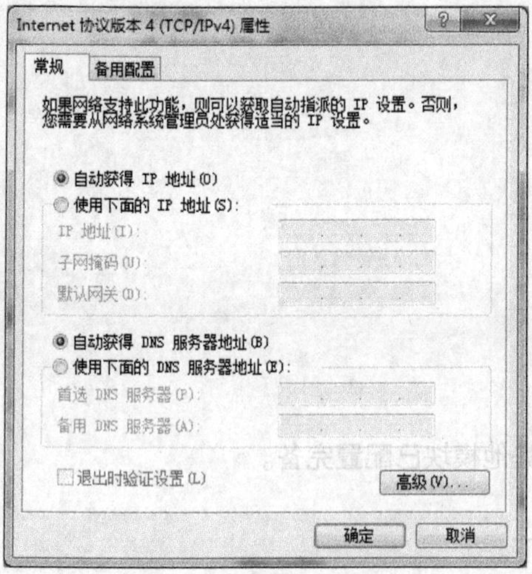

图2-17 动态获取IP地址

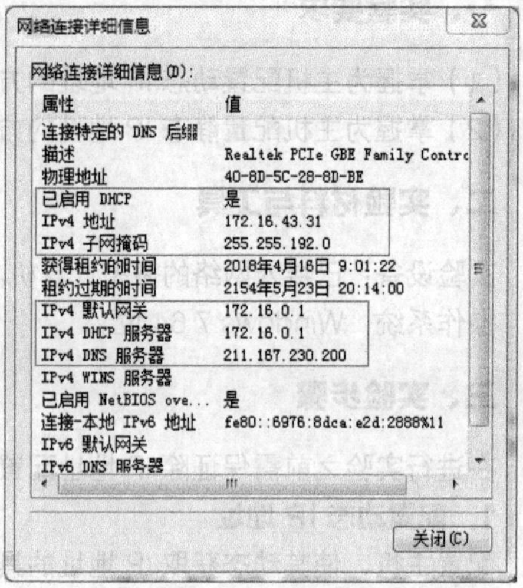

图2-18 网络连接详细信息

（5）打开浏览器，输入网址，若可成功访问网络，说明动态 IP 地址配置成功。

2. 配置静态 IP 地址

为主机配置静态 IP 地址的操作步骤如下。

（1）通过"开始"→"控制面板"→"所有控制面板项"打开"网络和共享中心"窗口，单击此窗口中的"本地连接"，打开"本地连接 状态"窗口。

（2）单击"本地连接 状态"窗口的"属性"按钮，在弹出的"本地连接 属性"窗口中选择项目列表中的"Internet 协议版本 4（TCP/IPv4）"。

（3）单击"本地连接 属性"页面的"属性"按钮，在弹出的窗口中选择"使用下面的 IP 地址"选项，如图 2-19 所示。

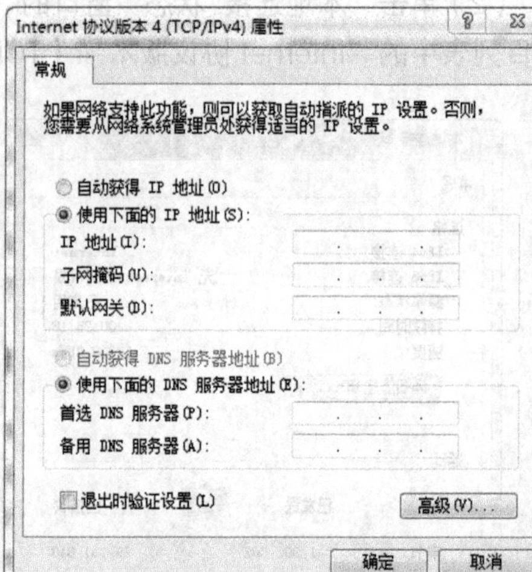

图2-19 静态IP地址配置

（4）根据主机所处网络，填入无冲突的 IP 地址，并依次填入子网掩码、默认网关、首选 DNS 服务器的信息。本实验主机中 IP 地址配置如图 2-20 所示。

（5）单击"确认"按钮保存配置，关闭窗口。单击"本地连接 状态"窗口中的"详细信息"按钮，查看此时的网络配置信息，如图 2-21 所示。

（6）打开浏览器，输入网址，若可成功访问网络，说明静态 IP 地址配置成功。

四、总结

参照前文给出的实验步骤配置主机 IP 地址，若配置失败，与他人进行交流，思考并总结失败的原因。

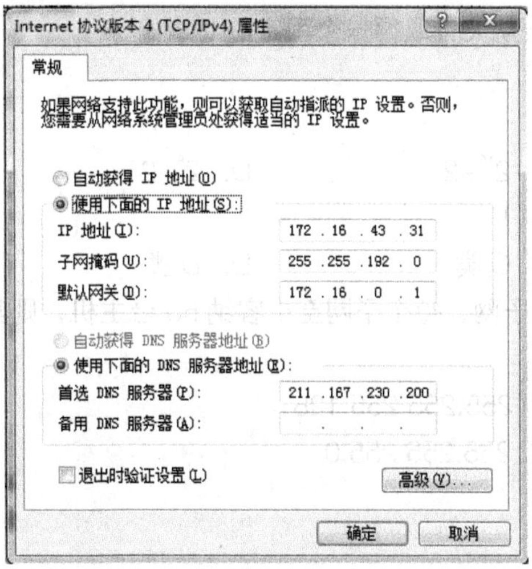

图2-20　静态网络参数配置

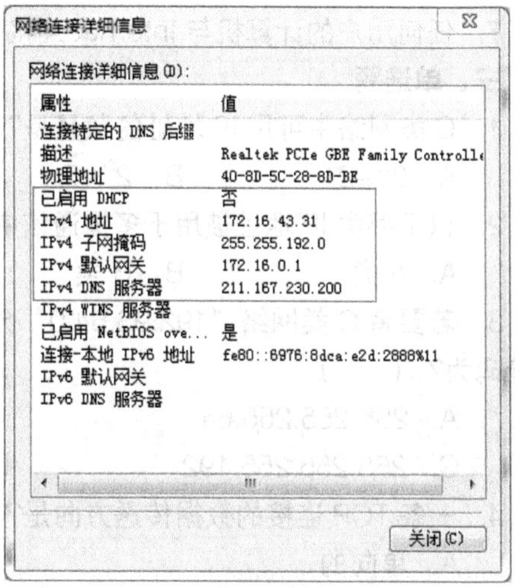

图2-21　网络连接详细信息

2.7 本章小结

本章主要介绍了网络协议与体系结构，包括协议与体系结构对构建网络的意义、常见的网络体系结构、TCP/IP 体系结构中常用的协议等。此外，本章也对网络通信中涉及的 IP 地址进行了说明。通过本章的学习，读者应对常见的网络协议与体系结构有基本的了解，并掌握 IP 地址的分类，以及划分子网的方法。

2.8 本章习题

一、填空题

1. 协议是用于规定信息的格式、发送/接收信息的方式的一套规则，它主要由________、________和________3 个要素组成。

2. 五层协议参考模型自顶向下依次包含________、________、________、________、________5 层。

3. OSI 参考模型的________层负责为通信的应用程序创建、维护和释放连接。

4. TCP/IP 中常用的应用层协议有________、________、________。

5. IP 地址分为 A～E 五类，使用________可将每个网络划分为更小的网络。

二、判断题

1. UDP 和 TCP 是 TCP/IP 参考模型中网络层使用的协议。　(　　)

2. 电子邮件应用中使用的传输层协议是 TCP。　(　　)

3. 在网络层中以“面向连接”的方式进行的通信更为可靠，其实现也更加复杂。　(　　)

4. TCP/IP 体系结构中的数据链路层的主要功能是封装成帧、透明传输和差错检测。　(　　)

5. IP 地址可唯一标识网络中的进程。　(　　)

6. IP 地址和域名之间存在一一对应关系。　(　　)

7. 任何用户的计算机与 Internet 连接，都必须从 ISP 取得一个固定的 IP 地址。（　　）

三、单选题

1. C 类网络中可用 IP 地址的数量是？（　　）

A. $2^{32}-2$　　B. $2^{24}-2$　　C. $2^{16}-2$　　D. $2^{8}-2$

2. 以下哪类 IP 地址被用于多播通信中？（　　）

A. A 类　　B. B 类　　C. C 类　　D. D 类

3. 若要将 C 类网络“192.93.54.0”分为 4 个子网，每个子网至少容纳 50 台主机，则其子网掩码为？（　　）

A. 255.255.255.64　　B. 255.255.255.128

C. 255.255.255.192　　D. 255.255.255.0

4. 一条 TCP 连接的数据传送方向是？（　　）

A. 单向的

B. 双向的

C. 某一时刻是单向的，但在一段时间里可以传送双向的数据

D. 不确定

四、简答题

1. 将一个 C 类子网划分为 3 个子网，每个子网最少容纳 55 台主机，则划分子网的子网掩码应为？为什么？

2. 简述体系结构在划分层次时遵循的原则。

3 Chapter

第 3 章 数据通信基础

拓展阅读

学习目标

- 了解数据通信基础概念
- 掌握数据通信常用媒介
- 熟悉网络互联设备
- 熟悉网络设备接口
- 了解双绞线识别方法

通信是自人类社会形成以来便已存在的技术，早期人与人之间直接进行短距离通信；古代人们利用一些可见“信号”，如狼烟、旗语，或专职人员，如信使，实现远距离信息传递；近代人们发明了电报、电话，将通信机械化；如今人们又将通信技术与计算机等技术相结合，实现了电子通信。本章将对与现代数据通信相关的知识进行讲解。

3.1 了解数据通信

现代数据通信是通信技术与计算机技术结合实现的远程、高速通信，本节将从通信系统的结构、数据通信常用术语、数据传输方式以及数据交换技术这几个方面，对现代数据通信的概念进行讲解。

3.1.1 通信系统的构成

计算机网络中的通信指网络中的终端之间通过通信线路进行信息交换，通信系统应包含信息发送端（源端）、信息接收端（目的端）和通信线路，如图 3-1 所示。

图3-1 通信系统构成

通信系统中的发送端和接收端又统称为终端，主要用于用户信息的输入和处理结果的输出；通信线路简称信道，用于在两端之间传递数据。

3.1.2 信息、数据和信号

信息指音讯、消息、通信系统传输和处理的对象，泛指人类社会传播的一切内容。在计算机中，信息以数值、文字、声音、图形、图像、视频等形式存在，当信息以这些形式存储在设备中时，便认为设备中存储了一些数据。

计算机中的数据分为模拟数据和数字数据，模拟数据在时间和幅值上都是连续的，一般是经传感器采集到的连续数据，如温度、压力、声音、光线等，如图 3-2（a）所示；数字数据在时间上是离散的，其幅值经过量化，一般是由“0”“1”组成的二进制数字序列，如图 3-2（b）所示。

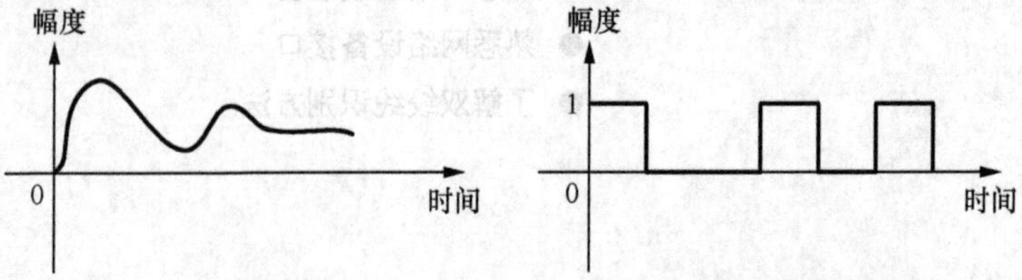

（a）模拟数据　　（b）数字数据

图3-2 数字数据和模拟数据

信号是数据在传输过程中的物理表现，计算机可识别的信号分为模拟信号和数字信号。常见的模拟信号为光、声、温度等各种传感器的输出信号，模拟信号经模拟线路传输，在模拟线路中，模拟信号通过电流和电压的连续变化表示。数字信号用于离散取值的传输，连续取值经量化后转换为离散取值，以数字信号的形式经数字线路进行传输。数字信号在通信线路中一般以电信号的状态（高电平/低电平）表示其数据的“0”和“1”。

虽然数字信号和模拟信号有明显的区别，但只是两种不同的数据表现形式，它们可以表示相同的数据，在一定条件下，数字信号和模拟信号可以相互转化。

3.1.3 信道的分类

信道指信息传输的通道，人们常以信道使用的传输媒介、传输的信号类型等，将信道划分为不同的类别。

1. 按传输媒介分类

按传输媒介分类，信道可分为有线信道和无线信道。

（1）有线信道使用有形的媒介作为传输介质，常见的有线传输媒介有电话线、双绞线、同轴电缆、光缆等。

（2）无线信道是一种形象比喻，无线通信指“以电磁波在空间传播”这种方式传递信息，无线信道则指以电磁波在空间传播时使用的信道，此种信道两端的设备之间没有有形连接，因此称为无线信道。

2. 按传输的信号类型分类

按传输的信号类型，信道可分为数字信道和模拟信道。

（1）数字信道：传输离散数字信号的信道称为数字信道。在计算机中，数字信号指由“0”“1”组成的以二进制形式表示的数据。

（2）模拟信道：传输连续模拟信号的信道称为模拟信道。

以上两种分类是在物理概念上对信道的分类，它们是由传输媒介和相关设备组成的、用于传输信号的物理线路，也称为链路，链路两端的节点为物理设备。除此之外，计算机网络中还存在逻辑信道，逻辑信道只是概念上的一种信道，用于实现基于物理端点的高层次通信，在表述上，逻辑信道通常被称为“连接”。

多学一招：调制

来自信源的信号称为基带信号（即基本频带信号），计算机输出的代表各种文字或图像文件的数据信号都属于基带信号。基带信号往往包含较多的低频成分，甚至有直流成分，许多信道无法传输这些成分，为了解决这一问题，需要对基带信号进行调制。

调制分为两类。一类仅对基带信号的波形进行转化，使其能与信道特性相适应，此类调制称为基带调制，调制后的信号仍是基带信号。由于基带调制是把数字信号转换为另一种形式的数字信号，人们通常将这个过程称为编码（coding），常用的编码方式有不归零制、归零制、曼彻斯特编码、差分曼彻斯特编码。

另一类调制是利用载波（carrier）将基带信号的频率范围搬移到较高的频段，并将信号转换为模拟信号。经过载波调制的信号称为带通信号（即仅在一段频率范围内能够通过信道）。使用载波的调制过程称为带通调制，常用的带通调制方式有调幅、调频和调相，为了达到更高的信息传输速率，必须采用技术上更为复杂的多元制混合调制方法。

3.1.4 通信方式

通信方式指通信双方在信号发送、传输和接收这 3 个环节对信号的处理方式，下面将对不同的信号处理方式进行讲解。

1. 单工、半双工与全双工通信

按信道上信号的传输方向与时间的关系，通信方式可分为单工通信、半双工通信与全双工通信。

（1）单工通信

单工通信指在任一时刻，信号只能由通信双方中的一端发往另一端，在信道上单向传输。此种方式中信道两端节点的功能固定，发送方只能发送数据，不能接收数据；接收方只能接收数据，不能发送数据，如图 3-3 所示。

（2）半双工通信

半双工通信指通信双方均可进行数据发送与接收，但不能同时具备两种功能。在同一时刻，信号只能从一端发向另一端，若要改变信号传输方向，需进行线路切换，如图 3-4 所示。

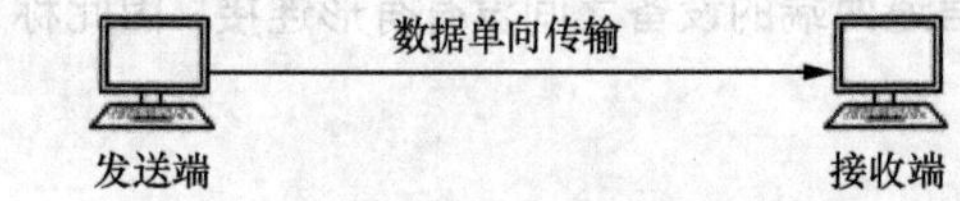

图3-3 单工通信

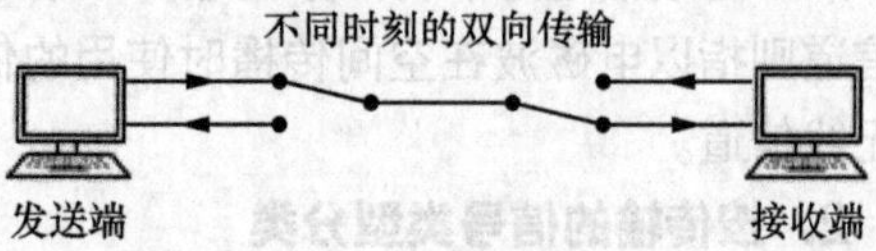

图3-4 半双工通信

（3）全双工通信

全双工通信指通信双方在任何时刻均可发送和接收数据。全双工通信中使用两条信道，其中一条信道用于发送数据，一条信道用于接收数据，如图 3-5 所示。

2. 串行通信与并行通信

按照传输信息时信息与所用信道数量的关系，可将通信方式分为串行通信与并行通信。

（1）串行通信

计算机中信息的最小单位是位（bit），若将待传送数据按位依次传输，则称使用串行方式进行通信，如图 3-6 所示。

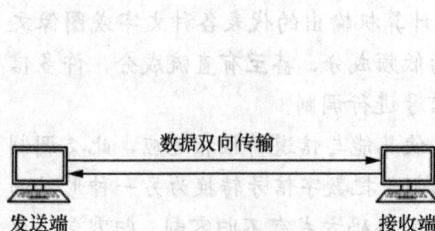

图3-5 全双工通信

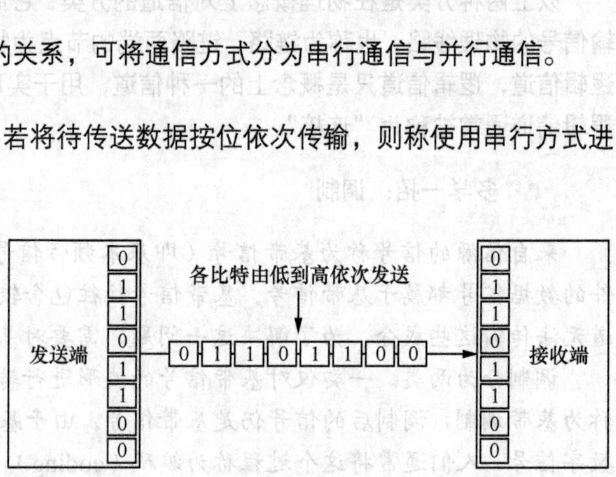

图3-6 串行通信

使用传统方式进行通信时，收、发双方仅需建立一条信道，成本低，结构简单，但其缺点是数据传输速率较低，此种通信方式一般应用于远程数据通信中。

（2）并行通信

并行通信指将数据分组后，以组为单位在多个并行信道上同时传输数据，组内的每位数据占用一条信道。计算机中的 8 位二进制代码表示一个字符，假设每次传输 8 个比特，则串行通信如图 3-7 所示。

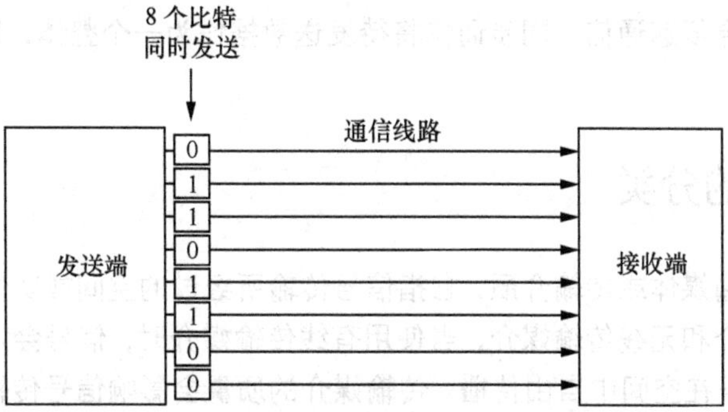

图3-7 并行通信

并行通信方式传输效率高，但需要搭建多条信道，成本也随之增高，因此一般用于近距离高速通信中。

3. 同步通信

同步是通信中必须考虑的重要问题，同步问题要求收发双方在时间基准上保持一定的相对关系，只有保持同步，收发双方的数据才能一致。计算机中实现同步的方式有异步通信和同步通信两种。

（1）异步通信

异步通信的原理是：在每个表示字符的二进制码段前添加一个起始位，表示字符二进制码的开始，在字符的二进制码段后添加一个或两个终止位，表示字符二进制码的结束；相应地接收方可根据起始位和终止位判断一个字符的二进制码段的开始和结束，从而实现数据的同步。具体如图 3-8 所示。

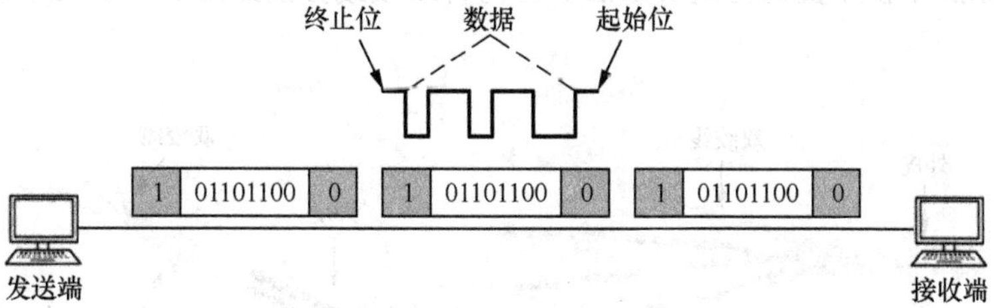

图3-8 异步通信

（2）同步通信

同步通信方式中不必为每个字符码添加起始位和终止位，而是在每次发送数据前，先发送一个同步字节，使双方建立同步关系，之后在同步关系下逐位发送/接收数据，到数据发送完毕再次发送同步字节终止通信。具体如图 3-9 所示。

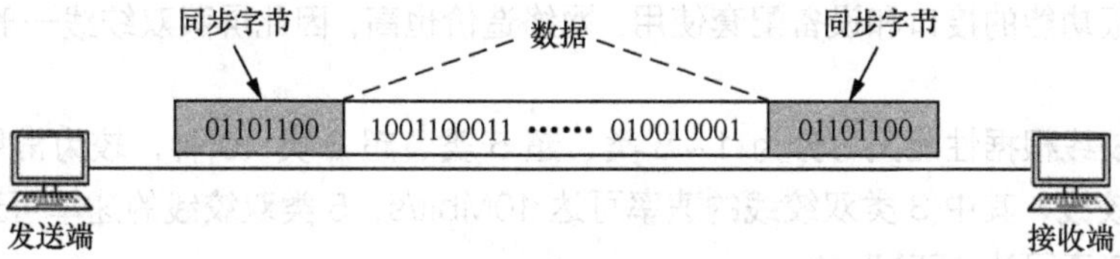

图3-9 同步通信

异步通信将每个字符作为一个单位，为字符添加起始位和终止位，实现比较简单，但标志位所占比重较大，更适合低速通信；同步通信将待发送数据作为一个整体，附加位所占比重较小，适合高速通信。

3.2 传输媒介的分类

传输媒介也称传输媒体或传输介质，它指信号传输所经过的空间或实体。网络通信中的传输媒介分为有线传输媒介和无线传输媒介，当使用有线传输媒介时，信号会沿传输媒介传输；使用无线传输媒介时，信号在空间中自由传播。传输媒介的质量会影响信号传输的质量，如速率、丢包率等。本节将对常见的传输媒介进行介绍。

3.2.1 有线传输媒介

常见的有线传输媒介有双绞线（Twisted Pair）、同轴电缆（Coaxial Cable）和光纤（Fiber Optics），当使用有线传输媒介传输信号时，信号沿着媒介传输，因此有线传输媒介也被称为“导向传输媒介”。下面将对这 3 种传输媒介的物理构造和性能进行简单介绍。

1. 双绞线

双绞线由两条相互绝缘的导线按照一定的规格互相缠绕（一般以逆时针缠绕）而成，此种绞合方式可在一定程度上抵御外界的电磁波干扰，亦可降低多对双绞线之间的相互干扰。实际应用中将多对双绞线一起包在绝缘电缆套管中组合使用。

双绞线分为非屏蔽双绞线（Unshielded Twisted Pair，UTP）和屏蔽双绞线（Shielded Twisted Pair，STP），其中非屏蔽双绞线仅有双绞线和外皮（即绝缘电缆套管），屏蔽双绞线则在双绞线与外皮之间添加了抗干扰的金属屏蔽层。这两种双绞线分别如图 3-10（a）和图 3-10（b）所示。

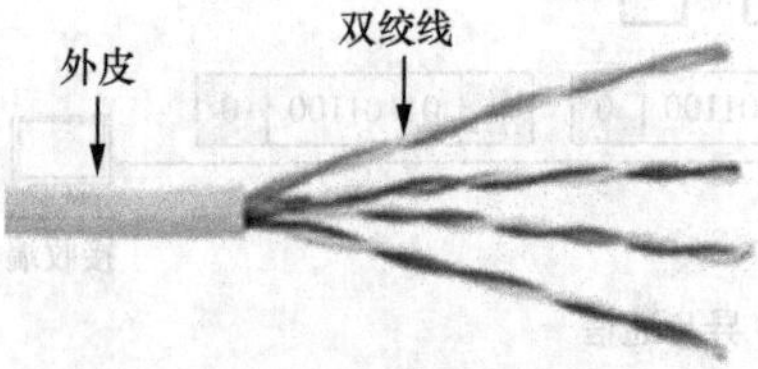

（a）非屏蔽双绞线

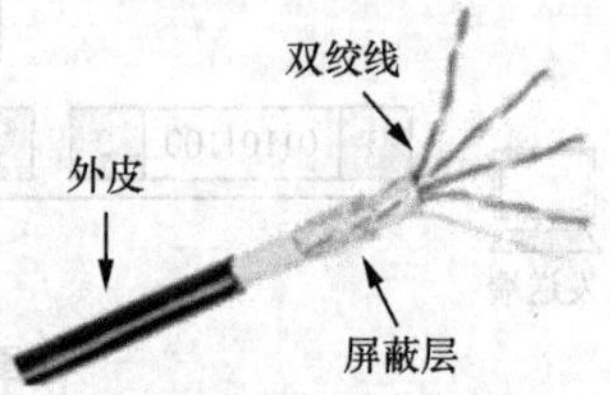

（b）屏蔽双绞线

图3-10 双绞线

非屏蔽双绞线抗干扰能力一般，但其价格低廉，一般应用于家庭和办公室等干扰较少的环境中。与非屏蔽双绞线相比，屏蔽双绞线抗干扰的能力更强，但其价格较高，为了实现屏蔽效果，还需与具有屏蔽功能的接口和设备配套使用，网络造价也高，因此屏蔽双绞线一般仅用在干扰较严重的环境中。

非屏蔽双绞线根据性能又可分为 1～8 类、超 5 类、超 6 类 10 种，较为常用的是 3 类、5 类和超 5 类双绞线，其中 3 类双绞线的速率可达 10Mbit/s，5 类双绞线的速率可达 100Mbit/s，超 5 类双绞线速率可达 155Mbit/s。

双绞线需与 RJ-45 连接头（俗称水晶头）一起使用，RJ-45 连接头如图 3-11（a）所示，带有连接头的双绞线如图 3-11（b）所示。

双绞线通过连接头可与集线器、路由器、调制解调器、终端等设备相连，共同搭建网络环境。

2. 同轴电缆

同轴电缆因内导体与网状导电层为同轴关系而得名，它由内导体（一般为单股实心导线或多股绞合线）、塑料绝缘层、网状导电层（外导体）和电线外皮组成，其中内导体和网状导电层形成电流回路，具体如图 3–12 所示。

（a）RJ-45 连接头　　（b）网线 - 双绞线

图3–11　RJ–45连接头与双绞线

同轴电缆具有较高的带宽和良好的抗干扰性，按照其功能，同轴电缆可分为基带同轴电缆和宽带同轴电缆。

基带同轴电缆其屏蔽层是由铜制成的网状导电层，特征阻抗为 50Ω（如 RG–8、RG–58 等），它可以传输数字信号。根据直径粗细，基带同轴电缆又分为粗缆和细缆，其中粗缆抗干扰性好，但价格高、安装复杂，常用于铺设网络干线；细缆直径小，相对柔软，且价格低、安装简单，常用于室内网络环境搭建。

宽带同轴电缆的屏蔽层由铝冲压而成，特征阻抗为 75Ω（如 RG–59）等，它可以传输模拟信号，常用于有线电视网中。

3. 光纤

光纤即光导纤维，由纤芯、包层和保护层组成，其中纤芯是由塑料或玻璃制成的纤维，可作为光传导媒介。光缆包括由两根或多根光纤按照一定方式组成的缆芯，以及加强钢丝、填充物、护套、防水层、缓冲层、绝缘金属导线等构件。光纤与光缆分别如图 3–13（a）和图 3–13（b）所示。

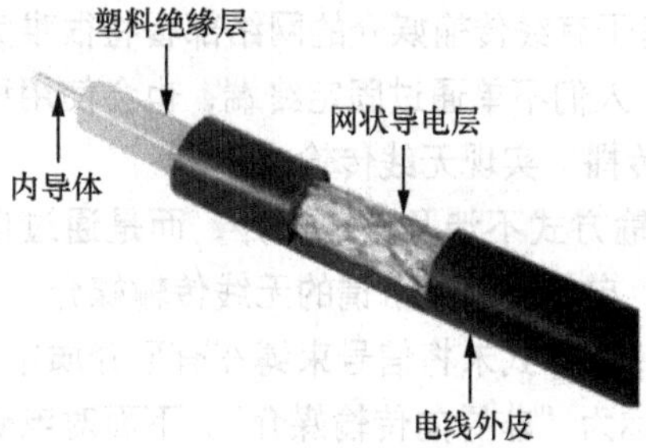

图3–12　同轴电缆

（a）光纤　　（b）光缆

图3–13　光纤、光缆

光缆中的光源为发光二极管 LED 或注入式激光二极管 ILD，通过 LED 或 ILD 可以发出光脉冲，光脉冲在光缆中传输以实现信息传递。光缆两端需要一个完成电/光信号转换和光/电信号转换的装置，实现设备与光纤之间信息形式的转换。

根据光源类型和光的传输模式，光纤可分为单模光纤和多模光纤。单模光纤的纤芯极细，传输的光线不会经过多次折射，可一直向前传播，如图 3–14 所示。

多模光纤的纤芯相对较粗，多条不同角度射入的光线携带的信息在光纤表面发生全反射后再同时传输，如图 3–15 所示。

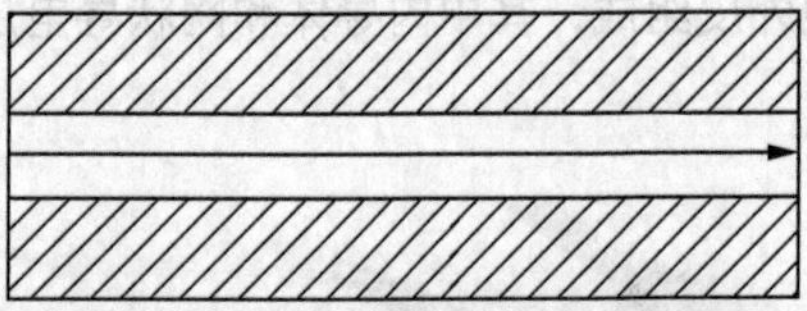

图3–14　单模光纤信号传播示意图

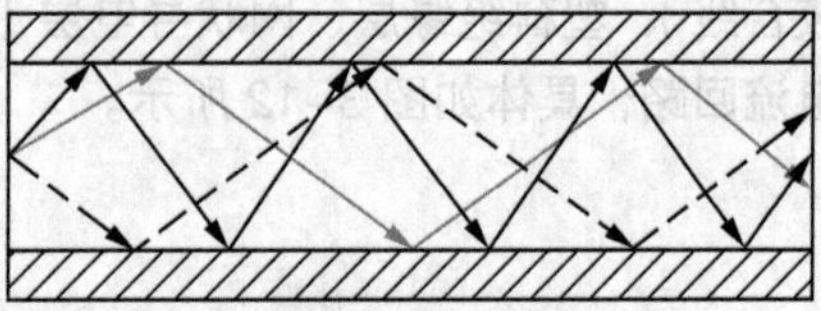

图3–15　多模光纤信号传播示意图

相比之下，单模光纤性能更好，传输速率也高，可在几十千米内以百兆到万兆每秒的速率传输数据，但其制作工艺难度较大，成本也比较高；多模光纤性能略逊于单模光纤，但其成本较低，可实现几千米以内的高速数据传输。

双绞线、同轴电缆和光纤是网络搭建中最常使用的 3 种传输媒介，它们被应用于不同的场合中，其性能比较如表 3–1 所示。

表 3-1　有线传输媒介对比表

传输媒介	单段最大长度	电磁干扰	带宽	价格
非屏蔽双绞线	100m	高	低	低
屏蔽双绞线	100m	低	中	中
同轴电缆	185m/500m	低	高	中
光纤	几十千米	无	极高	高

由表 3–1 可知，光纤单段最大长度最长，不受电磁干扰，且带宽极高，无论与双绞线还是同轴电缆相比，它都具有极优异的性能，当然由于其造价也高，光纤一般只用于远距离高速通信中。在小型网络中，使用双绞线和同轴电缆已能满足用户的基本需求。

3.2.2 无线传输媒介

使用有线传输媒介铺设网络时，需要对地理环境进行一定的考量，若需经过高山、岛屿、河流等地形，或需铺设在道路已规划、建造完成的城市中，基于有线传输媒介的网络部署将很难完成。此外，随着信息技术的发展，各种移动设备层出不穷，人们不单通过固定终端，也会使用移动设备访问网络。因此人们借助无线电波在自由空间中的传播，实现无线传输。

无线传输即指信号在自由空间中的传输，此种信号传输方式不涉及有线媒介，而是通过自由空间传输信号，因此将此种方式称为无线传输，相应地，自由空间即所谓的无线传输媒介。

无线传输的本质是电磁波在自由空间中的传输，此种传输方式未将信号束缚在有形介质中，信号可向空间中的任意方位自由传输，因此自由空间也被称为“非导向传输媒介”。下面对电磁波分类以及通过自由空间传输信号的几种无线传输方式进行讲解。

1. 无线电频段

无线传输中信号的载体为电磁波，按频率由低到高电磁波被分为无线电、微波、红外线、可见光、紫外线、X 射线和 γ 射线，除紫外线及更高波段外，其他波段都被应用在了实际生活中。ITU（国际电信联盟）按照频率又将投入使用的无线电波划分为不同的频段，实际生活中电磁波应用与波段对应关系如图 3-16 所示。

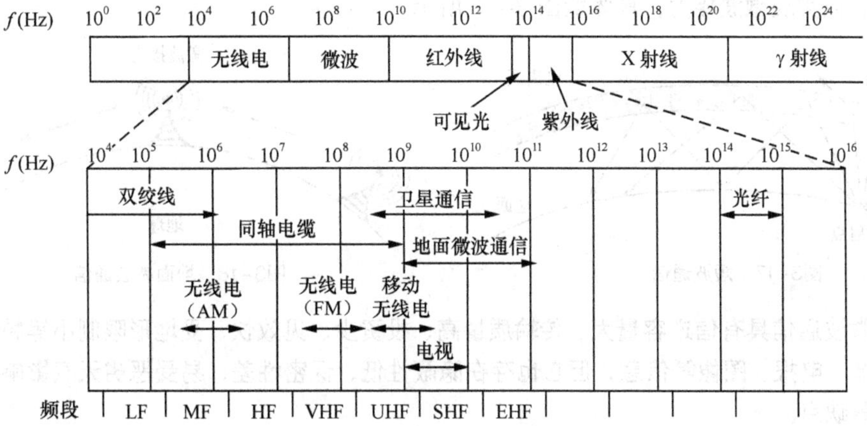

图3-16 应用与波段对应关系

图 3-16 中所示的 LF～EHF 即 ITU 为无线电波划分的频段，这些频段及其对应范围如表 3-2 所示。

表 3-2 频段及对应范围

频段	频率范围	波段名	波长范围
低频（LF）	30～300kHz	千米波，长波	1～10km
中频（MF）	300kHz～3MHz	百米波，中波	100m～1km
高频（HF）	3～30MHz	十米波，短波	10～100m
甚高频（VHF）	30～300MHz	米波，超短波	1～10m
特高频（UHF）	300MHz～3GHz	分米波	10cm～1m
超高频（SHF）	3～30GHz	厘米波	1～10cm
极高频（EHF）	30～300GHz	毫米波	1～10mm
	>300GHz	亚毫米波	0.1～1mm

2. 短波通信

短波通信即高频通信，此种通信方式主要靠电离层对短波的反射实现。当发射点将短波以一定入射角送往电离层后，电离层会像光学中的反射一般使短波以同样的反射角离开电离层，回到地面。理论上讲，入射角度越大，短波经反射后在地面上的水平跨度越大。短波亦可在返回地面时再次被送往电离层，形成多次反射，如图 3-17 所示。

发射点发射短波时入射角不唯一，经电离层反射后会出现多径效应，此外电离层不够稳定，若不采用复杂的调制解调技术，短波通信的信号质量无法得到保证，因此短波通信一般用于低速传输。

3. 微波通信

微波通信是数据通信中的一种重要技术，该技术使用的电磁波频段主要为 2～40GHz。与短波不同，微波沿直线传输，它不会被电离层反射。微波通信的主要形式是地面微波通信和卫星通信。

（1）地面微波通信

利用微波沿直线传输的特性，人们在地表建立天线塔，实现微波的发送和接收。由于地球是球体，地表是曲面，且地表可能有高山阻隔，微波的传播距离一般只有 50km。若采用 100m 高的天线塔，微波的传播距离可达 100km。为了实现更远距离的信号传输，人们在天线塔之间建立中继站，以实现微波接力，具体如图 3-18 所示。

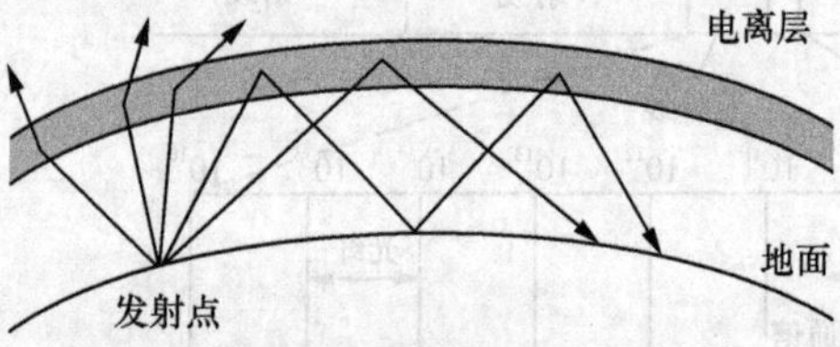

图3-17　短波通信

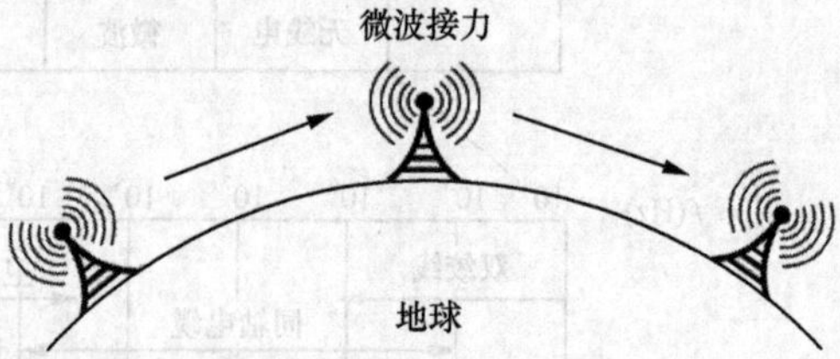

图3-18　地面微波通信

地面微波通信具有信道容量大、传输质量高、投资少、见效快、受地形限制小等特点，常用于传输语音、电报、图像等信息，但它也存在隐蔽性低、保密性差、易受恶劣天气影响、易被障碍物阻挡等缺点。

（2）卫星通信

卫星通信利用微波沿直线传输、不会被电离层反射的特性，将信号从地面发向距离地面 36000km 高的人造地球同步卫星中，使用卫星实现微波接力，进而实现数据通信。地球同步卫星发射出的电磁波可覆盖的区域达 1 万 8 千多公里，约为地球表面积的 1/3，因此，只要在地球赤道上空的同步轨道中等距安放 3 颗卫星，便能基本实现全球通信。具体如图 3-19 所示。

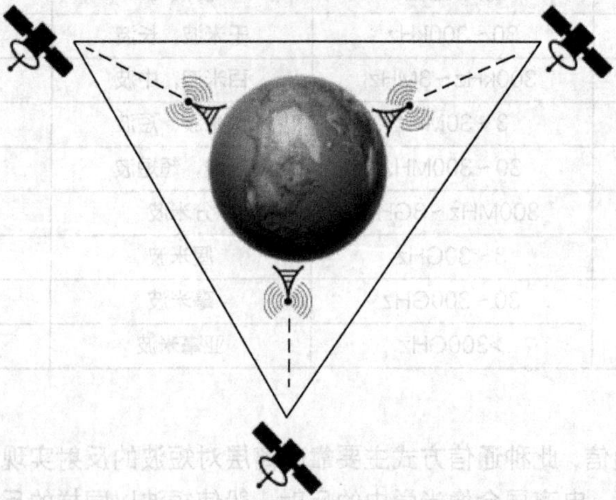
图3-19　卫星通信

由图 3-19 可知，卫星与地球站相隔较远，因此卫星通信的传播时延较大。卫星通信中两个地球站之间的传播时延为 250～300ms（当然这并不代表卫星通信的总时延就比其他通信方式大）。卫星通信的特点基本与地面微波通信相同，由于覆盖面广，卫星通信非常适用于广播通信。

4．无线局域网通信

早期必须通过物理传输媒介才能使设备与网络相连，但随着移动通信设备的发展，人们希望能随时随地接入网络、使用网络，因此，以无线方式接入网络的无线局域网通信技术应运而生。

无线局域网利用射频技术，使用电磁波取代传统的双绞线组建局域网络。虽然在使用大多无线电频段通信前需要得到本国政府有关无线电频谱管理机构的许可证，但也有一部分无线电频段可在不干扰他人的情况下自由使用。

遵循 IEEE 802.11 标准的无线局域网允许使用可不必授权的 ISM 频段中的 2.4GHz 或 5GHz 射频波段进行无线连接。ISM 是 Iudustrial Scientific and Medical（工业、科学和医药）的缩写，指“工、科、医频段”，这 3 个频段对应的频率范围分别如下。

（1）工业频段：902～928MHz，频带宽度为 26MHz。

（2）科学频段：2.4～2.4835GHz，频带宽度为 83.5MHz。

（3）医药频段：5.725～5.850GHz，频带宽度为 125MHz。

2.4GHz 是目前大多无线设备使用的频段，随着设备的增多，设备之间会产生一定的干扰，为解决此问题，无线厂商生产了支持 5GHz 频段的设备。需要注意是，只有无线路由器和网卡都支持 5GHz 频段，设备才能够使用 5G 网络。

多学一招：信道复用技术

每一组通信的实现都需要信道，利用信道复用技术，可将一条传输介质划分为多条信道，同时满足多组用户的通信需求。计算机网络中常用的信道复用技术有：频分复用、时分复用、波分复用和码分复用。

1. 频分复用

频分复用（Frequency Division Multiplexing，FDM）是最简单的一种信道复用技术，该技术适用于模拟信号的传输，其工作原理是将信道的总带宽划分为若干个子信道（或称子频带），每个子信道占用一定频带，传输一路信号。当有用户需使用信道时，该用户获取某个子信道，占用该信道对应的带宽资源（这里的带宽指频率宽度，而非数据的发送速率），在同一时刻，不同的用户占用信道中的不同带宽，如图 3-20 所示。

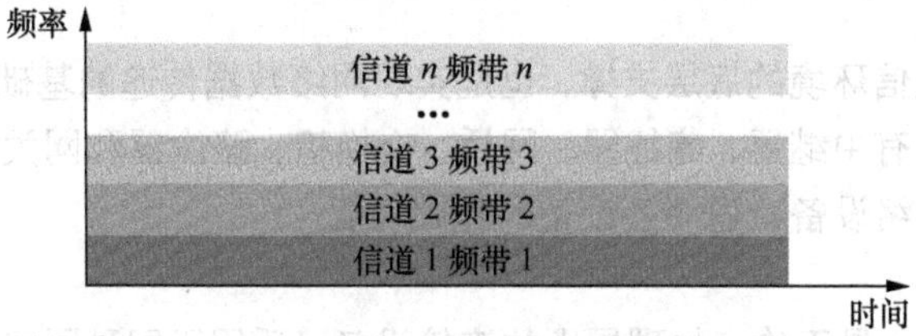

图3-20 频分复用示意图

2. 时分复用

时分复用（Time Division Multiplexing，TDM）利用同一传输媒介的不同时段轮流为不同用户提供服务，该技术适用于数字信号的传输，其工作原理是将时间划分为若干段等长的时分复用帧（TDM 帧），每个时分复用的用户在 TDM 帧中占用固定序号的时隙。假设当前有 A、B、C、D 四名用户采用时分复用技术占用同一信道，则具体如图 3-21 所示。

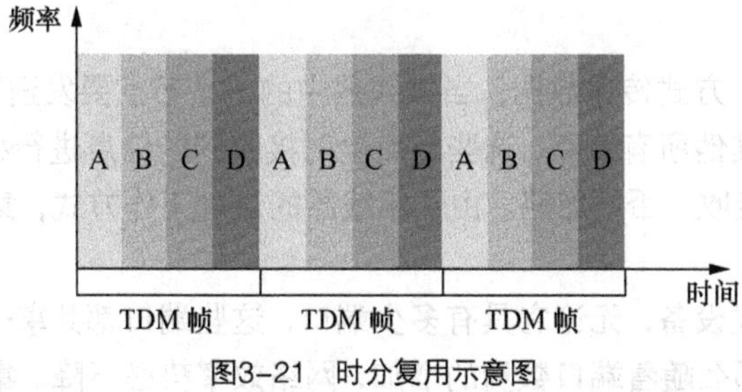

图3-21 时分复用示意图

3. 波分复用

波分复用（Wavelength Division Multiplexing，WDM）的原理与频分复用相同，它是应用于光纤技术中的一种信道复用技术。因为光纤中所传输光波的频率很高，所以习惯上以波长而非频率来表示所使用的光载波，并将用于光纤的频分复用技术称为波分复用。

波分复用将两种或多种不同波长的光载波信号在发送端经复用器（亦称合波器）汇合，使其在同一根光纤中进行传输，并在接收端经复用器（亦称分波器或去复合器）将各种波长的光载波分离，由光接收机作进一步处理以恢复原信号。

4. 码分复用

码分复用（Code Division Multiplexing，CDM）的特点是：同一时间内不同的用户可以利用相同的频带进行通信。码分复用又称为码分多址（Code Division Multiplexing Access，CDMA），其原理是将每一比特时间再划分为 *m* 个短的时间间隔，称为码片（chip），使 CDMA 的每一个信号源被指派唯一的 *m* bit 码片序列（chip sequence），若用户要发送比特 1，则发送相应信号源的 *m* bit 码片序列；若用户要发送比特 0，则发送信号源 *m* bit 码片序列的反码。

CDMA 中 *m* 的取值一般为 64 或 128，为了方便举例，此处假设 *m* 为 8，假设使用 CDMA 的一个信号源 S 被指派的 8 bit 码片序列为 00011101，则当 S 要发送比特 1 时，就发送 00011101；当 S 要发送比特 0 时，就发送 11100010。

由于 CDMA 信号源的码片序列各不相同，使用此种技术的系统发送的信号具有很强的抗干扰性。

3.3 网络互联设备

网络设备是网络通信环境的底层支撑，也是实现网络数据传递的基础。组建计算机网络，实现网络互联的网络设备有中继器、集线器、网桥、交换机、路由器和网关等。本节将简单介绍网络发展过程中使用的网络设备，说明各设备的基础功能。

1. 中继器

中继器（Repeater）是工作在物理层上的连接设备，适用于同种网络的互联。信号在传输过程中会随信道的增长而衰减，中继器的主要功能是在两个节点的物理层上按位传递信息，完成信号的复制、调整和放大，避免信号失真带来的接收错误，增加信号的传输距离。

2. 集线器

集线器（Hub）是中继器的一种，它同样工作在物理层。集线器具有多个端口，可以自身为中心集中网络节点，对接收到的信号进行再生放大，以增加信号的传输距离。根据端口数量的不同，集线器可分为 4 口、8 口、16 口、24 口、32 口等，通过这些接口，集线器可作为相应数量节点的中继。

集线器采用“广播”方式传递数据，当集线器中的一个节点要发送数据给另外一个节点时，集线器会将信息广播给其他所有节点，这些节点会对接收到的信息进行检查，判断其是否为发送给自己的信息，若是则接收，否则忽略。由于集线器的这种工作方式，集线器连接的设备之间可以互连互通。

集线器是一种共享式设备，无论它具有多少端口，这些端口都共享一条信道，且同一时刻只有两个端口能够通信。那么随着端口数量的增加，网络效率势必下降。集线器只能工作在半双工模式下。

3. 网桥

网桥（Bridge）工作在数据链路层，它也具备延长网络跨度的功能，同时它还提供智能化连接服务，可根据帧的终点地址有选择地进行转发和过滤，允许不同网段上的用户同时进行通信，起到了隔离作用，并在一定程度上增加了网络带宽。网桥示意图如图 3-22 所示。

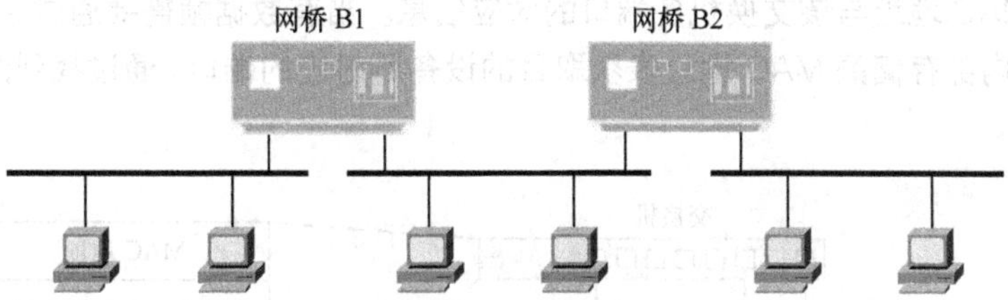

图3-22 网桥示意图

网桥具有比集线器更优异的性能，但目前已被具有更多端口、亦能隔离冲突域的交换机所取代。

4. 交换机

交换机（Switch）也是网络中的一种集线设备，与集线器一样，它能以自身为中心连接网络节点，能对接收到的信息进行再生放大以增加网络的传输距离；但它又与集线器不同——交换机是一种交换式设备。

作为一种交换式设备，交换机的每个端口能为与之相连的节点提供专用的带宽，让每个节点独占信道。交换机端口、节点以及交换机容量的关系如图 3-23 所示。

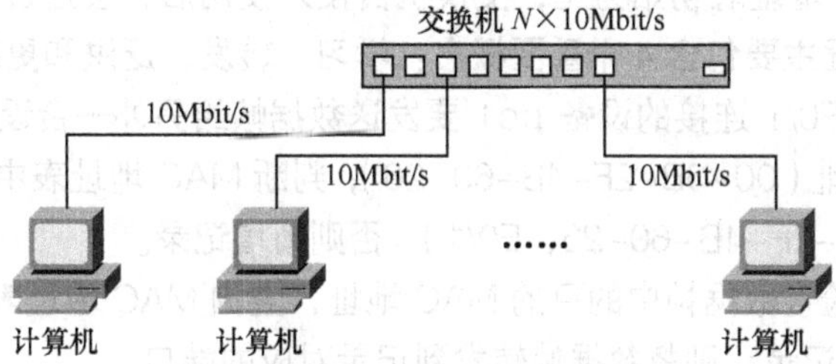

图3-23 交换式局域网

（1）交换机的特点

交换机主要具有以下特点。

① 独享带宽。若一台端口速率为 100Mbit/s 的交换机同时连接 N 台计算机，那么网络的总带宽为 $N\times 100$Mbit/s。换言之，采用交换机组建的交换式以太网的网络带宽不会因节点数量的增加而减少，网络性能也不会因负荷的增加而降低。

② 多对节点可并行通信。交换机允许自身连接的多对设备同时建立通信链路，进行数据交换。

③ 可灵活配置端口速率。交换机允许各节点按照自身需求灵活配置端口速率，且交换机不仅支持某种速率的端口，还支持端口自适应配置。

④ 便于管理。交换机支持构造虚拟局域网（VLAN），以软件的方式通过逻辑工作组划分和管理网络中的设备（关于 VLAN 的知识将在后续内容中讲解）。

另外，交换机可与使用集线器搭建的网络兼容，在从共享式局域网过渡到交换式以太网时可替代集线器，实现网络的无缝连接。

（2）交换机的工作原理

交换机在接收到数据时，会先检查数据中包含的 MAC 地址，再将数据从目的主机所在的端口转发出去。交换机之所以能实现这一功能，是因为交换机内存有一张 MAC 地址表，该表记录了网络中所有 MAC 地址与该交换机各端口的对应信息。当有数据帧需要通过该交换机进行转发时，交换机根据内部存储的 MAC 地址表获取目的设备所对应的端口，通过找到的端口转发数据，如图 3-24 所示。

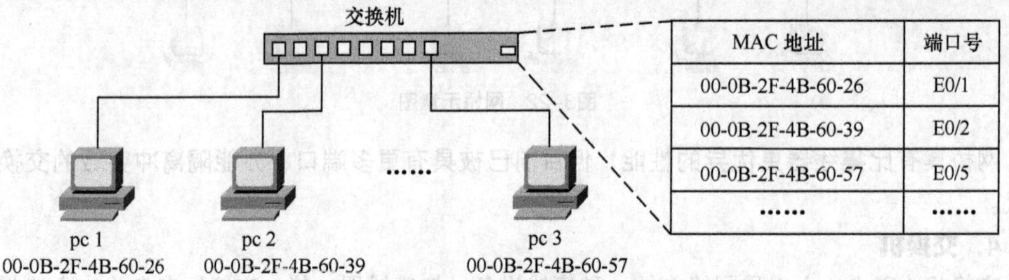

图3-24 交换机工作原理

假设图 3-24 中的设备 pc2 向主机 pc3 发送一个数据帧，交换机接收到该数据帧后，会先查出目的 MAC 地址为 00-0B-2F-4B-60-57，然后查询 MAC 地址表，找到目的 MAC 地址连接的端口号 E0/5，将数据从端口 E0/5 转发出去。

交换机中的 MAC 地址表初始为空，交换机自投入使用后，会通过一定的措施构建并完善 MAC 地址表，这一过程主要包含 4 个重要概念：学习、转发、泛洪和更新。

① 学习。当端口 E0/1 连接的设备 pc1 要发送数据帧给另外一台设备时，交换机会先检查数据帧中的源 MAC 地址（00-0B-2F-4B-60-26），判断 MAC 地址表中是否存在相关记录，若有则更新记录（00-0B-2F-4B-60-26，E0/1），否则新增记录。

② 转发。交换机检查数据帧中的目的 MAC 地址，查询 MAC 地址表中与目的 MAC 地址相关的记录，若找到相应记录，则将数据帧转发到记录对应的端口。

③ 泛洪。若 MAC 地址表中不存在与目的 MAC 地址相关的记录，交换机一时无法获取目的主机所连接的端口，此时交换机将发送数据帧给除源端口外所有的端口（此即泛洪），等到相应的目的端口回复后，交换机记下回应数据帧的源 MAC 地址和对应端口，以方便后续转发。

④ 更新。为保证 MAC 地址表的正确性，交换机内部每隔一定时间会将表进行一次更新。

（3）数据交换方式

交换机的数据交换方式分为直接交换和存储交换两种。

直接交换指交换机接收到数据帧后，立即获取帧中的目的地址，并通过 MAC 地址表获取目的端口号，转发数据帧。此种数据交换方式效率高、延迟小，但又具有如下缺点：

① 可靠性较低。数据在传输过程中可能因碰撞而损坏，但直接交换方式不检查数据帧的完整性和正确性，直接转发数据，无法保证数据帧传输的可靠性。

② 不同速率的端口无法直通。由于没有缓存，不能将具有不同速率的输入/输出端口直接接通。

③ 实现困难。当交换机的端口增加时，交换矩阵的复杂性也随之增加，实现起来比较困难。

存储转发是应用比较广泛的一种数据交换方式，使用此种方式，交换机接收到数据帧后会将数据帧进行存储与校验，若校验结果表明数据无误，再取出目的 MAC 地址，通过映射表查找相应端口进行转发。

与直接交换相比，存储转发方式的延迟较大，但具有检错能力，且可支持不同速率的端口间的数据交换。

5. 路由器

路由（routing）是指分组从源到目的地时，决定端到端路径的网络范围的进程。路由功能由工作在 OSI 参考模型第三层的数据包转发设备——路由器提供。路由器（Router）是连接因特网中各局域网、广域网的设备，它通过转发数据包实现网络互连，当数据从一个子网传输到另一个子网时，路由器会根据信道的情况自动选择和设定路由，以最佳路径，按前后顺序发送信号。路由器功能示意图如图 3-25 所示。

具有路由功能的 L3 交换机用于具备一定规模的网络中，在家庭等小型局域网的组建工作中，路由器仍是主要设备。路由器如图 3-26 所示。

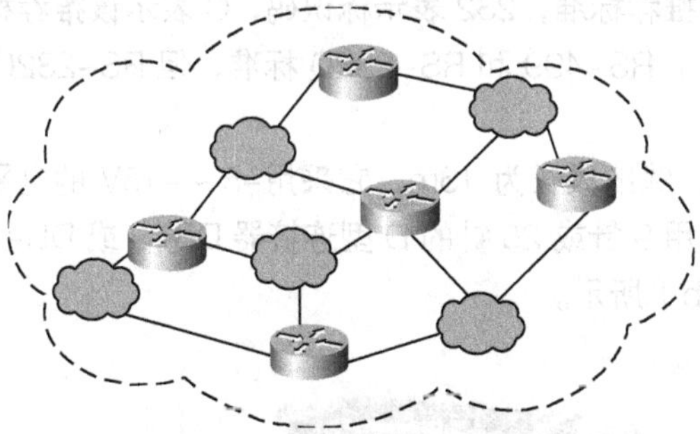

图3-25　路由器功能示意图

图3-26　路由器

6. 网关

网关（Gateway）又称网间连接器、协议转换器，顾名思义，它是信息从一个网络发往另一个网络需经过的一道“关口”。网关是最复杂的网络互联设备，仅用于两个高层协议不同的网络互联。

位于不同网络的 IP 地址是无法通信的，即使拥有这些 IP 地址的主机连接在同一台集线器或交换机中，在没有路由的情况下，TCP/IP 会根据子网掩码，判定位于不同网络的主机处于不同的网络中。要实现这两个网络之间的通信，必须通过网关。如果网络 A 中的主机发现数据包的目的地址不在本地网络中，就把数据包转发给它自己的网关，再由网关转发给网络 B 的网关，网络 B 的网关再转发给网络 B 的某台主机。假设网络 A 的 IP 地址范围为“192.168.1.1 ~ 192.168.1.254”，子网掩码为 255.255.255.0；网络 B 的 IP 地址范围为“192.168.2.1 ~ 192.168.2.254”，子网掩码为 255.255.255.0，那么网络 A 向网络 B 发送数据包的过程如图 3-27 所示。

网关既可以用于广域网互联，也可以用于局域网互联。网关是一种充当转换重任的计算机系统或设备，使用在通信协议、数据格式或语言，甚至体系结构完全不同的两种系统之间。与只是简单实现信息传递的网桥不同，网关是一个翻译器，会对收到的信息重新打包，以适应目的系统的需求。

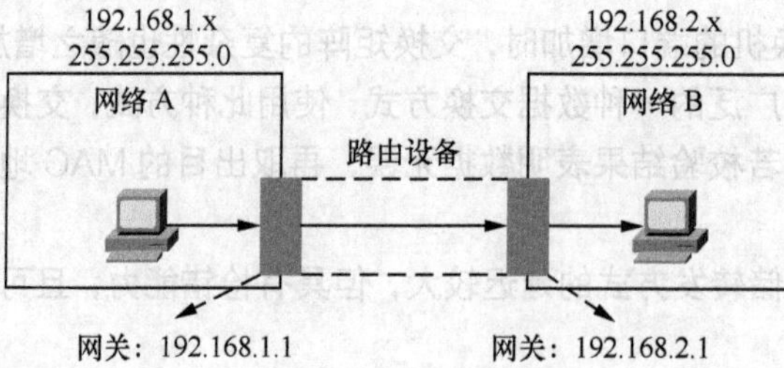

图3-27　网关示意图

3.4 网络设备接口

网络中的设备通常需要通过物理连接，以实现数据流通。为了保证不同厂家生产的不同设备能够搭配使用，人们对设备的接口进行了规定，下面对各设备上的接口，以及接口规范进行讲解。

1. 串行接口

串行接口是 PC 机与通信工业中应用最广泛的一种串行接口，目前使用最广泛的串行接口标准是自 1969 年美国电气工业协会（EIA）推荐的 RS-232C，该标准用于规定个人计算机与 Modem 及其他串行设备交换数据的接口，其中 RS 表示推荐标准，232 表示标识码，C 表示该推荐标准被修改过的次数。除 RS-232C 外，EIA 还颁布了 RS-499 和 RS-232D 标准，但 RS-232C 仍是数据通信中最主要的串口标准。

RS-232C 串口的最大传输速率为 20kbit/s，线缆最长为 15m，它采用-5～-15V 的电平表示逻辑“1”，+5～+15V 的电平表示逻辑“0”，使用 9 针或 25 针的 D 型连接器 DB-9 或 DB-25，这两种连接器分别如图 3-28（a）和图 3-28（b）所示。

（a）DB-9 连接器　　（b）DB-25 连接器

图3-28　DB-9针和DB-25针的RS-232C接口

DB-9 和 DB-25 连接器的阵脚排列分别如图 3-29（a）和图 3-29（b）所示。

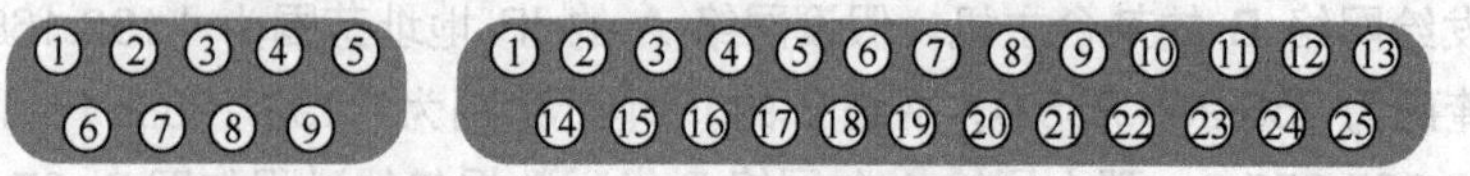

（a）DB-9 针　　（b）DB-25 针

图3-29　DB-9与DB-25连接器阵脚排列示意图

RS-232C 串口中几乎每个引脚的功能都有明确定义，目前大多设备使用的连接器为 DB-9，DB-9 各引脚的功能以及 DB-25 与其相应引脚如表 3-3 所示。

表 3-3 引脚功能说明

阵脚	信号	功能说明	DB-25 对应引脚
1	CD	载波侦测	8
2	RXD	接收数据	3
3	TXD	发送数据	2
4	DTR	数据终端准备	20
5	GND	地线	7
6	DSR	数据传输设备就绪	6
7	RTS	请求发送	4
8	CTS	清除发送	5
9	RI	振铃指示	22

2. 以太网接口

以太网接口指以太网中数据连接的端口，组建以太网的设备及链路有交换机、路由器、集线器、光纤、普通网线等，它们的接口统称为以太网接口。常见的以太网接口有 RJ-45 接口和光纤接口。

（1）RJ-45 接口

RJ-45 接口即 3.2.1 节中介绍的水晶头，也称为 RJ-45 连接器。RJ-45 连接器由插头和插座组成，插头和插座分别如图 3-30（a）和图 3-30（b）所示。

（a）插头　　（b）插座

图3-30 RJ-45连接器插头、插座图示

RJ-45 连接头与 8 根（4 组）双绞线一同使用，连接头与双绞线有 T568A 和 T568B 两种结构。在 T568A 中，与连接头相连的 4 组线分别定义为：白绿、绿；白橙、蓝；白蓝、橙；白棕、棕。在 T568B 中，与连接头相连的 4 组线分别定义为：白橙、橙；白绿、蓝；白蓝、绿；白棕、棕。双绞线必须按一定的顺序压制到水晶头中，T568A 和 T568B 结构双绞线的线序如图 3-31 所示。

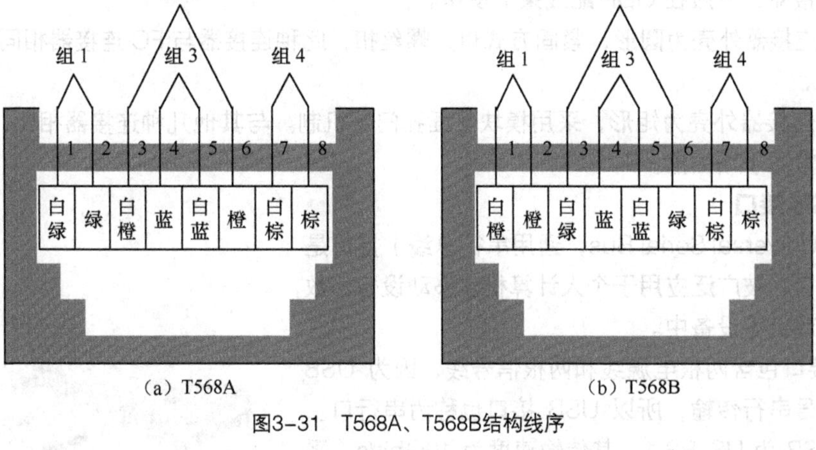

（a）T568A　　（b）T568B

图3-31 T568A、T568B结构线序

使用 RJ-45 连接头的双绞线分为直通线、交叉线和全反线，其中直通线的两端均为 T568B 结构，用于异种网络设备之间的互连，常见的情况有：

① 计算机——Modem。

② 调制解调器——路由器 WAN 口。

③ 计算机——路由器 LAN 口。

④ 计算机——集线器/交换机。

交叉线一端为 T568A 结构，一端为 T568B 结构，用于对等网络连接，常见的情况有：

① 计算机——计算机。

② 集线器——集线器。

③ 交换机——交换机。

全反线一端采用 T568A 或 T568B 结构，另一端与此端线序相反，即 12345678-87654321，若一端为 T568B 结构，则另一端的线序为：棕、白棕、绿、白蓝、蓝、白绿、橙、白橙。全反线一般用于连接计算机和交换机、路由器的 Console 口，这种连接允许计算机用户登录路由器或交换机来输入命令。

（2）光纤接口

为了适配不同的设备，光纤接口使用了多种连接头，如 SC、FC、ST 以及 LC 连接器，如图 3-32 所示。

(a) SC (b) FC (c) ST (d) LC

图3-32 常见光纤连接器示意图

下面对这几种连接器分别进行说明。

① SC 连接器外壳为矩形，紧固方式是插拔销闩式，是一种连接 GBIC 光模块（一种光电转换装置）的连接器，最常用于路由器、交换机。

② FC 连接器外部采用金属套，紧固方式为螺丝扣，是一种连接光端机（光信号传输的终端设备）的连接器，一般在 ODF 配线架上使用。

③ ST 连接器外壳为圆形，紧固方式也为螺丝扣，此种连接器与 FC 连接器相同，常用于光纤配线架中。

④ LC 连接器外壳为矩形，采用模块化插孔闩锁机制。与其他几种连接器相比，LC 连接器体积较小，常用于路由器。

3. USB 接口

USB（Universal Serial Bus，通用串行总线）接口是最常用的接口，被广泛应用于个人计算机、移动设备、数字电视、游戏机等设备中。

USB 接口包含两根电源线和两根信号线，因为 USB 接口中的信号串行传输，所以 USB 接口也称为串行口。最新一代 USB 为 US B3.1，其传输速度为 10Gbit/s，采用三段式电压 5V/12V/20V，最大供电为 100W。USB 接口及新型 Type C 接口如图 3-33 所示。

图3-33 USB接口及Type C接口

多学一招：网卡

网卡全称网络接口卡（Network Interface Card，NIC）或网络适配器，它是网络设备中最重要的组件之一。网卡既连接要接入网络的节点设备，又与传输介质相连。一个典型的网卡如图 3-34 所示。

图3–34 网卡

1. 网卡的功能

除连接节点与传输媒介外，网卡主要有如下两个功能：

（1）将节点发送的数据封装成帧，通过网线（或无线电波）将数据帧发送到网络；

（2）接收网络上其他节点传来的数据帧，将数据帧整合为节点设备可识别的数据，发送到节点设备中。

2. 网卡的分类

按不同的分类方式，网卡可分为不同的类型。

（1）按工作对象分类

按面向的工作对象的不同，网卡可分为工作站网卡和服务器网卡。工作站网卡安装在普通的计算机中，性能一般，价格低廉；服务器网卡安装在服务器设备中，性能优良，价格昂贵。

（2）按传输速率分类

根据网卡支持的传输速率的不同，网卡可分为 10Mbit/s 网卡、100Mbit/s 网卡、1Gbit/s 网卡和 10Gbit/s 网卡，这些网卡分别具有以下性能。

① 10Mbit/s 网卡支持的最大传输速率为 10Mbit/s。

② 100Mbit/s 网卡支持的最大传输速率为 100Mbit/s，通常提供 10Mbit/s 和 100Mbit/s 的自适应功能。

③ 1Gbit/s 网卡支持的最大传输速率为 1Gbit/s，通常提供 10Mbit/s、100Mbit/s 和 1Gbit/s 的自适应功能。

④ 10Gbit/s 网卡支持的最大传输速率为 10Gbit/s，通常提供 10Mbit/s、100Mbit/s、1Gbit/s 和 10Gbit/s 的自适应功能。

目前 10Mbit/s 网卡已经非常少见，个人计算机配置的网卡基本是 100Mbit/s 网卡或 1Gbit/s 网卡，10Gbit/s 网卡用于高端服务器中。

（3）按数据总线分类

根据支持的数据总线的不同，网卡可分为 ISA 总线网卡、PCI 总线网卡、PCI-X 总线网卡、PCMCIA 总线网卡和 USB 网卡。

① ISA 总线网卡是 20 世纪 80 年代末到 90 年代初期常用的总线网卡，现已被淘汰。

② PCI 总线网卡是以 Intel 公司主导的总线标准研制的网卡，可支持 32 位及 64 位的数据传输，32 位 33MHz 下 PCI 的数据传输速率可达 132Mbit/s。PCI 网卡是目前台式计算机中使用最广泛的网卡，几乎所有的主板产品上都带有 PCI 插槽。

③ PCI-X 总线网卡是目前最新的一种在服务器上开始使用的网卡，与 PCI 网卡相比，它的 I/O 速度提高了 1 倍，且拥有更快的传输速度。

④ PCMCIA 总线网卡是笔记本电脑专用网卡，由于受到笔记本电脑的空间限制，PCMCIA

总线网卡的体积较小。

⑤ USB 网卡支持 USB 总线，它具有安装方便、即插即用的特点，但其传输速率受到 USB 总线的限制。

PCI 总线网卡和 PCMCIA 网卡分别如图 3-35（a）和图 3-35（b）所示。

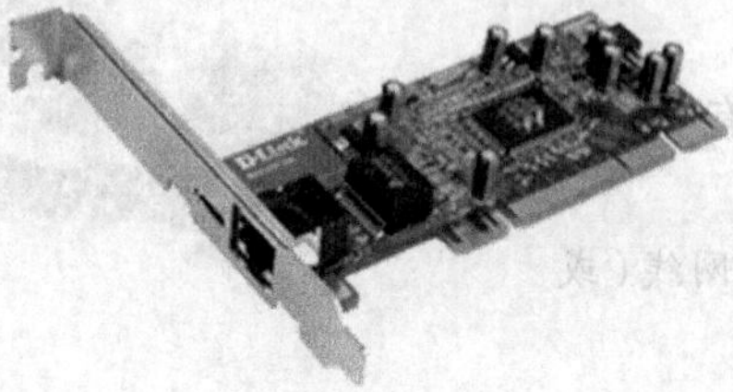

（a）PCI 总线网卡

（b）PCMCIA 网卡

图3–35 常用网卡

（4）按媒介接口分类

按网卡上传输媒介接口的不同，网卡可分为 RJ-45 接口网卡、BNC 接口网卡、AUI 接口网卡。

RJ-45 接口网卡可通过 RJ-45 接口连接节点设备（计算机、集线器、交换机等），此种网卡通常使用 PCI 总线，使用这种网卡和集线设备组建的星状局域网扩充性强、系统调试方便、数据传输速率高、各节点设备独立。RJ-45 接口网卡是应用最普遍的网卡，图 3-35（a）所示的 PCI 总线网卡同时也是 RJ-45 接口网卡。

BNC 接口网卡应用于以细同轴电缆作为传输介质的以太网或令牌网中，AUI 接口网卡应用于以粗同轴电缆为传输介质的以太网或令牌网中，由于使用同轴电缆的局域网较少，BNC 和 AUI 接口网卡的市场都非常小，几乎难以见到。

（5）按局域网技术分类

根据支持的局域网技术，网卡可分为 Ethernet 网卡、Token Ring 网卡和 ATM 网卡等，这几种网卡依次应用于以太网、令牌环网和 ATM 网中。

大多数局域网都使用以太网技术，局域网中一般使用双绞线，且 ISP 向普通用户提供 100Mbit/s 或更高的宽带服务，因此 RJ-45 接口的 100M/1Gbit/s 的自适应 Ethernet 网卡是最流行的网卡。

除以上各类网卡外，还有一种通过无线电波实现节点设备和网络连接的网卡，即无线网卡。无线网卡也是目前流行的一种网卡，这种网卡通过无线电波连接节点设备和网络，实现网络传输。无线网卡的传输距离会受环境的影响，墙壁、无线信号都会对其造成干扰。无线网卡的传输距离在室内为 30～100m，在室外为 100～300m。目前笔记本电脑的主板上一般都集成了无线网卡，台式计算机若有需要，可通过 USB 接口接入无线网卡。

3.5 本章实验——识别双绞线

双绞线的识别分为类型识别和质量判断，通过观察双绞线外皮上的标识，可判知与双绞线生产厂商和类型等相关的信息；通过观察和简单测试双绞线，可以判断双绞线的质量，下面分别从这两个方面对双绞线的识别方法进行说明。

1. 识别双绞线的标识

双绞线的标识一般包含其厂商、产品号、组成、等级、类型等信息，不同厂商生产的双绞线外皮信息会有所不同，下面通过两个例子对标识信息进行说明。

（1）AVAYA-C SYSTEIMAX 1061C+ 4/24AWG CM VERIFIED UL CAT5E 31086FEET 09745.0 MeteRS

以上信息是一条双绞线外皮上的标识，这条标识包含的信息如下。

① AVAYA-C SYSTEIMAX：代表双绞线的生产厂商。

② 1061C+：代表双绞线的产品号。

③ 4/24AWG：说明双绞线由 4 对直径为 24AWG 的电线构成。AWG（American Wire Gauge，美国线规）是一种区分导线直径的标准，数值越小，直径越大。24AWG 是双绞线的常用直径。

④ CM：说明双绞线是通用电缆。CM 是 NEC（美国国家电器规程）阻燃等级中的一种，其防火特点包括：不会自燃；在火焰中会冒烟，并可能出现火苗；火焰顺缆线蔓延的速度很慢；外部火源切断后，缆线上的火苗会逐渐熄灭。CM 线缆大多是水平双线缆，在配线子系统中使用。

⑤ VERIFIED UL：说明双绞线满足 UL（Underwriters Laboratories Inc，保险业者实验室）的标准要求。

⑥ CAT5E：说明双绞线通过 UL 测试，达到超五类标准。

⑦ 31086FEET 09745.0 MeteRS：表示双绞线的长度点。该标记用于判断一箱双绞线的长度，找到双绞线的头部和尾部的长度标记，相减之后便可得出双绞线的长度。MeteRS 表示双绞线的长度单位为 ft（1ft=0.3048m），也有双绞线使用 m 作为单位。

（2）AMP NETCONNECT ENHANCED CATEGORY 5 CABLE E138034 1300 24AWG UL CMR/MPR OR CUL CMG/MPG VERIFIEDUL CAT 5 1347204FT 9853

此条双绞线同样是由 AMP NETCONNECT 生产的、满足 UL 标准要求，直径为 24AWG 的双绞线，标识中其他信息的含义如下。

① ENHANCED CATEGORY 5 CABLE：说明双绞线是超 5 类线缆，与 CAT5E 表示的信息相同。

② E138034 1300：代表双绞线的产品号。

③ CMR/MPR、CMG/MPG：表示双绞线的类型。

④ CUL：表示双绞线符合加拿大的标准。

⑤ 1347204FT：表示双绞线的长度点，单位为 ft（即英尺）。

⑥ 9853：表示制造厂的生产日期，此处表示 1998 年第 53 周。

2. 判断双绞线质量

双绞线的质量可从以下几个方面判断。

（1）包装质地

优质双绞线一般使用纸箱包装，箱体结实，包装精美。

（2）外皮标识

优质双绞线的外皮上印有厂商、类别、执行标准、长度点等标识信息，且信息印刷清晰。若外皮没有基础标识信息，或印刷模糊，则极有可能是假冒伪劣产品。

（3）绞合密度

为了降低信号干扰，双绞线中的每一对芯线都以逆时针方向绞合，同一线缆中的不同线对绞合度不同。另外线缆中的线对之间也要按逆时针方向绞合。绞合密度不符合技术要求时，线缆的近端串扰变大，传输距离缩短、传输速率也会降低。若线缆中所有线对绞合密度相同，或绞合方向有误，则可判定为伪劣产品。

（4）导线颜色

剥开双绞线的外皮后，可看到橙、绿、蓝、棕共 4 对 8 根线芯，每对线芯由 1 根色线和 1 根混合色线组成。这些色线使用相应颜色的塑料制成，线芯颜色清晰。若出现没有颜色、颜色不清或是染色的线芯，可判定为伪劣产品。

（5）阻燃情况

为了避免因高温或起火而导致的线缆燃烧和损坏，双绞线外皮都具有阻燃性。优质双绞线的外皮在火焰的灼烧下会逐步变形熔化，但不会燃烧。若双绞线外皮可被火焰引燃，可判定为伪劣产品。

（6）延展性与手感

由于布线时双绞线经常需要弯曲，正规厂商制作双绞线时会给外皮留有一定的延展性，以避免双绞线因弯曲而损坏。另外优质双绞线外皮光滑，有很好的手感。若双绞线延展性差、外皮粗糙，则可判定为伪劣产品。

双绞线的线芯也应具有一定柔韧性，以防被折断。线芯既不能太硬，也不能太软。若线芯太硬或太软，说明线芯中铜的纯度不够，可判断为伪劣产品。

（7）测试双绞线的速度

对双绞线的传输速度进行测试，是判断双绞线质量最直观有效的手段。为减少其他因素干扰，一般使用双机对接的方式进行测试。

线缆是布线系统中的核心组件，布线系统在设计之时会根据需求指定线缆的类型；线缆的质量与整个布线系统的质量息息相关，因此为了保证布线系统正常运作与布线系统的质量，在布线系统实施前期应根据需求合理选择优质的线缆。本实验将双绞线为例，说明如何识别和选择符合施工要求的优质线缆。

一、实验目的

（1）掌握识别双绞线标识和编码的方法。

（2）掌握判断双绞线质量的方式。

二、实验材料与工具

实验材料：双绞线。

实验工具：打火机。

三、实验步骤

（1）观察双绞线包装质地，记录观察结果。

（2）观察双绞线外皮标识印刷质量与标识信息，记录观察结果。

（3）观察双绞线线芯的绞合密度、绞合方向，记录观察结果。

（4）观察双绞线是否出现染色、颜色不均、颜色混乱或错误等情况，记录观察结果。

（5）使用打火机灼烧双绞线外皮，观察并记录外皮变化过程与燃烧情况。

（6）弯曲双绞线、拉伸双绞线、测试双绞线外皮手感，观察双绞线承受弯曲、拉伸的能力，记录观察结果，记录双绞线外皮手感测试结果。

（7）截取双绞线，与水晶头一起制作成网线，连接两台计算机，传输文件，测试并记录双绞线的传输速度。

四、总结

对实验进行总结，根据记录判断双绞线的品质与真伪。

3.6 本章小结

本章主要介绍了与数据通信相关的内容，包括数据通信中常用的概念、搭建物理信道的传输媒介、通信设备及设备接口等。通过本章的学习，读者应熟悉数据通信中常用的传输媒介、通信设备和接口。

3.7 本章习题

一、填空题

1. 通信系统包含信息发送端、________和________。

2. 计算机中的数据分为模拟数据和数字数据，________在时间和幅值上都是连续的，________在时间上是离散的。

3. 按传输媒介分类，信道可分为________和________。

4. ________仅对基带信号的波形进行转化，使其能与信道特性相适应，转化后的信号仍是基带信号；________将基带信号的频率范围搬移到较高的频段，并将信号转换为模拟信号。

5. 按信道上信号的传输方向与时间的关系，通信方式可分为________通信、半双工通信与________通信。

6. 计算机中实现同步的方式有________通信和________通信两种。

二、判断题

1. 数字信号和模拟信号只是两种不同的数据表现形式，它们可以表示相同的数据，且在一定条件下，可相互转化。（ ）

2. 在计算机中，模拟信号指由“0”“1”组成的二进制形式表示的数据。（ ）

3. 半双工通信指在任一时刻，信号只能由通信双方中的一端发往另一端，在信道上单向传输。（ ）

4. 双绞线的绞合方式可在一定程度上抵御外界的电磁波干扰，但会增强双绞线线对之间的相互干扰。（ ）

5. 光纤即光导纤维，由纤芯、包层和保护层组成，其中纤芯是由塑料或玻璃制成的纤维，可作为光传导工具。（ ）

6. 多模光纤的纤芯相对较粗，传输的光纤不会经过多次折射，可一直向前传播。（　）

7. 信道与电路不同，一条通信线路往往包含一条发送信道和一条接收信道。（　）

8. 双绞线的信号强度随双绞线长度的增加而衰减。（　）

三、单选题

1. 无线通信中信号的载体为？（　）

A. 电磁波　B. 微波　C. 声波　D. 空气

2. 下面关于短波通信的说法，错误的是？（　）

A. 短波通信一般用于低速传输中

B. 短波通信的原理是电离层对短波的反射

C. 短波从电离层返回地面后不会再被送往电离层

D. 理论上讲，短波发射的入射角度越大，短波经反射后在地面上的水平跨度越大

3. 遵循 IEEE 802.11 标准的无线局域网允许使用可不必授权的 ISM 频段中的 2.4GHz 或 5GHz 射频波段进行无线连接，ISM 指的是哪些频段的缩写？（　）

A. 工业、科学、医药　B. 农业、医药、计算机

C. 工业、自然、医药　D. 信息、科学、管理

4. 下列哪项技术不是计算机网络中常用的信道复用技术。（　）

A. 频分复用　B. 波分复用　C. 码分多址　D. 帧分复用

5. 下列哪项是路由器的功能。（　）

A. 连接因特网中各局域网、广域网

B. 转发数据包，实现网络互联

C. 自动选择和设定路由，以最佳路径有序发送信号

D. 以上全部

6. 下列哪项不是直通线的使用场景。（　）

A. 计算机——Modem　B. 计算机——计算机

C. 调制解调器——路由器 WAN 口　D. 计算机——路由器 LAN 口

四、简答题

简述短波通信的原理。

4 Chapter

第 4 章 网络操作系统

拓展阅读

学习目标

- 熟悉网络操作系统的概念
- 了解主流的网络操作系统
- 掌握 Windows Server 2012 R2 的安装方法
- 熟悉 Windows Server 2012 R2 的相关操作
- 掌握文件共享方式

由硬件组成的“裸机”必须搭配操作系统才能实现计算等功能。操作系统分为单机操作系统和网络操作系统，网络操作系统除实现单机操作系统的全部功能外，还具备用户通信和网络共享资源管理的功能。本章将对主流网络操作系统进行介绍，并以 Windows Server 2012 R2 为例，展示网络操作系统的常用功能。

4.1 认识网络操作系统

网络操作系统的基本任务是用统一的方法实现各主机之间的通信，管理和利用各主机中共享的本地资源，以提升设备与网络相关的特性。对网络用户而言，网络操作系统是其与计算机网络之间的接口，它应屏蔽本地资源与网络资源的差异，为用户提供各种基本的网络服务，并保证数据的安全性。综上所述，网络操作系统应具有的功能如表 4–1 所示。

表 4-1 网络操作系统功能

功能	说明
网络管理	网络管理包括对网络连接状态和数据安全性的管理
网络功能	是网络操作系统必须具备的功能，用于实现计算机与网络的连接，进而实现网络中主机间的通信与数据交换
资源管理	用于管理网络中共享的资源（包括软件资源和硬件资源），协调不同用户对共享资源的访问和使用，保证资源数据的安全性和一致性
网络服务	为网络功能的实现提供相应的服务，如电子邮件服务、文件传输服务、文件共享服务等
互操作能力	具有与连接到服务器上的多台客户机和主机进行相关信息的交换、协调工作，从而达成共同目标的能力

网络操作系统作为用户和计算机网络之间的接口，除具有一般操作系统的并发性、共享性、虚拟性等特征外，还应具备支持多任务、大内存、对称多处理、网络负载均衡、远程管理等特点。

4.2 主流的网络操作系统

随着计算机网络技术的发展，操作系统的种类日益丰富，功能也在不断升级和完善，这为广大用户构建计算机网络提供了更多的选择。自网络操作系统发展至今，主流的网络操作系统主要有 Windows 系列操作系统、UNIX 操作系统、Linux 操作系统和 MAC 操作系统。

1. Windows 系列操作系统

Windows 系列操作系统是 Microsoft（微软）公司发行的一款操作系统，自 1985 年诞生以来，Microsoft 公司不断推陈出新，发布了诸多不同系列、不同版本的 Windows 操作系统，这些操作系统根据其用途，可分为家用（工作站）版本与服务器版本。

（1）家用版发展历程

1985 年 11 月，Windows 1.0 版本发行，该版本极其重视鼠标的应用，用户可通过鼠标完成大部分操作。

1987 年 12 月，Windows 2.0 版本发行，该版本对用户界面进行了一些改进，增强了键盘和鼠标界面，加入了功能表和对话框。

1990 年 5 月，Windows 3.0 版本发布，它立足于家庭和办公场景，并将 Windows/286 和 Windows/386 结合到同一种产品中。

1992 年 4 月，Windows 3.1 版本发布，该版本只能在保护模式下运行，并且要求计算机至少为配有 1MB 内存的 286 或 386 处理器。

1993 年 7 月，Windows NT 发布，该版本是第一个支持 Intel 386、486 和 Pentium CPU 的 32 位保护模式的版本，且可移植到非 Intel 平台。

1995 年 8 月，Windows 95 发布，该版本裁剪了 WindowsNT 版本中的高安全性、对 RISC 机器的可携性等优点，但同时也具备要求较少硬件资源的新优点。

1998 年 6 月，Windows 98 发布，该版本具有许多加强功能，包括执行效能的提高、更好的硬件支持，并与国际网络和全球资讯网有了更紧密的结合。

2000 年 2 月，Windows 2000 发布，该版本被誉为迄今最稳定的操作系统。

2001 年 10 月，Windows XP 发布，该版本在 Windows2000 的基础上增强了安全特性，并提高了验证盗版的技术。由于使用简单，Windows XP 在当时广为传播，到目前仍有台式计算机使用 WindowsXP 系统。

2006 年 11 月，Windows Vista 发布，该版本引发了一场硬件革命，使 PC（个人计算机）正式进入双核、大内存/硬盘时代。此外 Windows Vista 具有界面华丽、特效炫目的特点，但其使用习惯与 WindowsXP 有一定差异，软硬件的兼容问题也未得到良好解决，因此未能得到普及。

2009 年 10 月，Windows 7 发布，该版本在设计上主要围绕针对笔记本电脑的特有设计、基于应用服务的设计、用户的个性化、视听娱乐的优化、用户易用性的新引擎这五个重点。Windows 7 是除 Windows XP 外最经典的 Windows 系统，也是目前家庭、办公室计算机中的首选操作系统。

2012 年 10 月，Windows 8 发布，该版本在界面上采用平面化设计，支持来自 Intel、AMD、ARM 的芯片架构，具有良好的续航能力，且启动速度更快、占用内存更少，兼容 Windows 7 所支持的软件和硬件。

2015 年 7 月，Windows 10 发布，该版本是 Windows 系统的最新版本，共包含 7 个发行版本，分别面向不同的用户和设备。Windows 7、Windows 8.1 用户可直接将系统升级到 Windows 10。

由于用户界面友好、操作简单，Windows 目前已成为全球用户最多的操作系统。

（2）服务器版本

Microsoft 公司自 2001 年开始推出 Windows 的服务器操作系统——Windows Server，迄今为止，Windows Server 有 2000 版、2003 版、2008 版、2008 R2、2012、2012 R2 版及 Windows Server 10、Windows Server 2016 等版本，2008 R2 版本之前的版本分为 32 位和 64 位，自 2008 R2 开始，Windows Server 仅提供 64 位版本。目前市场上最新的版本为 Windows Server 2016，应用较多的是 Windows Server 2008 R2、Window Server 2012 R2 等版本。

2. UNIX 操作系统

UNIX 操作系统是由 Ken Thompon、Dennis Ritchie 和 Douglas Mcllory 于 1969 年在 AT&T 的贝尔实验室开发的一个强大的多用户、多任务操作系统，它不仅可作为网络操作系统，亦可作为单机操作系统使用。除被应用于 PC（个人计算机）以外，UNIX 操作系统也被应用于微机、工作站、小型机、多处理机和大型机中。

早期 UNIX 操作系统是一个开源系统，后逐渐走向商业化，不再对外开放源代码。为便于教学和应用，人们开始研发与 UNIX 相似，但不具有 UNIX 商标权的操作系统，这类操作系统被统称为类 UNIX 操作系统。Linux 操作系统就是类 UNIX 操作系统之一。

3. Linux 操作系统

Linux 是一套免费使用和自由传播的类 UNIX 操作系统，它支持多用户、多任务、多线程和多 CPU，也同时支持 32 位和 64 位硬件。Linux 继承了 UNIX 以网络为核心的设计思想，是一个性能稳定的多用户网络操作系统，可安装在各类计算机硬件设备，如手机、平板电脑、路由器、台式机、大型计算机和超级计算机中。

早期 Linux 主要作为嵌入式操作系统或各型企业的服务器操作系统，近年 Linux 逐渐也被应用于家庭、办公环境中。Linux 之所以能被广泛接收与普遍应用，离不开其自身的以下特点。

（1）完全免费

Linux 是一款免费的操作系统，用户可以通过网络或其他途径免费获得，并可以任意修改其源代码，这是其他操作系统所不具备的。正是由于这一点，来自世界各地的无数程序员参与到了 Linux 的修改、编写工作中，并根据自己的兴趣和灵感对其进行完善，这让 Linux 操作系统不断进步与壮大。

（2）完全兼容 POSIX 1.0 标准

Linux 操作系统遵循 POSIX 标准，用户可以在 Linux 下通过相应的模拟器运行常见的 DOS、Windows 的程序。这为用户从 Windows 转到 Linux 奠定了基础。

（3）多用户、多任务

Linux 支持多用户，各个用户可以对自己的文件设备有特殊的权利，保证了各用户之间的独立性。多任务则是现代计算机最主要的一个特点，Linux 可以使多个程序同时并独立地运行。

（4）良好的界面

Linux 同时具有字符界面和图形界面，在字符界面，用户可以通过键盘输入相应的指令来进行操作。Linux 提供的图形界面是一个叫作 X-Windows 的类 Windows 界面，在该界面下，用户可以通过鼠标使用 Linux。

（5）强大的网络功能

Linux 继承了 UNIX 以网络为核心的设计思想，其网络功能非常出色。Linux 的网络功能和其内核紧密相连，不仅可以轻松实现界面浏览、文件传输、远程登录等与网络相关的网络工作，也可作为网络服务器平台，搭建支持多种网络协议的服务器环境，提供 Web、FTP、E-Mail 等多种网络服务。

（6）安全稳定

Linux 操作系统是一个多用户、多任务的操作系统，但其中的用户一般为非系统管理员用户，只拥有一些相对安全的普通权限，即便系统被入侵，也能因入侵者权限不足使系统及其他用户文件的安全性得到保障；Linux 的核心内容来源于经过长期实践考验的 UNIX 操作系统，本身就已相当稳定，且 Linux 采用源代码开放的开发模式，这保证了 Linux 系统出现任何漏洞都能及时被发现并很快得到修复。

（7）支持多平台

Linux 可以运行在多种硬件平台上，如具有 x86、680x0、SPARC、Alpha 等处理器的平台；Linux 还是一种嵌入式操作系统，可以运行在掌上电脑、机顶盒或游戏机上；Linux 支持多处理器技术，系统中的多个处理器可同时运行，系统中任务的执行效率可得到良好的保障。

自诞生至今，Linux 发展出了各种各样的版本，普通用户可根据自己的需要选择不同的 Linux 发行版本。常用的 Linux 发行版本主要有 Debian、RHEL（Red Hat Enterprise Linux）、Ubuntu 和 CentOS 等，其中 Ubuntu 和 CentOS 是个人用户最常使用的网络操作系统。

4. MAC 操作系统

MAC 操作系统是一套运行于苹果 Macintosh 系列计算机上的操作系统，该系统是一款基于 UNIX 内核的图形化操作系统，由 Apple（苹果）公司自行研发，一般情况下其他公司研发的个人计算机（PC）中无法安装此操作系统。

各类网络操作系统发展至今，都已具备了相当完善的功能和优良的性能，就操作系统目前的情况看，Windows 能够支持几乎所有通用软件的运行，可满足大多普通用户的需求；MAC 倾向于学习和办公；Linux 可用于服务器搭建、办公、学习及日常应用，适用人群更广。

4.3 安装 Windows Server 2012 R2

Windows 是目前用户最多的操作系统，本节将以 Windows Server 2012 R2 为例，演示 Windows 操作系统的安装过程。

4.3.1 前期准备

为保证 Windows Server 2012 R2 的安装不影响个人计算机的日常使用，本节将在虚拟机中安装 Windows Server 2012 R2。因此在安装系统前，需先创建虚拟机，并获取 Windows Server 2012 R2 的镜像文件。

1. 虚拟机

本书使用 VMware Workstation（简称 VMware）搭建虚拟机环境，VMware 是一款非常优秀的、应用于 Windows 系统中的虚拟机软件，读者可自行通过网络下载该软件进行安装。由于此步骤比较简单，本书不再给出过程示例。本书使用 Vmware 12，该软件的主界面如图 4-1 所示。

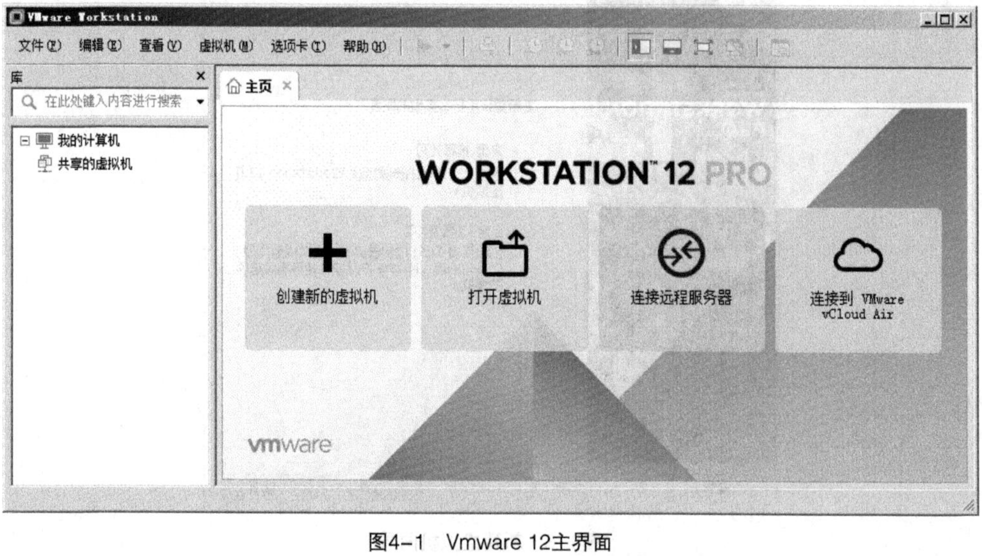

图4-1 Vmware 12主界面

2. 获取 Windows Server 2012 R2

使用搜索引擎搜索“Windows Server 2012 R2 下载”，筛选搜索结果，找到合适的 Windows Server 2012 R2 镜像包，将其下载到本地。

至此，前期准备工作完成。

4.3.2 安装 Windows Server 2012 R2

准备好虚拟机软件 VMware 和 Windows Server 2012 R2 安装包后，便可开始安装 Windows Server 2012 R2 操作系统。安装步骤具体如下。

（1）在图 4-2 所示的 VMware12 主界面菜单栏中选择“文件”→“新建虚拟机”命令，新建一个虚拟机，如图 4-2 所示。

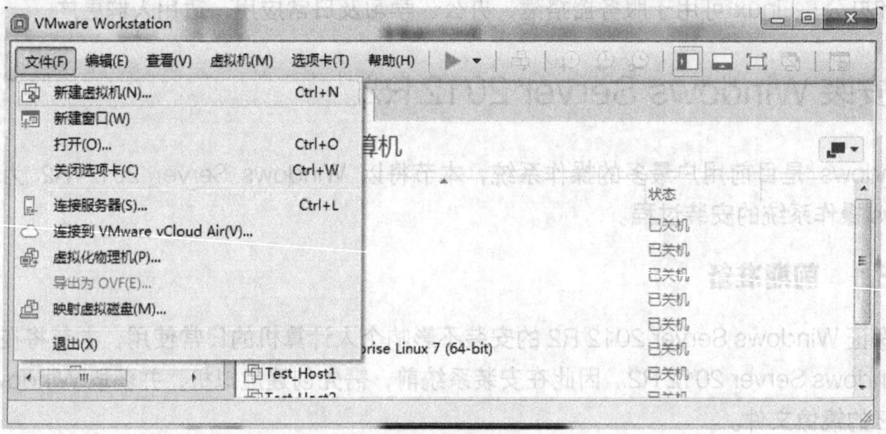

图4-2 新建虚拟机

（2）在弹出的“新建虚拟机向导”窗口中选择“典型（推荐）”，如图 4-3 所示。

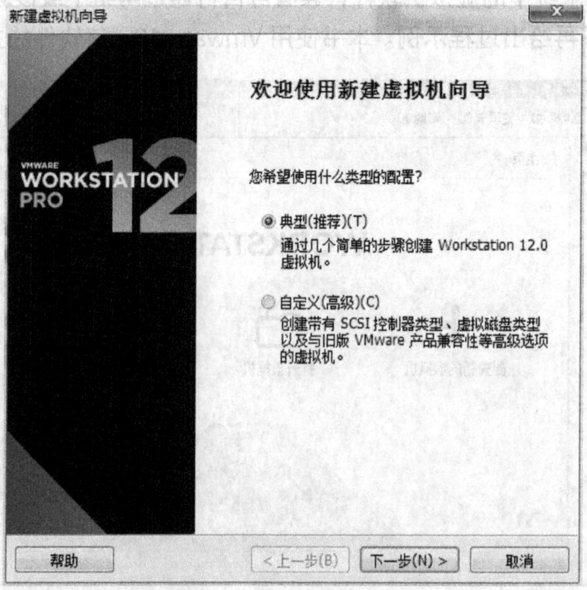

图4-3 新建虚拟机向导

（3）单击“下一步”按钮，进入“安装客户机操作系统”窗口，在该窗口中选择“安装程序光盘映像文件”，单击“浏览”按钮，在文件夹中找到 Windows Server 2012 R2 的光盘映像文件，如图 4-4 所示。

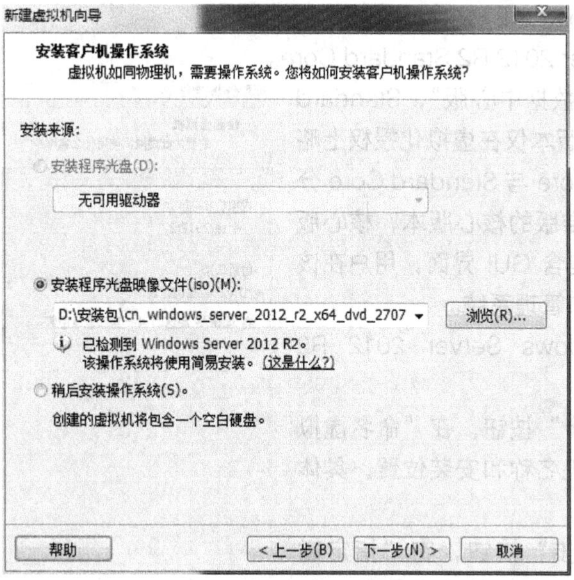

图4-4　安装客户机操作系统

图 4-4 中光盘映像文件路径下提示“已检测到 Windows Server 2012 R2。该操作系统将使用简易安装”，其中提到的“简易安装”是 VMware 提供的一个功能，该功能在虚拟机创建完成并开机后会自动安装系统，并同时安装 VMware 工具“VMware Tools”。

（4）单击“下一步”按钮，在“简易安装信息”窗口中配置 Windows 产品密钥，选择要安装的 Windows 版本，并设置 Windows 的登录信息。具体配置如图 4-5 所示。

图4-5　简易安装信息

在图 4-5 所示窗口中可选择要安装的 Windows 版本，此处可选择的版本如下：

- Windows Server 2012 R2 Datacenter。
- Windows Server 2012 R2 Datacenter Core。
- Windows Server 2012 R2 Standard。
- Windows Server 2012 R2 Standard Core。

Datacenter 为“数据中心版”，Standard 为“标准版”，这两个版本仅在虚拟化授权上略有差别；Datacenter Core 与 Standard Core 分别为数据中心版和标准版的核心版本，核心版本只有命令窗口，不包含 GUI 界面，用户在该版本需通过命令使用和管理系统。

此处选择 Windows Server 2012 R2 Datacenter 版。

（5）单击“下一步”按钮，在“命名虚拟机”窗口中设置虚拟机名称和安装位置，具体如图 4-6 所示。

（6）单击“下一步”按钮，在“指定磁盘容量”窗口中设置虚拟机的磁盘容量，如图 4-7 所示。

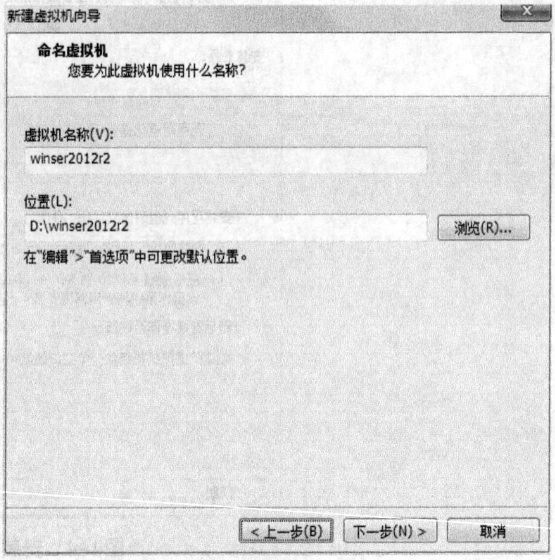

图4-6　命名虚拟机

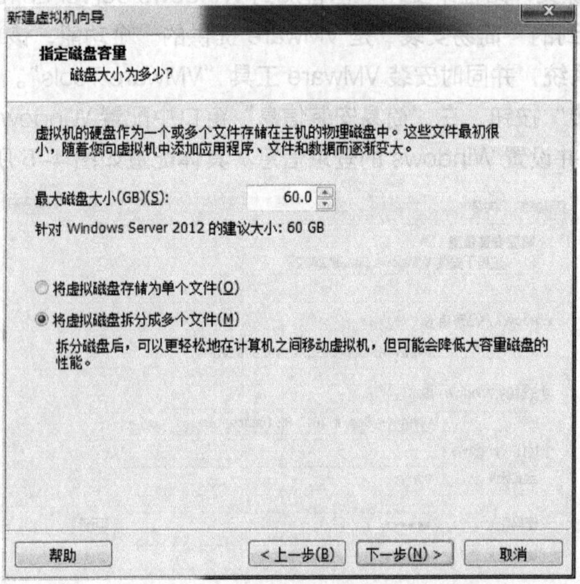

图4-7　指定磁盘容量

（7）单击“下一步”按钮，在“已准备好创建虚拟机”窗口中可查看虚拟机的具体设置，如图 4-8 所示。

若要对虚拟机的设置进行修改，可单击窗口中的“自定义硬件”按钮，在弹出的“硬件”窗口中定制虚拟机硬件，如图 4-9 所示。

图4-8　已准备好创建虚拟机

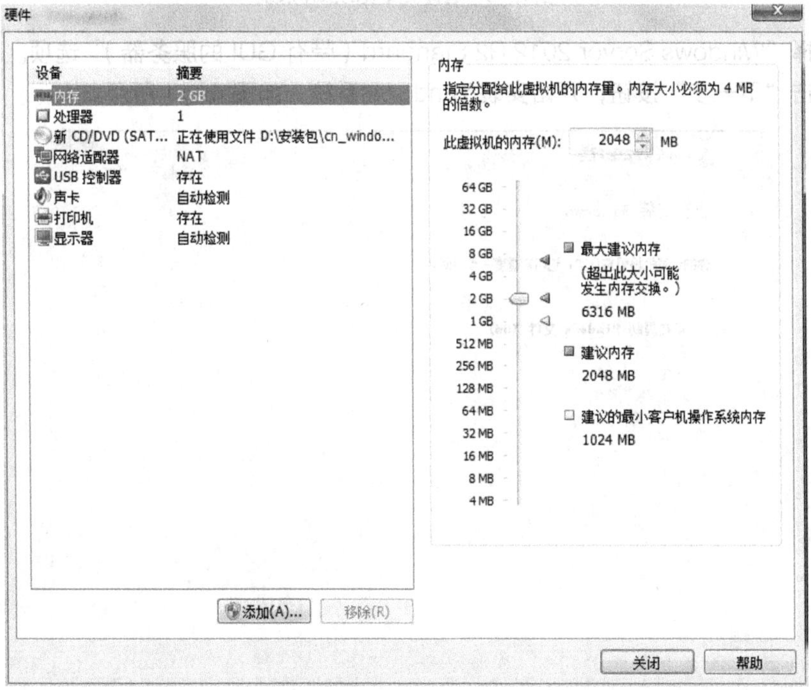

图4-9　硬件

配置完成后，单击“关闭”按钮关闭该窗口，返回“已准备好创建虚拟机”窗口。此处保持原有设置。

(8) 单击“完成”按钮，完成虚拟机配置。由于图 4-8 所示的“已准备好创建虚拟机”窗口中勾选了“创建后开启此虚拟机（P）”复选框，单击“完成”按钮后会自动开启虚拟机。

片刻后将进入“Windows 安装程序”界面，在该界面可选择要安装的操作系统，如图 4-10 所示。

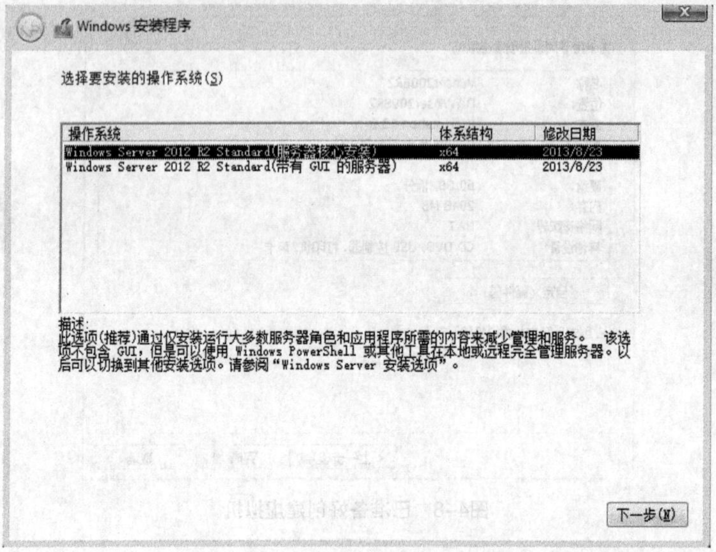

图4-10 选择要安装的操作系统

此处选择“Windows Server 2012 R2 Standard (带有 GUI 的服务器)”选项。

(9) 单击“下一步”按钮，开始安装 Windows 系统，如图 4-11 所示。

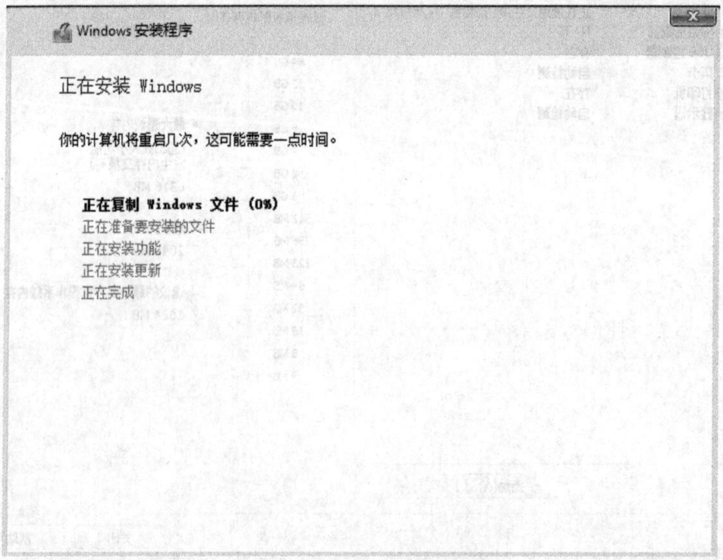

图4-11 正在安装Windows

安装 Windows 需要一定时间，请耐心等待。安装完成后虚拟机会自行初始化系统、准备桌面，并安装 VMware Tools。片刻后虚拟机重启，此次重启完成后，虚拟机安装完成，并显示图 4-12 所示界面。

由于此时物理机与虚拟机一同运行，若按图 4-12 所示的提示使用组合键，信息将被物理机接收。此处使用“Ctrl+Alt+Insert” 组合键进入登录界面，如图 4–13 所示。

图4–12 安装完成

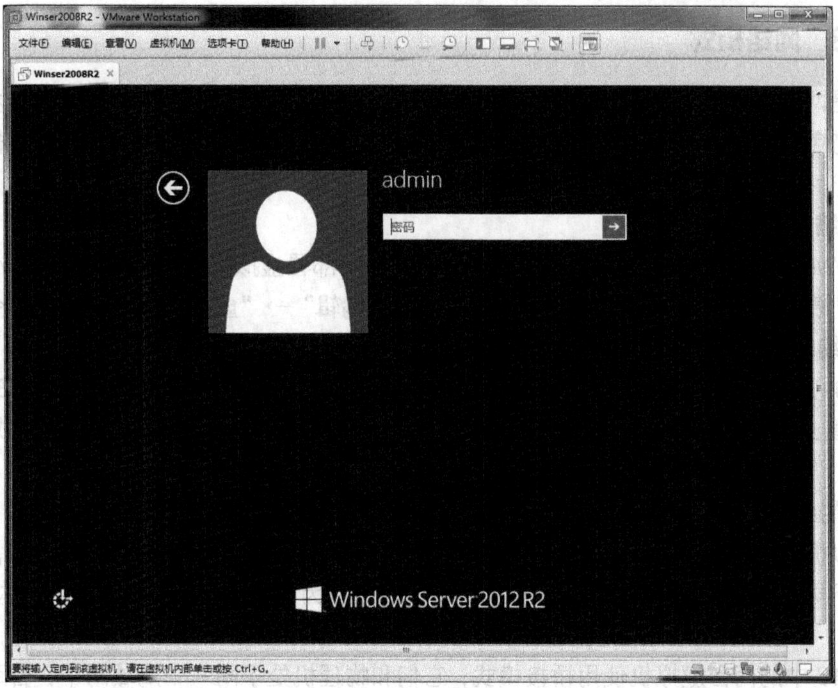

图4–13 登录界面

（10）输入密码后按 Enter 键，若密码验证无误方可成功进入 Windows 系统。进入系统后会弹出“服务器管理器”窗口，单击右上角的关闭按钮关闭此窗口，进入 Windows Server 2012 R2 桌面，如图 4-14 所示。

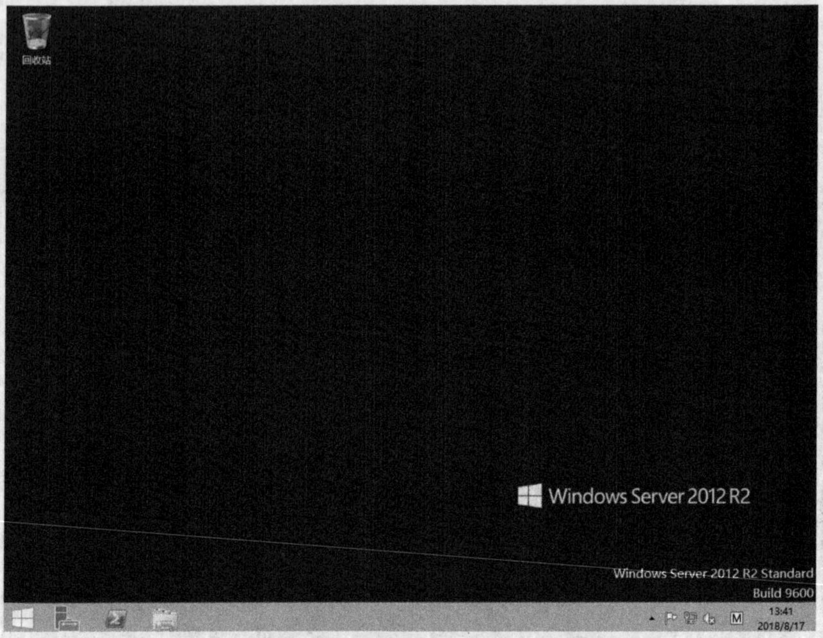

图4-14　Windows Server 2012 R2桌面

至此，Windows Server 2012 R2 安装完成。

4.3.3　网络模式

网络是网络操作系统的核心，只有为虚拟机配置了网络，使虚拟机能够与网络连接，网络操作系统的特色才能得到良好的体现。本节将对 VMware 中支持的网络模式和更改网络模式的方法进行说明。

1. 网络模式

通过 VMware 提供的虚拟网络功能，可以很方便地部署虚拟机的网络环境。VMware 提供了 3 种虚拟网络功能，选择 VMware 窗口菜单栏中的“编辑”→“虚拟网络编辑器”命令，可打开“虚拟网络编辑器”，如图 4-15 所示。

由图 4-15 可知，VMware 提供了桥接、NAT（网络地址转换）和仅主机这 3 种网络模式，这些模式对应的名称分别为 VMnet0、VMnet8 和 VMnet1。关于这 3 种模式的介绍具体如下。

（1）桥接模式

当虚拟机的网络处于桥接模式时，虚拟机相当于和物理机同时连接到一个局域网，它们的 IP 地址将处于同一网段中。以家庭普遍使用的宽带上网环境为例，桥接模式下的网络结构如图 4-16 所示。

图 4-16 中的两台虚拟机使用桥接模式，它们和物理机处于同一个局域网中，若路由器已接入网络，则图中的 3 台计算机都可以访问外部网络。

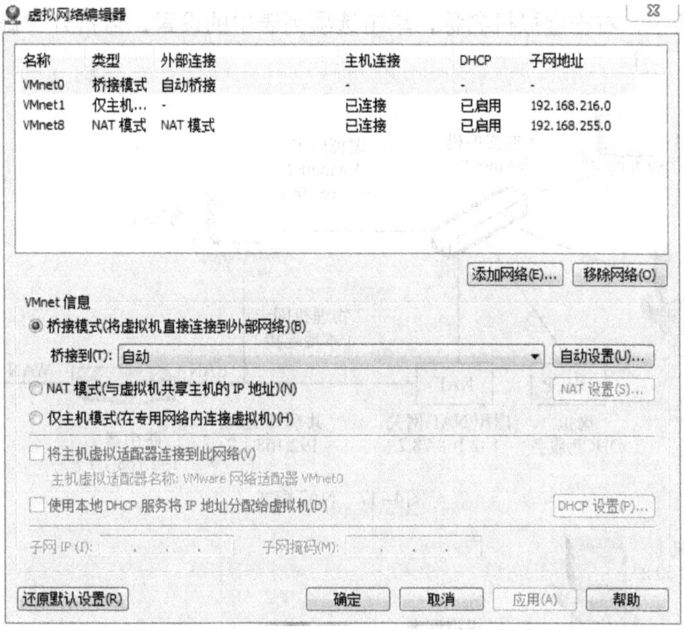

图4-15　VMware虚拟网络编辑器

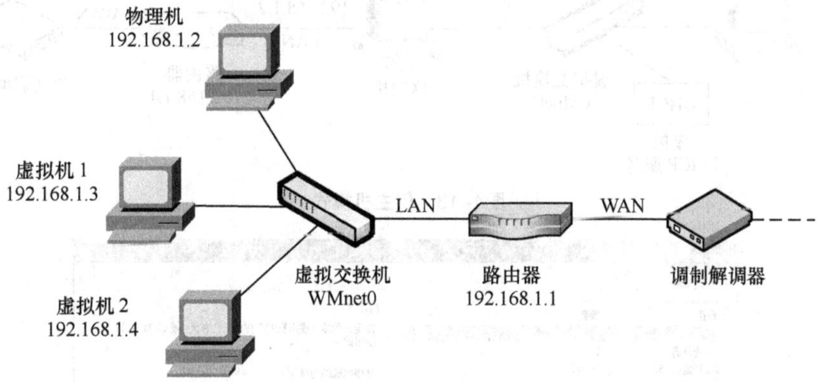

图4-16　桥接模式

（2）NAT 模式

NAT 是 VMware 虚拟机默认使用的网络模式，该模式非常简单，只要物理机可以访问网络，虚拟机就可以访问网络，其网络结构如图 4-17 所示。

图 4-17 中所示的物理机网卡和 NAT 虚拟网络中的网关共享 IP 地址 192.168.1.2，只要物理机网络畅通，虚拟机便能上网。为了让物理机和虚拟机能够直接访问，需要在物理机中增加一个虚拟网卡接入虚拟交换机中。

（3）仅主机模式

仅主机模式与 NAT 模式相似，但是在该网络中没有虚拟 NAT，因此只有物理机能够上网，虚拟机无法上网，只能实现虚拟网内部的相互访问，其网络结构如图 4-18 所示。

2. 更改网络模式

以上介绍的 3 种网络模式是共存的，但一台虚拟机只能使用一种网络模式。在 VMware 窗口左侧的虚拟机列表中，右击虚拟机名称，单击选项列表中的设置，可打开“虚拟机设置”窗口，如图 4-19 所示。

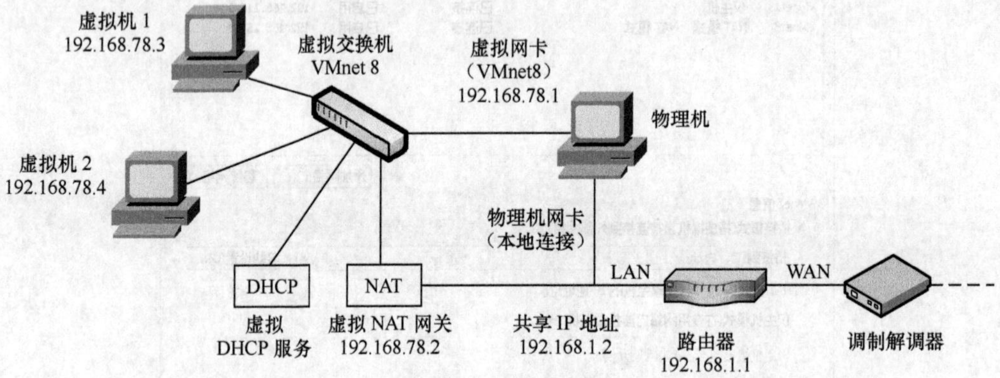

图4-17　NAT模式

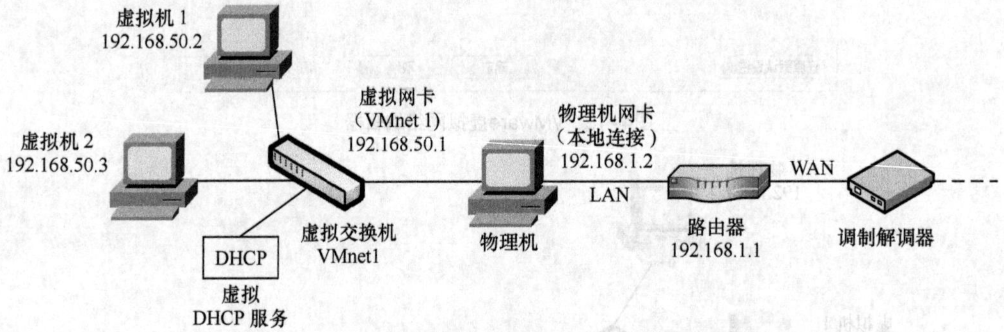

图4-18　仅主机模式

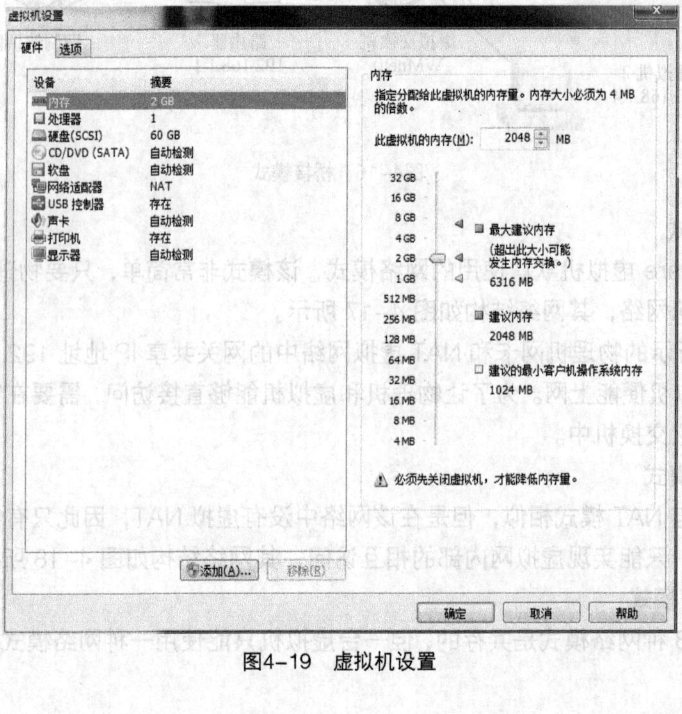

图4-19　虚拟机设置

单击“硬件”选项卡左侧窗口中的“网络适配器”选项，可在右侧更改虚拟机的网络模式，如图 4-20 所示。

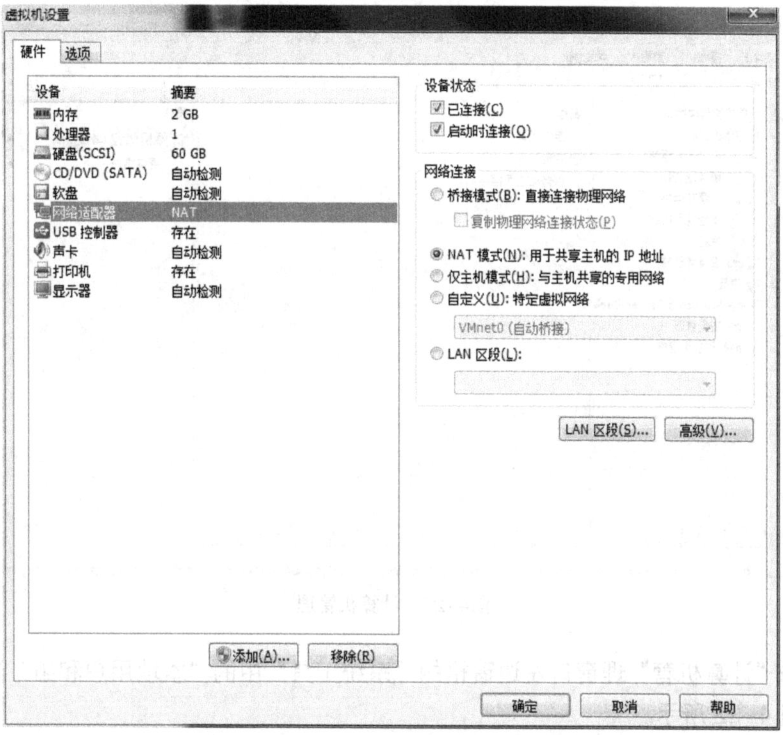

图4-20　更改网络模式

选择合适的网络连接模式，单击“确定”按钮，更改网络模式并保存设置。

NAT 模式是 VMware 默认配置的网络模式，也是虚拟机最常用的网络模式。本章默认使用 NAT 作为 Windows Server 2012 R2 的网络模式。

4.4 用户和用户组管理

Windows Server 2012 R2 是一个多用户操作系统，它支持多个用户使用操作系统。在使用该系统之前，需要先通过账户名和密码登录系统，系统安装完成后已拥有两个用户：admin 和 Administrator 。这两个用户都是系统管理员用户，具有对系统进行操作的所有权限。若有非管理员用户要使用系统，可通过管理员账号创建新用户。为了方便对用户统一管理，Windows Server 2012 R2 系统中支持为用户分组，即支持用户组。同组用户一般为权限相近的用户。

下面将对在 Windows Server 2012 R2 系统中创建用户和将用户添加到用户组的方式进行展示。

1. 在 Windows Server 2012 R2 中创建用户

在 Windows Server 2012 R2 系统中创建用户的步骤如下。

（1）使用管理员用户登录系统后，单击桌面左下角的开始按钮图标，在切换出的页面中选择“管理工具”，打开管理工具目录；在该目录中选择“计算机管理”，打开“计算机管理”窗口，如图 4-21 所示。

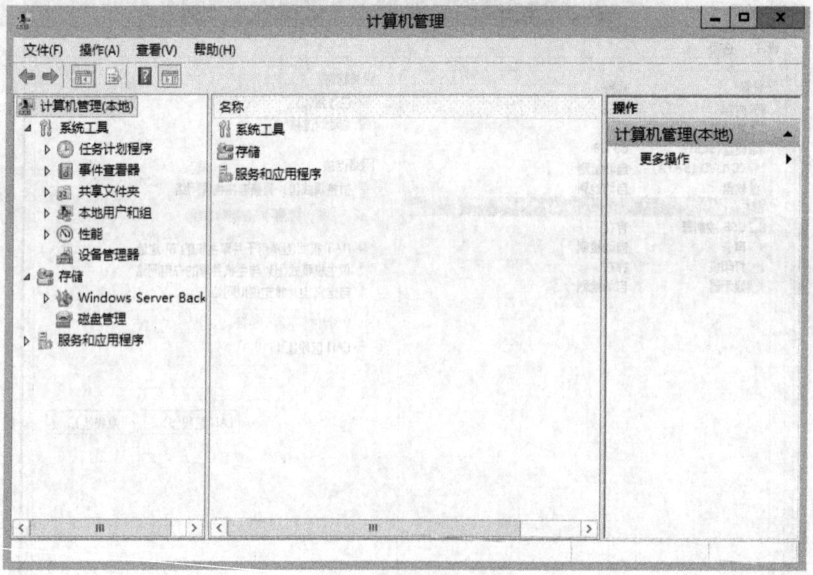

图4-21　计算机管理

（2）单击“计算机管”理窗口左边窗格的“系统工具”中的“本地用户和组”选项，打开该选项卡，如图 4-22 所示。

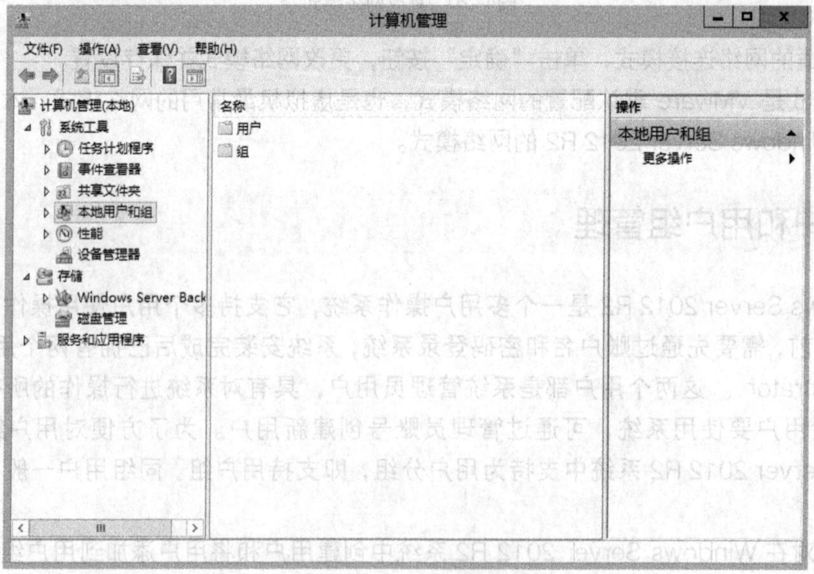

图4-22　本地用户和组

（3）单击图 4-22 中间窗格中的用户选项，在右边窗格用户一栏中选择“更多操作”→“新用户”，如图 4-23 所示。

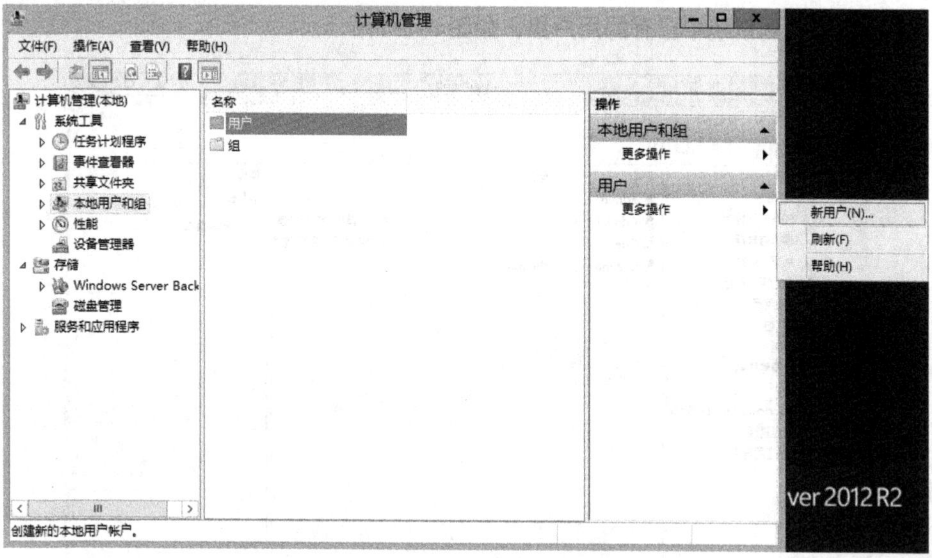

图4-23 选择“新用户”选项

（4）打开“新用户”窗口，在“新用户”窗口中设置用户名和密码，取消勾选“用户下次登录时须更改密码（M）”复选框，如图 4-24 所示。

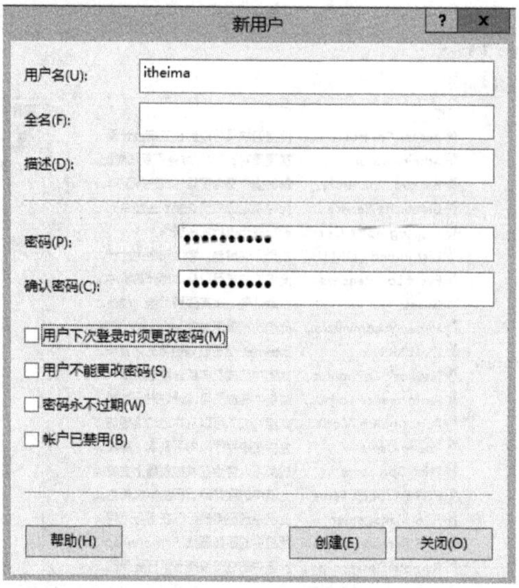

图4-24 设置新用户信息

（5）单击“创建”按钮创建用户，再单击“关闭”按钮关闭该窗口。至此，新用户创建完成。

在“计算机管理”窗口中双击中间窗格中的用户选项，可在用户列表中看到新创建的用户，如图 4-25 所示。

2. 将新用户添加到指定用户组

通过将新用户添加到已有的用户组，可快速设定该用户的权限，具体步骤如下。

（1）在“计算机管理”窗口中选中左边窗格中的“本地用户和组”→“组”，在中间窗格中

双击 组，可观察到系统中已有的用户组，如图 4-26 所示。

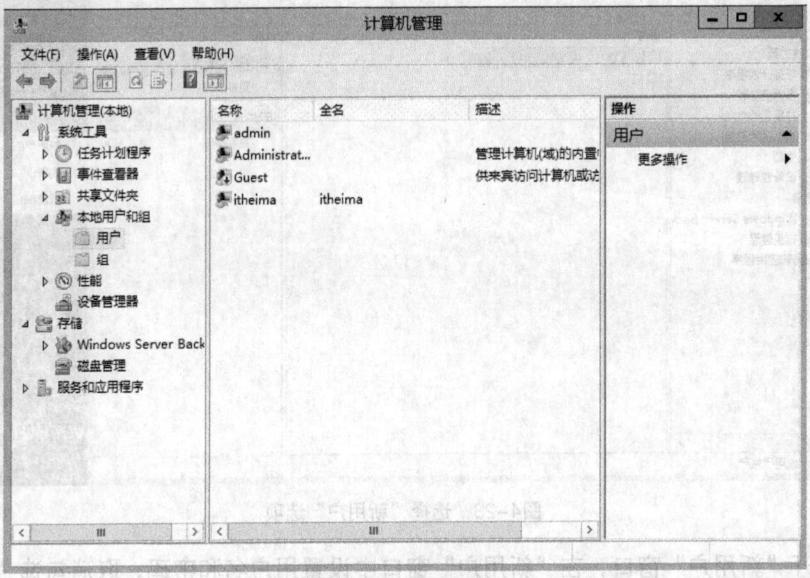

图4-25 查看用户列表

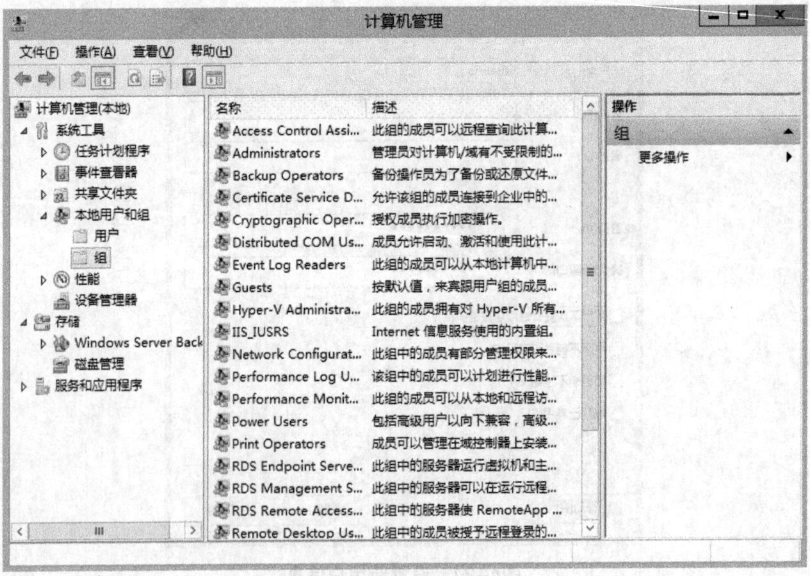

图4-26 查看用户组

（2）在图 4-26 所示界面中可查看已有的用户组，以及用户组的描述信息。假设此处要赋予新用户管理域打印机的权限，双击组列表中的组“Print Operators”，打开“Print Operators 属性”窗口，如图 4-27 所示。

（3）查看“Print Operators 属性”窗口中的“描述”，可知组 Print Operators 中的成员可管理在域控制器上安装的打印机。单击该窗口中的“添加”按钮，打开“选择用户”窗口，如图 4-28 所示。

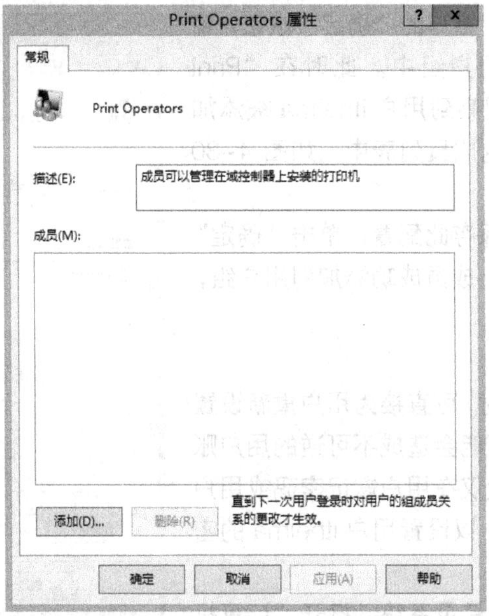

图4-27　Print Operators属性

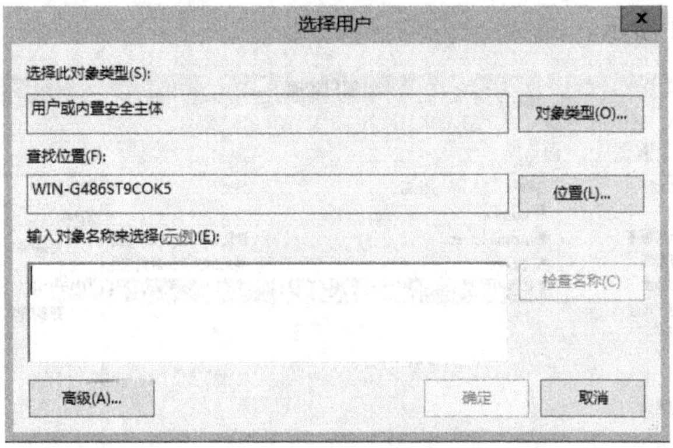

图4-28　选择用户

（4）在“选择用户”窗口的输入框中输入用户名 itheima，单击右侧的“检查名称”按钮，若用户名存在，输入框中将补全用户路径，如图 4-29 所示。

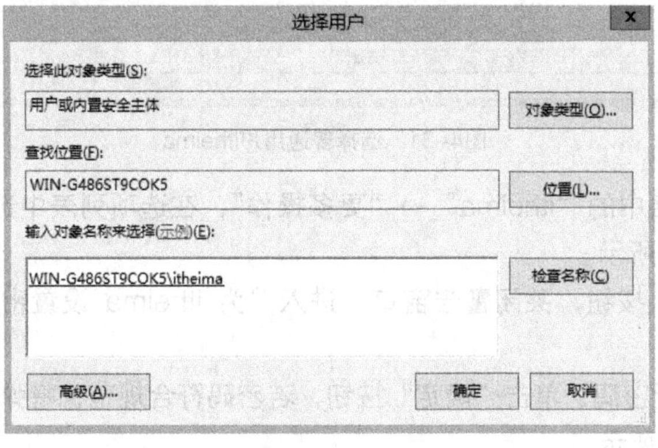

图4-29　检查名称

（5）单击“选择用户”窗口的“确定”按钮，窗口关闭，用户被添加到用户组中。此时在“Print Operators 属性”窗口可观察到用户 itheima 被添加到了 Print Operators 组的成员列表中，如图 4-30 所示。

单击“应用”按钮，保存此配置；单击“确定”按钮，关闭该窗口。至此，成员成功添加到用户组，并获取组权限。

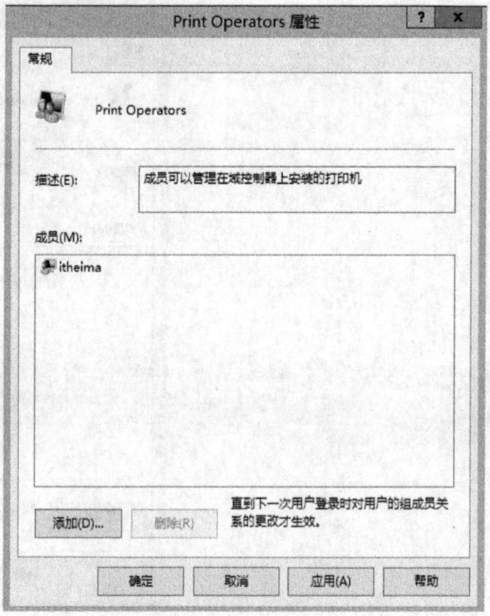

图4-30　组成员列表

3. 设置密码

使用管理员用户登录时，可直接为用户重新设置密码。由于直接重设密码可能会造成不可逆的用户账户信息丢失，密码重设一般仅在用户忘记密码或用户密码未设置的情况下使用。以设置用户 itheima 的密码为例，具体操作如下。

（1）使用 admin 用户登录系统，打开“计算机管理”窗口，选择“本地用户和组”→“用户”→“itheima”，如图 4-31 所示。

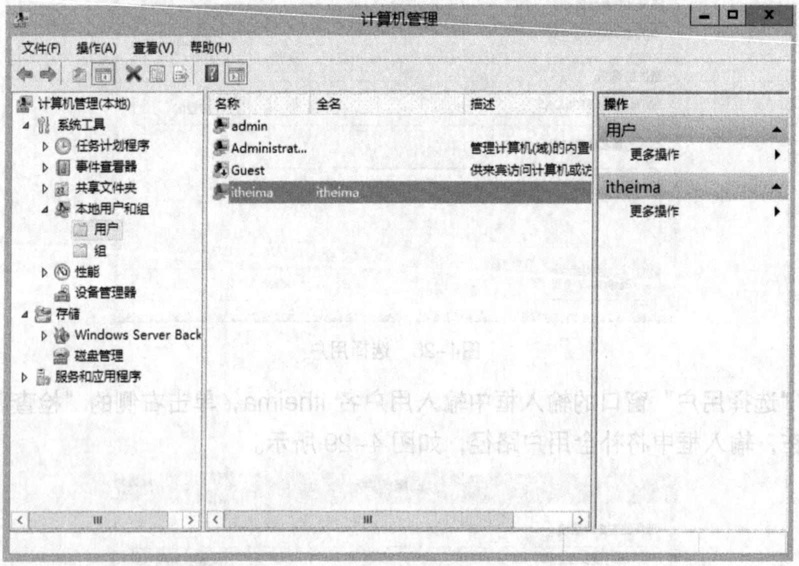

图4-31　选择普通用户itheima

（2）选择右侧窗格中的“itheima”→“更多操作”，在选项列表中选择“设置密码”，弹出警告窗口，如图 4-32 所示。

（3）单击“继续”按钮，关闭警告窗口，进入“为 itheima 设置密码”窗口，如图 4-33 所示。

（4）输入并确认新密码，单击“确定”按钮，若密码符合规范，将弹出提示信息，表示密码设置成功，如图 4-34 所示。

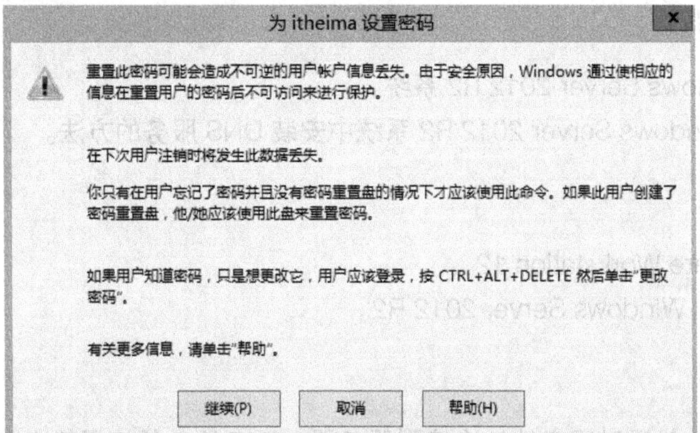

图4-32 警告窗口

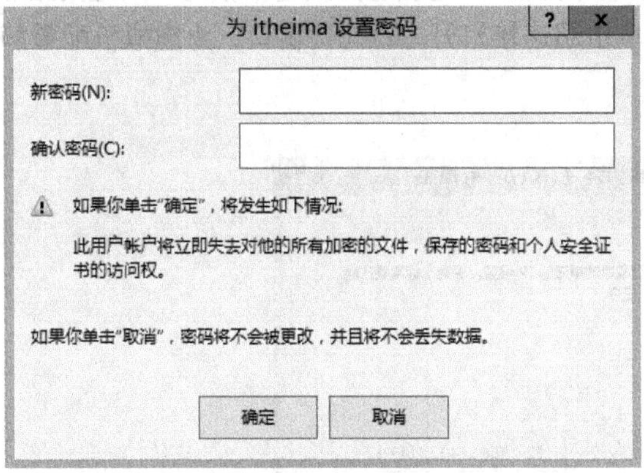

图4-33 设置密码窗口

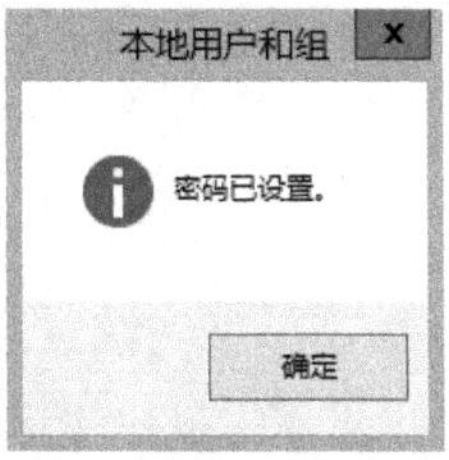

图4-34 提示信息

至此用户 itheima 的新密码设置完毕，可通过新设置的密码登录系统。

4.5 本章实验

Windows Server 2012 R2 是 Microsoft 公司于 2013 年 10 月 18 日正式发布的 Windows Server 操作系统，该版本基于 Windows 8 界面，提供了企业级数据中心和混合云解决方案，并在虚拟化、管理、存储、网络、虚拟桌面基础结构、访问和信息保护、Web 和应用程序平台等方面具备多种新功能和增强功能，是目前市场上较为流行的一款 Windows Server 系统。本节将通过两个实验帮助读者熟悉该系统中服务的安装与配置方式。

4.5.1 实验一：安装 DNS 服务

Windows Server 2012 R2 系统中内置了一些服务器常用服务组件，通过简单的安装配置操作，便可使系统具备特定服务器的功能。DNS（Domain Name System，域名系统）是为 TCP/IP 网络提供名称解析的一个服务，也是网络中最基础的服务，本实验将以 DNS 服务的安装为例，带领读者熟悉 Windows Server 2012 R2 系统中服务的安装与配置方式。

一、实验目的

（1）熟悉 Windows Server 2012 R2 系统。

（2）了解在 Windows Server 2012 R2 系统中安装 DNS 服务的方法。

二、实验环境

虚拟机：VMware Workstation 12。

网络操作系统：Windows Server 2012 R2。

三、实验内容

为保证客户端总能通过固定地址连接到服务器，服务器一般使用静态 IP 地址，因此在向 Windows Server 2012 R2 中配置服务之前，应先为其配置静态 IP 地址。在 Windows Server 2012 R2 中配置 IP 地址的方式与在 Windows 7 系统中配置 IP 地址的方式基本相同，只是网络和共享中心中连接项的超链接名为“Ethernet0”。单击超连接打开“状态”窗口，为虚拟机配置静态 IP 地址，具体配置信息如图 4-35 所示。

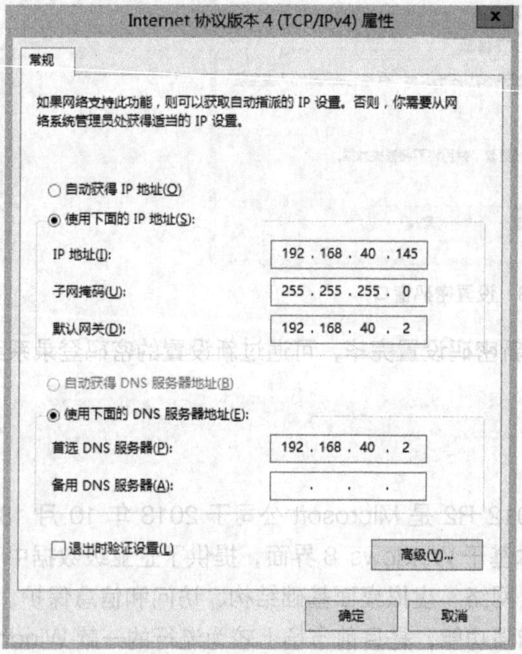

图4-35 静态IP属性信息

下面演示如何在 Windows Server 2012 R2 系统中安装 DNS 服务。

（1）单击桌面工具栏中的图标，打开“服务器管理器”窗口，如图 4-36 所示。

（2）单击右侧窗格中的“添加角色和功能”，打开“添加角色和功能向导”窗口，如图 4-37 所示。

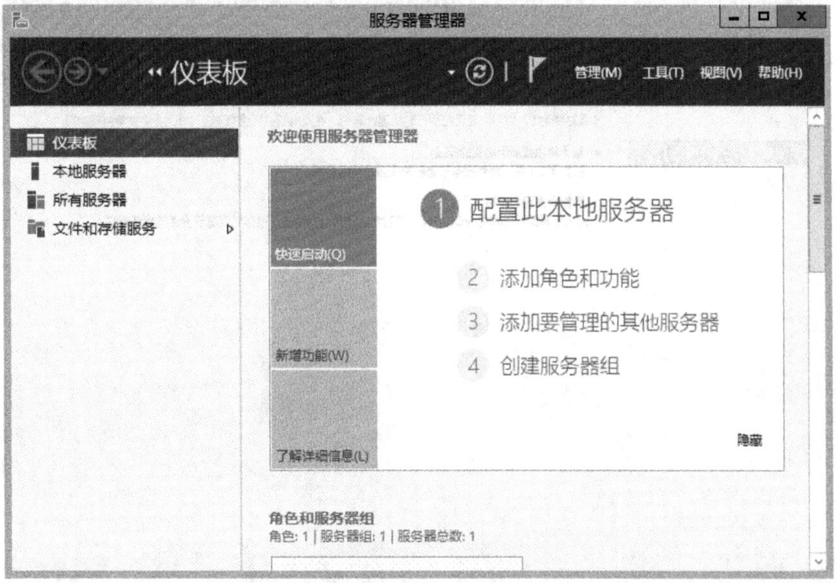

图4-36　服务器管理器

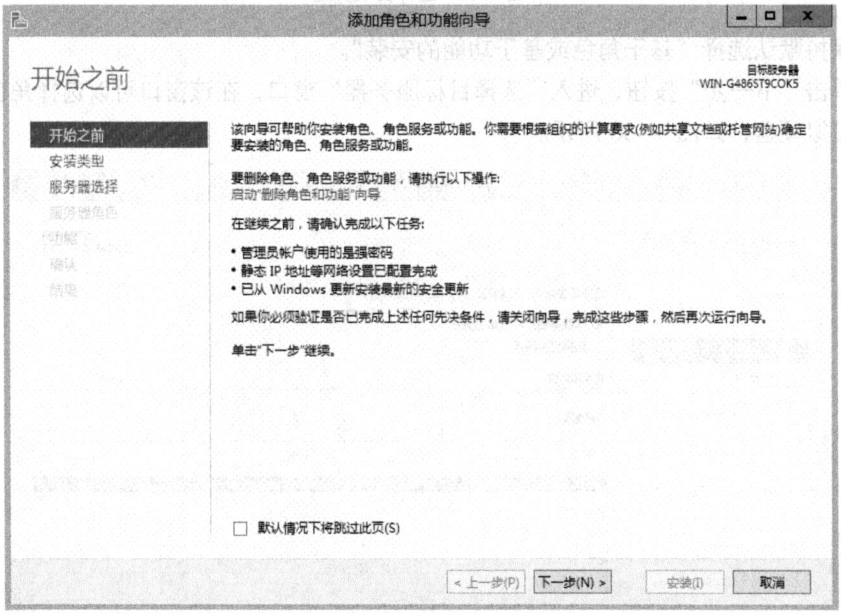

图4-37　添加角色和功能向导

（3）单击“下一步”按钮，进入“选择安装类型”窗口，如图 4-38 所示。

安装类型分为以下两种。

① 基于角色或基于功能的安装：此种类型用于通过添加角色、角色服务和功能来配置单个服务器。

② 远程桌面服务安装：此种类型用于为虚拟桌面基础结构（VDI）安装所需的角色服务以创建基于虚拟机或基于会话的桌面部署。

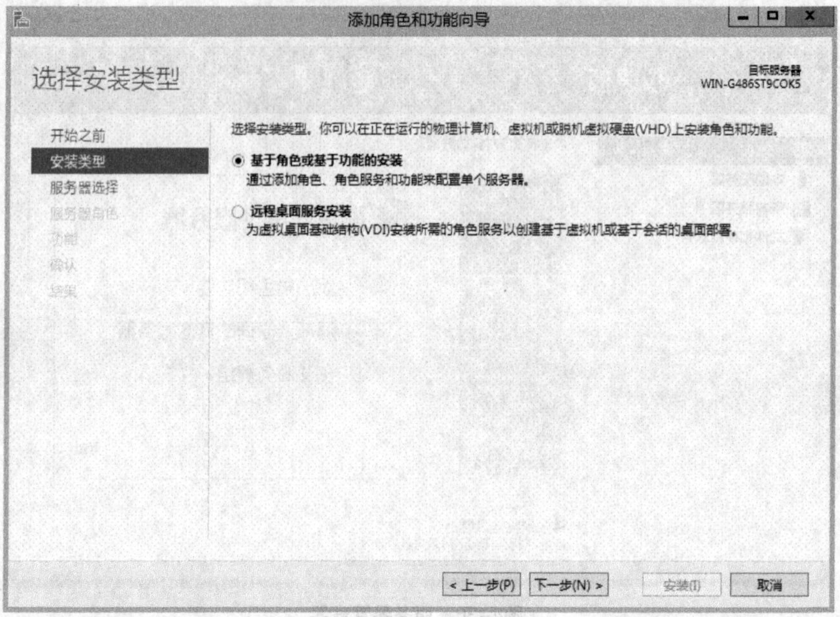

图4-38　选择安装类型

此处保持默认选择“基于角色或基于功能的安装”。

（4）单击“下一步”按钮，进入“选择目标服务器”窗口，在该窗口可以选择角色和功能的服务器或虚拟硬盘，如图 4-39 所示。

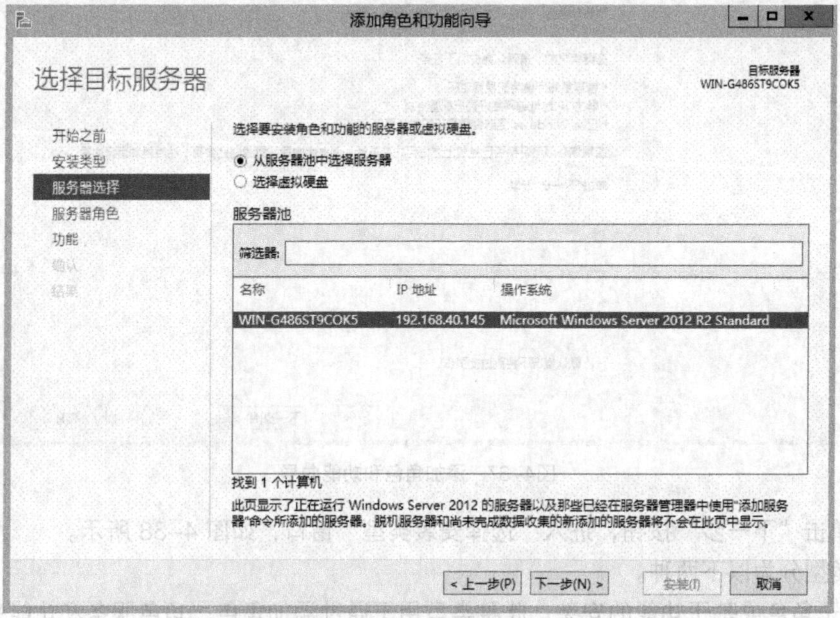

图4-39　选择目标服务器

图 4-39 中服务器的名称“WIN-G486ST9COK5”为虚拟主机名。

（5）在图 4-39 所示界面中从服务器池中选择服务器，选择完毕后单击“下一步”按钮，进入“选择服务器角色”窗口，如图4-40所示。

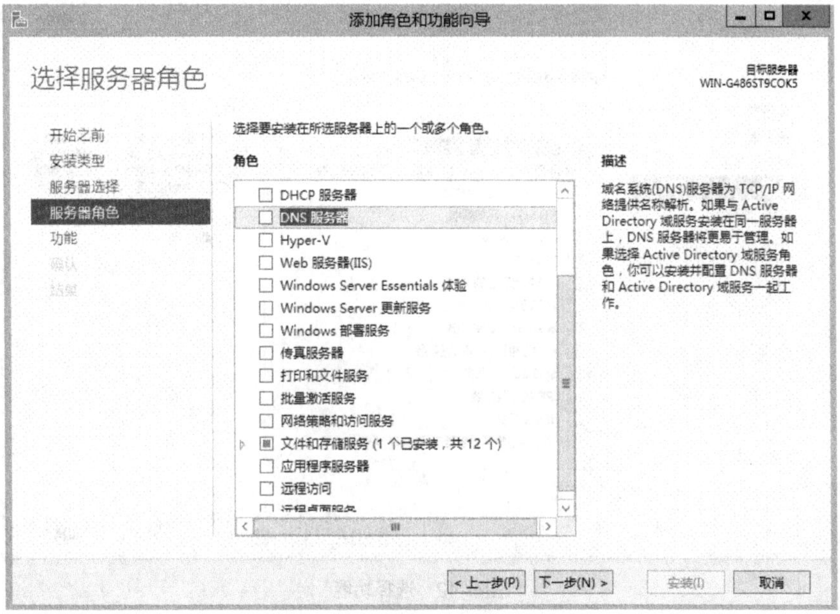

图4-40 选择服务器角色

（6）勾选图4-40所示窗口“角色”列表中的“DNS服务器”时将弹出询问窗口，如图4-41所示。

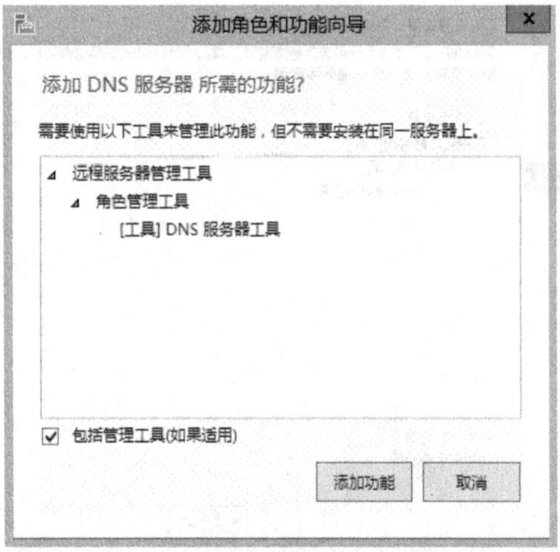

图4-41 询问窗口

保持默认设置，单击“添加功能”按钮，该窗口关闭，DNS域服务被勾选。

（7）单击“下一步”按钮，进入“选择功能”窗口， 在该窗口可选择要安装在所选服务器上的一个或多个功能，如图4-42所示。

（8）保持默认设置，单击“下一步”按钮，依次进入“DNS服务器”“确认安装所选内容”窗口，在确认窗口再次确认配置信息，如图4-43所示。

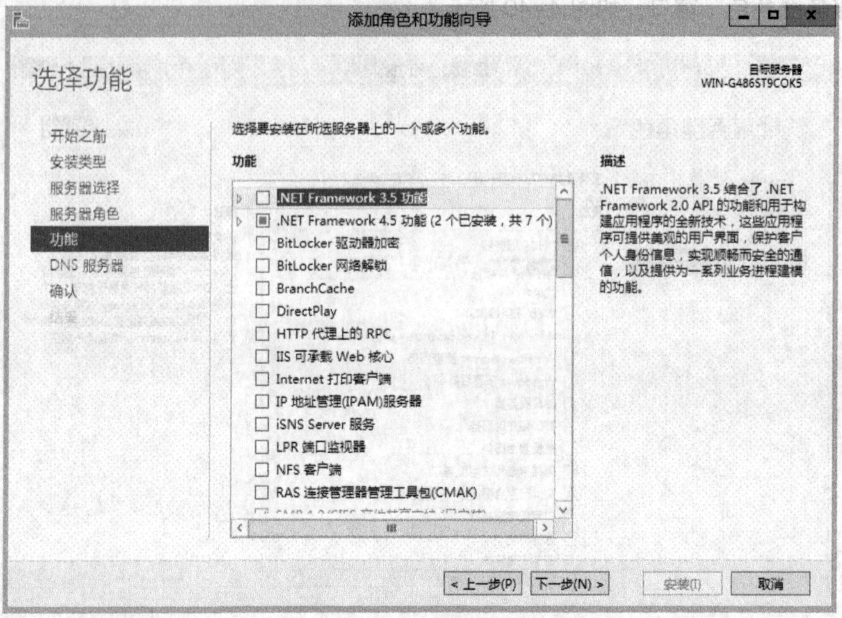

图4-42　选择功能

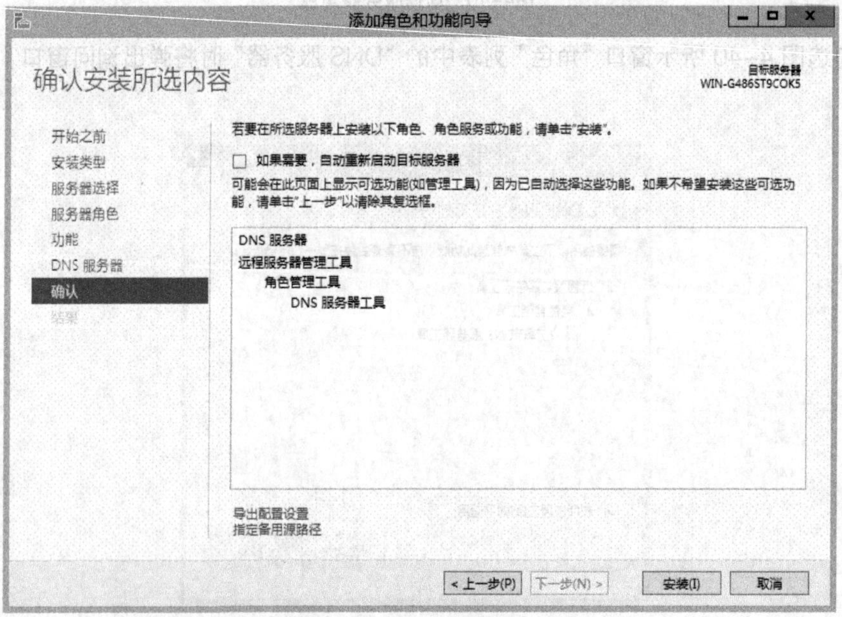

图4-43　确认安装所选内容

（9）若配置无误，单击“安装”按钮，开始安装 DNS 服务器。片刻后 DNS 服务器安装完毕，如图 4-44 所示。

至此，DNS 服务器安装完毕，回到“服务器管理器”窗口，在左侧窗格中可观察到“DNS”选项，如图 4-45 所示。

用户可对 Windows Server 2012 R2 系统进行配置，使其具备域名解析功能。

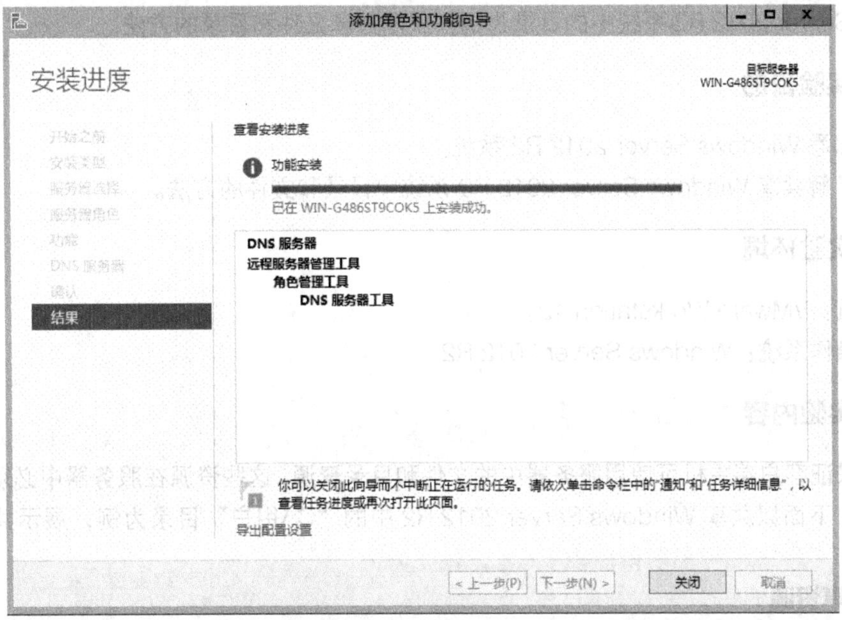

图4-44 安装完成

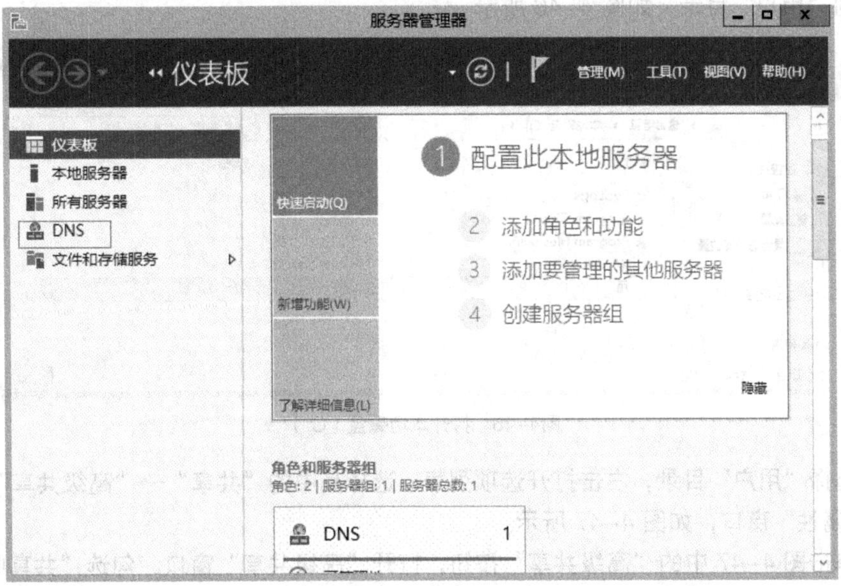

图4-45 DNS服务器安装成功

四. 总结

归纳总结实验过程中遇到的问题。

4.5.2 实验二：共享文件和目录

文件和目录共享是服务器具备的重要功能之一，将多台客户端需要的资源集中到服务器中存储，通过网络实现客户端对资源的利用，可有效降低冗余，节约磁盘空间。本实验将以共享

Windows Server 2012 R2 系统中的目录为例，展示共享文件和目录的方法。

一、实验目的

（1）熟悉 Windows Server 2012 R2 系统。

（2）了解共享 Windows Server 2012 R2 系统中目录和文件的方法。

二、实验环境

虚拟机：VMware Workstation 12。

网络操作系统：Windows Server 2012 R2。

三、实验内容

若要保证客户端主机可使用服务器中的文件和目录资源，这些资源在服务器中必须被设置为共享状态。下面以共享 Windows Server 2012 R2 中的“C:\用户”目录为例，展示共享资源的方式。

1. 共享资源

（1）使用管理员账户登录系统，单击“开始”→“这台电脑”，双击“本地磁盘（C:）”打开 C 盘，找到“用户”目录，如图 4-46 所示。

图4-46 打开本地磁盘（C:）

（2）选择“用户”目录，右击打开选项列表，选择其中的“共享”→“高级共享”选项，打开“用户 属性”窗口，如图 4-47 所示。

（3）单击图 4-47 中的“高级共享”按钮，打开“高级共享”窗口，勾选“共享此文件夹”实现共享，如图 4-48 所示。

在图 4-48 所示窗口中可设置共享资源的共享名，这决定客户端用户使用资源时可观察到的目录名称；在此窗口亦可限制同一时刻共享用户的数量。将共享名设置为 Sources，共享用户数量限制为 10，如图 4-49 所示。

（4）单击图 4-49 所示窗口中的“权限”按钮，可打开“Sources 的权限”窗口，如图 4-50 所示。

（5）在图 4-50 所示的窗口中可对共享用户及共享用户的权限进行设置。该窗口默认允许 Everyone，即所有人读取共享目录。管理员可在该窗口添加或删除具有共享权限的组或用户，也可以更改组或用户的权限。

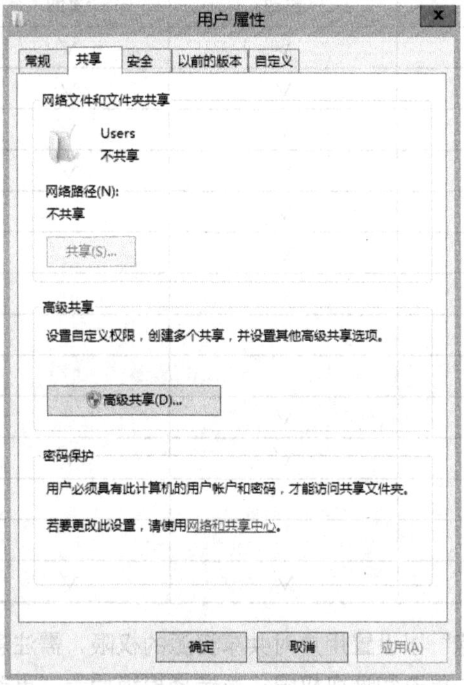

图4-47　用户属性

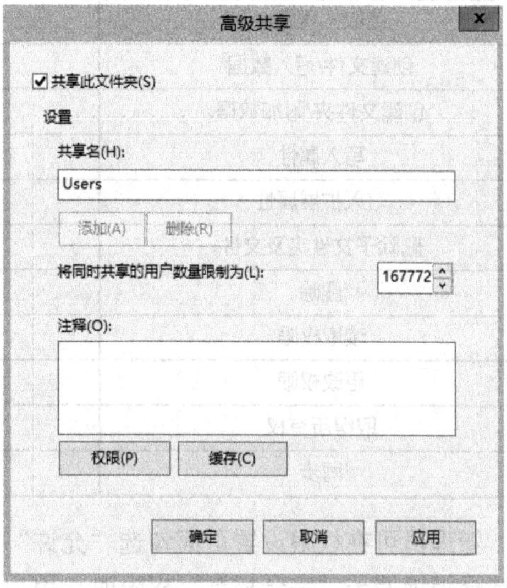

图4-48　高级共享

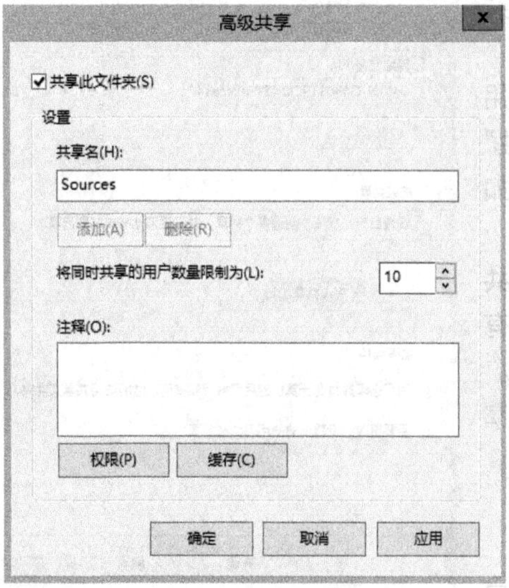

图4-49　高级共享设置

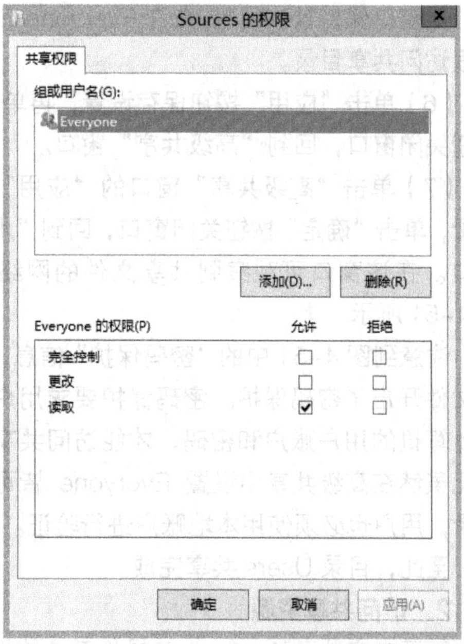

图4-50　权限设置

Windows Server 2012 R2 中组或用户支持的共享权限有 3 种：完全控制、更改和读取。这 3 种共享权限的功能如表 4-2 所示。

表 4-2　共享权限功能

功能	完全控制	更改	读取
遍历文件夹/执行文件	√	√	√
列出文件夹/读取数据	√	√	√
读取属性	√	√	√
读取扩展属性	√	√	√
创建文件/写入数据	√	√	
创建文件夹/附加数据	√	√	
写入属性	√	√	
写入扩展属性	√	√	
删除子文件夹及文件	√		
删除	√	√	
读取权限	√	√	√
更改权限	√		
取得所有权	√		
同步	√	√	√

管理员可在权限设置页面勾选“允许”或“拒绝”以设置用户对共享资源的权限，需注意：当选择拒绝授予“完全控制”权限时，用户必定失去更改和读取权限；当选择拒绝授予“更改”权限时，用户必定失去读取权限。

此窗口保持默认配置：允许 Everyone 使用“读取”权限访问共享目录。

（6）单击“应用”按钮保存设置，再单击“确定”按钮关闭窗口，回到“高级共享”窗口。

（7）单击“高级共享”窗口的“应用”按钮应用设置，单击“确定”按钮关闭窗口，回到“用户 属性”窗口。在该窗口可观察到共享文件的网络路径，如图 4-51 所示。

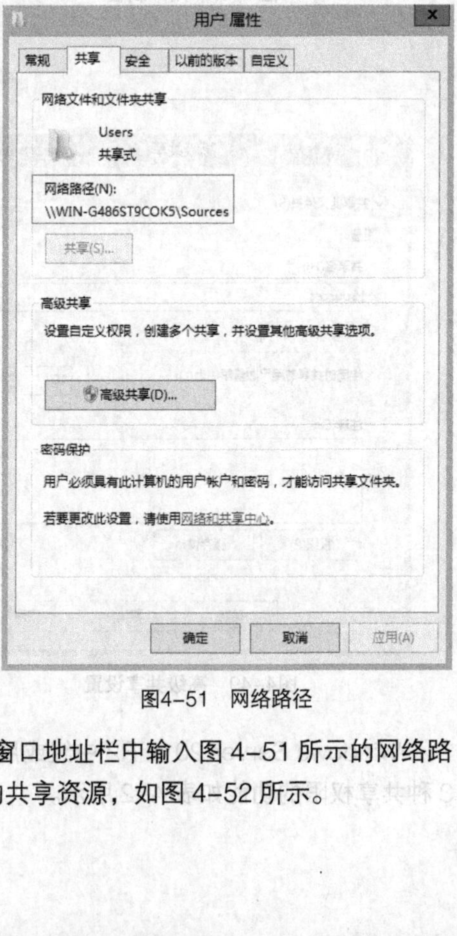

图4-51　网络路径

注意到图 4-51 中的“密码保护”信息，这说明共享文件开启了密码保护。密码保护要求用户必须具有此计算机的用户账户和密码，才能访问共享文件夹。因此虽然在高级共享中设置 Everyone 皆可访问共享目录，用户也必须使用本地账户进行验证。

至此，目录 Users 共享完成。

2. 访问共享资源

下面在安装了 Windows 7 操作系统的物理机中展示如何访问共享资源。

（1）双击桌面的图标，打开“计算机”窗口，在窗口地址栏中输入图 4-51 所示的网络路径“\\WIN-G486ST9COK5\Sources”，打开共享主机的共享资源，如图 4-52 所示。

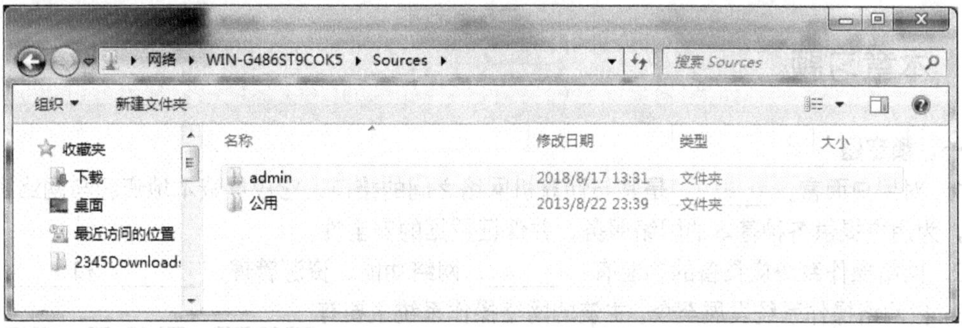

图4-52　Windows Server 2012 R2共享的资源

在图 4-52 中可观察到 Windows Server 2012 R2 中共享的 Sources 文件夹中的资源。

（2）双击 Sources 文件夹进入目录，用户可查看任意的子目录和文件，但当尝试对共享资源进行创建或更改操作时，会弹出提示信息，如图 4-53 所示。

图4-53　提示信息

由此可知，用户仅拥有读取共享资源的权限。

四、拓展练习

（1）共享其他资源给指定用户。
（2）更改用户对共享目录的权限。

五、总结

归纳总结实验过程中遇到的问题。

4.6 本章小结

本章首先介绍了网络操作系统的概念、基本功能和主流的网络操作系统，其次展示了 Windows Server 2012 R2 操作系统的安装方式和配置网络连接的方式，之后对在 Windows 系统中创建用户、用户组的方式进行讲解，最后在实验中介绍了 Windows Server 2012 R2 中安装 DNS 服务器的方式和共享资源的方法。通过本章的学习，读者应对网络操作系统的概念有所了解，并掌握安装 Windows Server 2012 R2 系统的方式，以及在该系统中安装服务、共享资源的方法。

4.7 本章习题

一、填空题

1. 对用户而言，________是其与计算机网络之间的接口，它应屏蔽本地资源与网络资源的差异，为用户提供各种基本的网络服务，并保证数据的安全性。

2. 网络操作系统应具备的功能有________、网络功能、资源管理、________和________。

3. 自网络操作系统发展至今，主流的网络操作系统主要有________、________、________和MAC 操作系统。

4. Linux 是一套免费使用和自由传播的类________操作系统，它支持________、________和多 CPU，可安装在各类计算机硬件设备中。

5. 在 Windows 系统中可通过虚拟机软件________创建和管理虚拟机。

6. 在 Windows 系统中，可通过________集中多台客户端所需资源，通过网络实现客户端对资源的利用，有效降低冗余，节约磁盘空间。

二、判断题

1. 网络操作系统既实现了单机操作系统的全部功能，又具备用户通信和网络资源管理的功能。 (　　)

2. 通过网络操作系统，用户可方便地使用网络应用，管理网络资源。 (　　)

3. Windows 是一款以图形界面为主的操作系统，因界面友好，使用方便，已成为用户量最多的操作系统。 (　　)

4. Linux 操作系统在服务器领域得到了极大的应用，但因为没有可视化图形界面，在日常应用和办公等场景中不使用 Linux 操作系统。 (　　)

5. UNIX 操作系统曾是一个开源系统，后逐渐走向商业化，不再对外开放源代码。 (　　)

6. MAC 操作系统是一套运行于苹果 Macintosh 系列计算机上的操作系统，一般情况下其他公司研发的 PC 无法安装此操作系统。 (　　)

三、单选题

1. 下列操作系统中开源的是哪个？(　　)

A. Windows　　B. UNIX　　C. Linux　　D. MAC

2. 从以下选项中选出支持网络功能的操作系统。(　　)

A. Windows　　B. UNIX　　C. Linux　　D. 以上全部

3. 下列哪个选项不是 VMware 提供的虚拟网络类型？(　　)

A. 桥接模式　　B. 仅主机模式　　C. NTA 模式　　D. 网络地址转换模式

4. 网络操作系统主要解决的问题是什么？(　　)

A. 网络用户使用界面　　B. 网络资源共享与网络资源安全访问限制

C. 网络资源共享　　D. 网络安全防范

四、简答题

列出 4 种知名的网络操作系统，简单说明其特点和应用场景。

5 Chapter

第5章 局域网

拓展阅读

学习目标

- 了解局域网的组成、特点与标准
- 熟悉介质访问控制方法
- 了解常见的局域网技术
- 了解 VLAN 的实现机制与实现方式
- 掌握小型无线局域网组建方法

局域网（Local Area Network，LAN）是根据地理范围划分的网络之一，它将有限地理范围内的各种计算机设备连接在一起，从而实现有限范围网络内部的数据传输和资源共享。由于机关、企业、学校等场景对局域网的需求，局域网技术迅猛发展并日益成熟，在计算机网络中占据了相当重要的地位。本章将对局域网进行介绍，并着重讲解局域网的组建技术和组建方法。

5.1 局域网概述

局域网的研究始于 20 世纪 70 年代，1974 年英国剑桥大学研制的剑桥环网和 1975 年美国 Xerox 公司推出的实验性以太网是局域网的典型代表。随着网络技术的发展和微型计算机的普及，局域网技术迅猛发展，局域网协议和标准逐渐完善。20 世纪 90 年代初，3Com 公司率先推动局域网的商业化，并开始推出专业化生产的局域网产品，随后，局域网产品飞速发展并逐步成熟，局域网也得到了极大的推广，深入到了社会的各行各业。本节将从局域网的组成、特点、体系结构和标准这几个方面对其进行介绍。

5.1.1 局域网的基本组成

局域网的组成可分为硬件和软件两大类。

1. 硬件组成

局域网硬件是组成局域网物理结构的设备，根据设备的功能，局域网硬件可分为以下几种。

（1）客户机

客户机是局域网中用户使用的计算机，通常是一台微型计算机。客户机也称为工作站，其中一般配置有网络适配器（网卡），以通过传输媒介与网络相连。

（2）服务器

服务器是局域网中管理和提供资源的主机，可与诸多客户机相连，并为其提供资源或其他服务，因此服务器一般需具备更高的性能，如可高效处理数据、存储较多数据、可更快地访问磁盘等。

（3）专用通信设备

专用通信设备是网络中的节点，局域网中常用的专用通信设备有网卡、集线器、交换机、无线 AP、路由器、调制解调器等，这些设备可实现局域网中设备的连接、数据的转发、交换以及信号类型的转换等。

（4）传输媒介

传输媒介用于连接局域网中的专用通信设备和服务器或主机，局域网中常用的传输媒介有同轴电缆、光纤和双绞线。

除以上设备外，根据局域网的职能，局域网中还可能包含打印机、扫描仪、绘图仪等外部设备。

2. 软件组成

局域网中的软件主要包含网络操作系统和协议软件。

（1）网络操作系统

网络操作系统是局域网硬件设备必备软件之一，它的基本任务是用统一的方法实现各主机之间的通信，管理和利用各主机中共享的本地资源，以提升设备与网络相关的特性。对网络用户而言，网络操作系统是其与计算机网络之间的接口，它应屏蔽本地资源与网络资源的差异，为用户提供各种基本的网络服务，并保证数据的安全性。

局域网中的网络操作系统和硬件设备相辅相成，缺一不可。硬件设备可能搭载不同的操作系统，其中客户机中常用的网络操作系统有 Windows 和 MAC OS，服务器中常用的网络操作系统有 Windows、Linux 等，专用通信设备中使用的操作系统与前两者有所不同，一般由硬件生产厂家独立开发，常见的专用通信设备厂家有 TP-Link、思科等。

（2）协议软件

完整的通信流程会使用到许多协议，局域网中的网络操作系统可安装协议，以支持网络通信功能。网络操作系统中使用的协议一般为 TCP/IP 协议簇中的协议，如 DHCP、DNS、HTTP 等。

除以上两种软件外，局域网设备中还可能搭载一些系统管理软件和网络应用软件，根据涉及的领域和应用方向，这些软件又可以有不同的分类。但这些软件有一个共同之处，即都能屏蔽网络细节，方便用户使用网络。

5.1.2 局域网的特点

局域网组网范围一般在方圆几千米以内，主要用于企业内部联网或校园内部联网，其网络硬件设备集中在一座办公楼或相邻的建筑群中。除地理范围相对较小外，局域网还具有以下几个特点：

（1）高速率、低时延、低误码率。局域网内的传输速率为 10～100Mbit/s，传输时延在几毫秒到几十毫秒之间，误码率仅有 10^{-12}～10^{-8}。

（2）便于安装、成本低。局域网覆盖面积小，因此通信设备价格相对低廉，安装周期也比较短。

（3）便于管理与维护。局域网一般铺设在企业或校园中，由专业人员统一搭建和管理；另外，局域网内部软件针对性强，也便于批量安装、统一管理；

（4）可共用资源，节约成本。局域网一般侧重于信息处理，通常不设中央主机，但配置外部共享设备，可被网络中的工作站共同使用。

5.1.3 局域网体系结构与 IEEE 802 标准

随着局域网的普及与应用，研发和生产局域网产品的厂家越来越多，为了使各厂家推出的产品具有良好的兼容性，国际化标准组织于 1980 年 2 月成立了局域网标准化协会——IEEE 802 工作组。IEEE 802 工作组根据局域网的特点和发展方向，为不同的局域网技术（包括以太网技术、令牌环网技术、FDDI 技术等）制定了一系列标准。标准化极大地促进了局域网技术的发展，加速了局域网的应用和推广。

1. 局域网体系结构

IEEE 802 标准所描述的局域网参考模型对应 OSI 参考模型的低两层——数据链路层和物理层，其中数据链路层又分为逻辑链路控制子层和介质访问控制子层。IEEE 802 参考模型与 OSI 参考模型的对应关系如图 5-1 所示。

物理层主要实现数据在物理介质上以比特流形式的传输和接收，以及规定一些机械、电气和规程方面的特性。IEEE 802 参考模型中的物理层与 OSI 参考模型中物理层的功能相同。

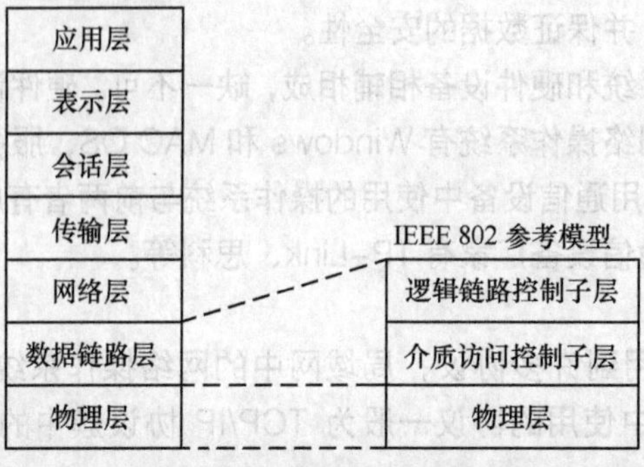

图5-1 IEEE 802参考模型与OSI参考模型对应关系

数据链路层负责将数据从一个节点可靠地传输到相邻的节点。因为局域网中的多个站点共享传输介质，所以在传输数据之前需先解决介质访问顺序的问题，这要求数据链路层具备介质访问控制功能。又因为介质具有多样性，所以必须提供多种介质访问控制方法。为此 IEEE 802 标准将数据链路层划分为了两个子层：逻辑链路控制（Logical Link Control，LLC）子层和介质访问控制（Media Access Control，MAC）子层。

MAC 子层与物理层相邻，它为不同的物理介质定义了不同的介质访问控制标准，可支持 LLC 子层完成对介质的访问控制功能；此外 MAC 子层也具备组装数据帧、地址识别和差错检测功能。

LLC 子层的主要功能是建立、维持和释放数据链路，为网络层提供面向连接或无连接的服务。LLC 子层的作用是在 MAC 子层提供的介质访问控制和物理层提供的比特流服务之上，将不可靠的信道处理为可靠的信道，确保数据帧的正确传输。此外 LLC 子层还提供差错控制、流量控制和发送顺序控制等大部分数据链路层功能，以及某些网络层的功能，如数据报、虚电路、多路复用等。

2. IEEE 802 局域网标准

IEEE 802 局域网标准随着局域网的发展不断地更新与完善，自诞生至今，IEEE 802 已包含了 40 多项标准，这些标准包含但不仅限于以下部分。

（1）IEEE 802.1：局域网体系结构、寻址、网络互联和网络。

（2）IEEE 802.2：逻辑链路控制子层（LLC）的定义。

（3）IEEE 802.3：以太网介质访问控制协议（CSMA/CD）及物理层技术规范。

（4）IEEE 802.4：令牌总线网（Token-Bus）的介质访问控制协议及物理层技术规范。

（5）IEEE 802.5：令牌环网（Token-Ring）的介质访问控制协议及物理层技术规范。

（6）IEEE 802.7：宽带技术。

（7）IEEE 802.8：光纤技术。

（8）IEEE 802.9：综合声音数据的局域网（IVD LAN）介质访问控制协议及物理层技术规范。

（9）IEEE 802.10：网络安全技术，定义了网络互操作的认证和加密方法。

（10）IEEE 802.11：无线局域网（WLAN）的介质访问控制协议及物理层技术规范。

以上标准中的 IEEE 802.3 标准是在以太网标准的基础上制定的，符合 IEEE 802.3 标准的局域网称为以太网；IEEE 802.5 标准是在美国 IBM 公司推出的令牌环网的基础上制定的，符合 IEEE

802.5 标准的局域网称为令牌环网。以太网和令牌环网是最常见的局域网，关于它们的详细知识将在后续内容中讲解。

5.2 介质访问控制方法

介质访问控制（Medium Access Control，MAC）方法是指当局域网中共用信道的使用产生竞争时，分配信道使用权的方法。局域网中目前广泛使用以下两种介质访问控制方法：

（1）争用型介质访问控制，又称随机型的介质访问控制协议，如 CSMA/CD 方式。

（2）确定型介质访问控制，又称有序的访问控制协议，如 Token（令牌）方式。

下面分别以 CSMA/CD 和 Token 为例，对这两种介质访问控制方法的原理进行说明。

1. CSMA/CD

CSMA/CD 全称为 Carrier Sense Multiple Access with Collision Detection，即载波侦听多路访问/碰撞检测。

所谓载波侦听（Carrier Sense），意思是网络上各个节点在发送数据前都要确认总线是否有数据传输，若有（总线忙），则不发送数据；若无（总线空），立即发送准备好的数据。

所谓多路访问（Multiple Access），意思是网络上所有工作站收发数据时共用一条总线，且都以广播方式发送数据。

所谓碰撞（Collision），指若网络中有两个或两个以上节点同时发送数据，在总线上就会产生信号的混合，这种情况称为数据冲突，也称为碰撞。

当碰撞产生时，总线上就会产生信号混合，此时哪个节点都将无法辨认出原始数据。为了减少碰撞产生的影响，节点在发送数据过程中要不断检测自己发送的数据，判断在传输过程中是否与其他节点的数据发送碰撞，即碰撞检测（Collision Detection）。

CSMA/CD 的工作原理如下。

（1）当一个节点准备发送数据时，它先检测网络，侦听信道状态：若信道忙则等待，直到信道空闲；若信道空闲，则发送准备好的数据。

（2）在节点发送数据的同时，节点持续侦听信号，确定没有其他站点同时传输数据，才继续发送数据。

（3）若有两个或多个节点同时发送数据，产生冲突，则立即停止发送数据，并发送一个加强冲突的信号，使网络上所有节点都获悉冲突的发生，然后等待一个预定的随机时间，在总线空闲时，再重新发送未发送完的数据。

2. Token

Token（令牌）访问控制方法可分为令牌环访问控制和令牌总线访问控制两类，目前令牌总线访问控制使用的较少，下面对令牌环访问控制原理进行说明。

令牌是令牌环上传输的由 3 个字节组成的一种特殊帧。令牌环网中只有持有令牌的节点具有传输权限，若环网上的某个节点接收到令牌且该节点需要发送数据，它就改变令牌中的一位（该操作将令牌变成一个帧头序列），并添加待传输的信息，然后将整个信息发往环中的下一个节点。当这个信息帧在环网中传输时，网络中没有令牌，这意味着其他想传输数据的节点必须等待，因此令牌环网中不会发生数据碰撞。

信息帧沿着环传输，当帧到达目的节点时，目的节点根据信息帧创建一个帧副本，再使信息帧继续沿环传输，直到信息帧回到发送节点。之后发送节点检验返回帧以判断帧是否已被接收站接收并复制，最后将信息帧销毁，使令牌传向下一个节点。

以上两种介质访问控制方式各有其优劣及适用性，其中 CSMA/CD 控制方式具有原理简单、易于实现、网络各节点低位平等、无需集中控制等优点，但在网络负载增大时，数据的发送时间增长，发送效率会急剧下降；Token 控制方式具有确定性，该特性结合另一些可靠性特征，使得令牌环网络适用于需要能够预测延迟的应用程序以及需要可靠的网络操作的场景。

5.3 局域网技术

自 20 世纪 70 年代局域网诞生以来，局域网技术不断创新、发展与完善，虽然目前人类日常工作、生活场景中最常见的局域网是以双绞线为主要传输介质的以太网，除此之外，局域网的发展历程中还诞生了多种其他类型的、用于各行各业中的局域网。人们根据局域网使用的技术对局域网进行命名，目前常见的局域网有以太网、FDDI 网、ATM 网、无线局域网等，下面将分别对这几种网络技术进行介绍。

1. 以太网

以太网（Ethernet）最早是由 Xerox（施乐）公司创建的局域网组网规范，1980 年 DEC、Intel 和 Xerox 三家公司联合开发了初版 Ethernet 规范——DIX 1.0，1982 年这三家公司又推出了修改版本 DIX 2.0，并将其提交给 IEEE 802 工作组，经 IEEE 成员修改并通过后，成为 IEEE 的正式标准，并编号为 IEEE 802.3。虽然 Ethernet 规范和 IEEE 802.3 规范并不完全相同，但一般认为 Ethernet 和 IEEE 802.3 是兼容的。

以太网是应用最广泛的局域网技术。根据传输速率的不同，以太网分为标准以太网（10Mbit/s）、快速以太网（100Mbit/s）、千兆以太网（1000Mbit/s）和万兆以太网（10Gbit/s），这些以太网都符合 IEEE 802.3 规范。

（1）标准以太网

标准以太网是最早期的以太网，其传输速率为 10Mbit/s，也称为传统以太网。此种以太网的组网方式非常灵活，既可以使用粗、细缆组成总线网络，也可以使用双绞线组成星状网络，还可以同时使用同轴电缆和双绞线组成混合网络。这些网络都符合 IEEE 802.3 标准，IEEE 802.3 中规定的一些传统以太网物理层标准如下。

① 10 Base-2：使用细同轴电缆，最大网段长度为 185m。

② 10 Base-5：使用粗同轴电缆，最大网段长度为 500m。

③ 10 Base-T：使用双绞线，最大网段长度为 100m。

④ 10 Broad-36：使用同轴电缆，最大网段长度为 3600m。

⑤ 10 Base-F：使用光纤，最大网段长度为 2000m，传输速率为 10Mbit/s。

以上标准中首部的数字代表传输速率，单位为 Mbit/s；末尾的数字代表单段网线长度（基准单位为 100m）；Base 表示基带传输，Broad 表示宽带传输。

（2）快速以太网

随着网络的发展和各项网络技术的普及，标准以太网技术已难以满足人们对网络数据流量和速率的需求。1993 年 10 月以前，人们只能选择价格昂贵、基于 100Mbit/s 光缆的 FDDI 技术组建高标准网络，1993 年 10 月，Grand Junction 公司推出了世界上第一台快速以太网集线器 Fast

Switch10 / 100 和百兆网络接口卡 Fast NIC 100，快速以太网技术正式得到应用。

随后，Intel、3COM 等公司也相继推出了自己的快速以太网设备，同时 IEEE 802 工作组对 100Mbit/s 以太网的各种标准进行了研究，并于 1995 年 4 月发布了 IEEE 802.3u 100 Base-T 快速以太网标准，快速以太网时代到来。

IEEE 802.3u 标准基本保持了标准局域网的规定，包括帧格式、接口、介质访问控制方法（CSMA/CD）等，只是将数据传输速率从 10Mbit/s 提升到了 100Mbit/s，又使用了一些新的物理层标准，具体如下所示。

① 100 Base-TX：使用两对 5 类屏蔽或非屏蔽双绞线，一对用于发送数据，一对用于传输数据；使用 RJ-45 或 DB9 接口，节点与集线器的最大距离为 100m，支持全双工。

② 100 Base-T4：使用 4 对 3 类、4 类或 5 类双绞线，3 对用于发送数据，1 对用于检测冲突信号；使用 RJ-45 连接器，最大网段长度为 100m，不支持全双工。

③ 100 Base-FX：使用一对单模或多模光纤，一路用于发送数据，一路用于接收数据；最大网段长度为 200m（使用单模光纤时可达 2000m），支持全双工。此种网络主要用于搭建主干网，以提升主干网络传输速率。

（3）千兆以太网

千兆以太网（Gigabit Ethernet）也称为吉比特以太网。1995 年 11 月，IEEE 802.3 工作组委任一个高速研究组，以研究将快速以太网速率增至 1000Mbit/s 的可行性和方法。1996 年 6 月，IEEE 标准委员会批准了千兆以太网方案授权申请，随后 IEEE 802.3 工作组成立了 IEEE 802.3z 工作委员会，该委员会建立了千兆以太网标准，该标准的主要规定如下：

① 速率为 1000Mbit/s 的以太网在通信时的全双工/半双工操作。

② 使用 802.3 以太网帧格式、CSMA/CD 技术。

③ 在一个冲突域中支持一个中继器。

④ 向下兼容 10 Base-T 和 100 Base-T。

IEEE 802.3 工作组为千兆以太网制定了一系列物理层标准，其中常用的标准如下。

① 1000 Base-SX：使用芯径为 50μm 及 62.5μm、工作波长为 850nm 的多模光纤，采用 8B/10B 编码方式，传输距离分别为 260m 和 525m。此标准主要应用于建筑物中同一层的短距离主干网。

② 1000 Base-LX：使用芯径为 50μm 及 62.5μm、工作波长为 850nm 和芯径为 5μm、工作波长为 1300nm 的多模、单模光纤，传输距离分别为 525m、550m 和 3000m。此标准主要应用于校园主干网。

③ 1000 Base-CX：使用 1500 Ω 屏蔽双绞线，采用 8B/10B 编码方式，传输速率为 1.25Gbit/s，传输距离为 25m。此标准主要用于集群设备的连接，如一个交换机机房内的设备互联。

④ 1000 Base-T：使用 4 对 5 类非屏蔽双绞线，采用 PAM5 编码方式，传输距离为 100m。此标准主要用于同一层建筑的通信，从而可利用标准以太网或快速以太网已铺设的非屏蔽双绞线电缆。

千兆以太网采用光纤作为上行链路，用于楼宇间的连接，原本被作为一种交换技术设计，之后被广泛应用于服务器的连接和主干网中。如今，千兆以太网已成为主流的网络技术，无论是大型企业还是中小型企业，在组建网络时都会把千兆以太网作为首选高速网络技术。

（4）万兆以太网

万兆以太网（10 Gigabit Ethernet，10GE）也称为 10 吉比特以太网，是继千兆以太网之后产生的高速以太网。在千兆以太网的 IEEE 802.3z 规范通过后不久，IEEE 成立了高速研究组（High Speed Study Group，HSSG），该研究组主要致力于 10GE 的研究。

10GE 并非简单地将千兆以太网的速率提升了 10 倍，2002 年 6 月，IEEE 802.3ae 委员会制定了 10GE 的正式标准，该标准主要包括以下内容。

① 兼容 802.3 标准中定义的最小和最大以太网帧长度。

② 仅支持全双工方式。

③ 使用点对点链路和结构化布线组建星状局域网。

④ 在 MAC/PLS 服务接口上实现 10Gbit/s 的速度。

⑤ 定义两种物理层规范，即局域网 PHY 和广域网 PHY。

⑥ 定义将 MAC/PLS 的数据传输速率对应到广域网 PHY 数据传输速率的适配机制。

⑦ 定义支持特定物理介质相关接口（PMD）的物理层规范，包括多模光纤和单模光纤以及相应传输距离；支持 ISO/IEC 11801 第二版中定义的光纤介质类型等。

⑧ 通过 WAN 界面子层，10Gbit/s 也能被调整为较低的传输速率。

此外，10Gbit/s 不再使用铜线，只使用光纤作为传输媒介；不再使用 CSMA/CD 协议。千兆以太网仍可使用已有的光纤通道技术，但 10GE 使用新开发的物理层。10GE 常用的物理层规范如下。

① 10G Base-SR：SR 表示“Short Reach”（短距离），10G Base-SR 仅用于短距离连接，该规范支持编码方式为 64B/66B 的短波（850nm）多模光纤，有效传输距离为 2m～300m。

② 10G Base-LR：LR 表示“Long Reach”（长距离），10G Base-LR 主要用于长距离连接，该规范支持编码方式为 64B/66B 的长波（1310nm）单模光纤，有效传输距离为 2m～10km，最高可达 25km。

③ 10G Base-ER：ER 表示“Extended Reach”（超长距离），10G Base-ER 支持超长波（1550nm）单模光纤，有效传输距离为 2m～40km。

2. FDDI

FDDI（Fiber Distributed Data Interface，光纤分布式数据接口）技术是 20 世纪 80 年代中期发展起来的一项局域网技术，是与标准以太网和令牌网（4 或 16Mbit/s）同期的局域网技术，也是当时传输速率最高的局域网技术。

FDDI 标准由 ANSI X3T 9.5 标准委员会制定，该技术支持长达 2km 的多模光纤，传输速度可达 100Mbit/s。FDDI 的介质访问控制技术类似令牌环，在网络通信中通过“令牌”传递控制节点数据的发送。但 FDDI 中的令牌与令牌环中的令牌略有不同，FDDI 使用定时的令牌访问方法：FDDI 令牌沿网络环路从一个节点向另一个节点移动，如果节点不传输数据，FDDI 令牌将继续向下一个节点移动；如果节点需要传输数据，那么在指定的称为“目标令牌循环时间”（Target Token Rotation Time，TTRT）的时间内，它可以按照用户的需求发送尽可能多的帧。

因为 FDDI 中令牌具有定时的特性，所以同一时间，来自多个节点的多个帧可能都在网络上，信道容量得到了更好的利用。

虽然 FDDI 能够提供更高的速率，但该技术只支持光纤和 5 类双绞线，与标准以太网和令牌网相比，FDDI 的造价要高出许多，使用环境非常受限。当造价较低、升级简单且同样可提供 100Mbit/s 传输速率的快速以太网出现后，FDDI 的认可度再度降低，市场也再度萎缩，现在已基本没有使用 FDDI 技术的局域网。

3. ATM

ATM（Asynchronous Transfer Mode，异步传输模式）始于 20 世纪 70 年代后期，是为多种业务设计的通用技术，与使用可变长度包技术的以太网、令牌环网、FDDI 等网络不同，ATM 采用面向连接的传输方式，将数据分割成长度固定的信元，通过虚连接进行交换。ATM 适用于局域网和广域网，具有较高的传输速率，支持声音、数据、传真、实时视频、CD 质量音频和图像等多种类型的通信。

ATM 技术具有实时性好、稳定高效等特点，目前该技术可实现的最高速率为 10Gbit/s，且即将达到 40Gbit/s，但 ATM 技术也存在技术复杂、造价昂贵的缺点。

4. 无线局域网

无线局域网（Wireless Local Area Network，WLAN）是目前最热门、最普及的一种局域网。无线局域网与其他局域网的主要区别在于传输媒介的不同，其他局域网采用有形媒介，如同轴电缆、双绞线、光纤等进行连接，无线局域网采用无形的空气作为传输媒介。

由于不受有形传输媒介的束缚，节点可以在无线局域网范围内的任何地点自由接入局域网。也由于节点接入无线局域网的自由性，无线局域网具有极大的不安全因素。为此 IEEE 802 制定了 IEEE 802.11z 标准，对无线局域网的安全性进行了明确规定，加强了用户身份认证制度，并对传输的数据进行了加密。无线局域网中使用的加密算法有 WEP、WAP、WAP2 等，目前各大厂商研发的产品基本都使用 WPA2 方式加密。

5.4 虚拟局域网 VLAN

局域网可以由几台设备组成，亦可由成百上千台设备组成。若局域网具备一定规模，交换机在进行学习和更新时所产生的泛洪对网络性能的影响将不可忽视。为了解决这一问题，人们考虑将产生泛洪时接收数据帧的区域（即广播域）进行划分，通过缩小泛洪的规模，降低泛洪对网络性能的影响。这样被划分出的一个广播域就称为一个 VLAN（Virtual Local Area Network），即虚拟局域网。

5.4.1 VLAN 的机制

在交换型网络中，广播域可以是一组任意选定的 MAC 地址的虚拟网段，这样，网络中的工作组可以完全根据管理功能来划分，这突破了共享网络中工作组划分时的地理位置限制。物理网络划分出的每个 VLAN 都有一个 VLAN ID，VLAN 的实现原理是在以太网帧的基础上增加 VLAN 头，当交换机接收到数据时，检测数据帧中的 VLAN 头，判断数据应被转发到哪个 VLAN。

在未设置 VLAN 的交换机上，任何广播帧都会被转发给除发送端口外的所有端口，如图 5-2 所示，pc1 发送的数据帧被转发给了连接其他端口的 pc。

如果在交换机中划分出两个 VLAN，pc1、pc2 属于 VLAN A，pc3 和其他 pc 机属于 VLAN B，那么从 pc1 发送广播帧时，交换机只会将其转发给同属一个 VLAN 的端口，即只转发给 pc2

所连接的端口；从 pc3 发送广播帧时，交换机只会将其转发给属于 VLAN B 的端口，如图 5-3 所示。

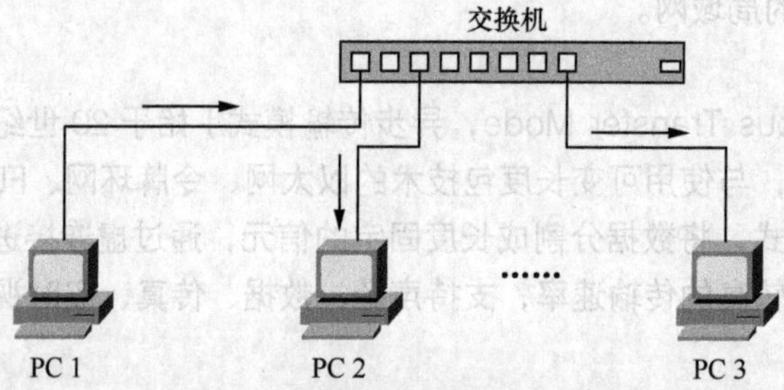

图5-2　泛洪

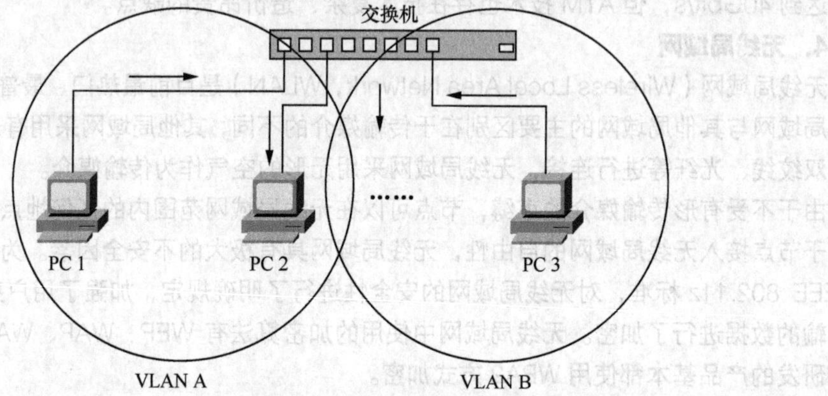

图5-3　VLAN的机制

5.4.2　VLAN 的实现

在交换机上可通过 4 类方式划分网络，实现 VLAN，下面对这些分类方式一一进行说明。

1. 基于端口划分 VLAN

基于端口划分 VLAN 是最简单有效的 VLAN 实现方式，此方法只需网络管理员将交换机的端口划分为不同的广播域即可，如将一个包含 8 个端口的交换机的端口划分为 1～4、5～8 两组，那么这个交换机网络就分成了两个 VLAN，如图 5-4 所示。

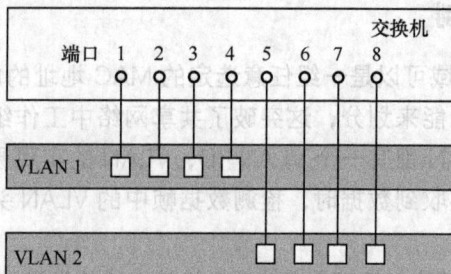

图5-4　基于端口的VLAN划分

图 5-4 所示的 VLAN 划分基于一台交换机，划分出的 VLAN 之间可以通信，但又被限制在一台交换机上。

基于端口划分 VLAN 时 VLAN 亦可跨越多个交换机，如将交换机 A 和交换机 B 的端口号划分成两个广播域，交换机 A 的端口 1～4、交换机 B 的端口 5～8 属于 VLAN 1；交换机 A 的端口 5～8、交换机 B 的端口 1～4 属于 VLAN 2，则具体如图 5-5 所示。

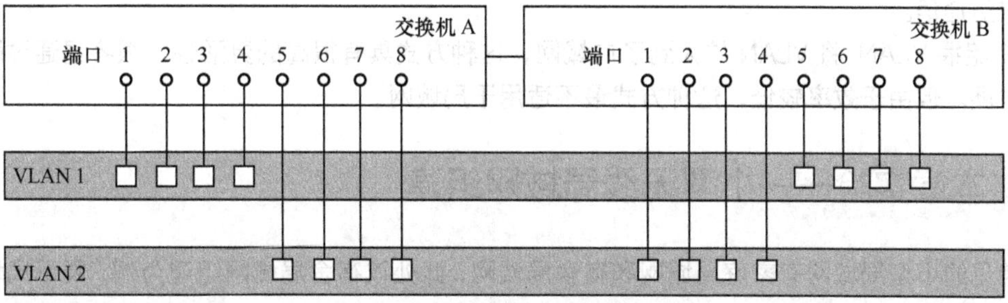

图5-5　跨交换机的VLAN划分

跨交换机的 VLAN 划分可以将不同交换机上的若干个端口组成一个 VLAN，但同一 VLAN 中不能包含编号相同的端口，如交换机 A 的端口 1 若属于 VLAN 1，那么交换机 B 的端口 1 不能再被划分到 VLAN 1 中。

基于端口划分 VLAN 的配置过程简单明了，适用于任何大小的网络，许多 VLAN 厂商都以此方式划分 VLAN，但该方式有一个缺点：若用户从一个端口移动到其他端口，必须重新定义。

2. 基于 MAC 地址划分 VLAN

基于 MAC 地址划分 VLAN，即将设备按 MAC 地址分组。此种 VLAN 划分方式的优点是节点设备可以移动到网络的其他物理网段，由于设备和 MAC 地址一一对应，设备移动后仍保持与 VLAN 的从属关系。该方式也存在一些缺点。

其一，配置麻烦。所有设备在初始阶段必须配置到至少一个 VLAN 中，由于初始配置需手动完成，在组建大规模网络时，成千台设备的初始化配置显然是很麻烦的；此外，若电脑的网卡经常更换，VLAN 就必须经常配置。

其二，交换机效率降低。因为交换机的端口可能存在多个 VLAN 组成员，广播帧无法得到限制，所以这种划分方法会导致交换机执行效率降低。

3. 按网络层协议划分 VLAN

按照网络层协议划分 VLAN，是根据主机的网络层地址或协议类型（如 IP、IPX、DECent、AppleTalk、Banyan 等）划分 VLAN。这种方法配置的 VLAN，可使广播域跨越多个交换机，且用户可以在网络内部自由移动，但不影响其具有的 VLAN 成员身份。

基于网络层协议的 VLAN 划分方式对于希望针对具体应用和服务来组织用户的网络管理员而言是非常有吸引力的，这种方法不需要附加的帧标签来识别 VLAN，可以减少网络的通信量，但缺点是由于需要检查每一个数据包的网络层地址，会消耗一定的处理时间，效率相对较低。另外，若想让芯片能检查 IP 帧头，也需要更高的技术。

4. 基于 IP 组播划分 VLAN

IP 组播是对硬件组播的抽象，是对标准 IP 网络层协议的扩展，它通过使用特定的 IP 组播地址，按照最大投递的原则，将 IP 数据包传输到一个组播群组的主机集合。IP 组播在向一组用户发送数据时，不必将数据发送给每名用户，只需将数据发送到一个特定的预约组地址，所有加入该组的人均可收到数据，因此网络负载和发送者的负担都大大减轻。

基于 IP 组播划分的 VLAN 是动态的。当 IP 广播包要送达多个目的节点时，就动态建立 VLAN 代理，这个代理和多个 IP 节点组成 IP 组播 VLAN。网络以广播形式通知各 IP 站节点，表明网络中存在 IP 广播组，节点如果响应，就可以加入 IP 广播组，成为 VLAN 中的一员，与 VLAN 中的其他成员通信。

IP 组播 VLAN 将 VLAN 扩大到了广域网，这种方式具有很高的灵活性，很容易通过路由器进行扩展。但由于效率较低，这种方式最不适用于局域网。

5.5 本章实验——小型无线局域网组建

常见的小型局域网有家庭局域网和宿舍局域网，此处以宿舍局域网组建为例，展示局域网组建的过程。

一、实验目的

（1）熟悉局域网设备。

（2）掌握小型局域网设备连接方式。

二、实验设备

1．调制解调器

调制解调器（Modem）是调制器（Modulator）和解调器（Demodulator）的简称，根据 Modem 的谐音，国内一般将其称为"猫"。我们使用的电话线路传输的是模拟信号，但 PC 之间传输的是数字信号，所以通过电话线将设备接入 Internet 时，必须借助调制解调器来实现两种信号之间的转换，如图 5-6 所示。

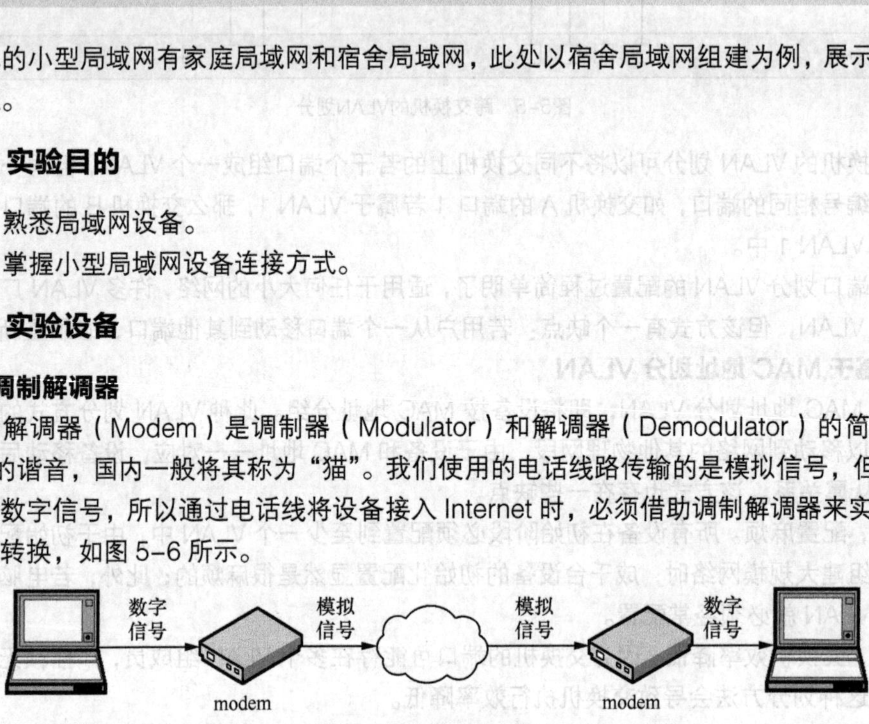

图5-6　调制解调器功能示意图

调制解调器的功能是调制和解调信号，当 PC 向 Internet 发送信息时，它通过调制功能将数字信号转换为可沿普通电话线传输的模拟信号；当 PC 接收 Internet 发来的信息时，它通过解调功能将模拟信号转换为计算机可理解的语言。调制解调器如图 5-7 所示。

图5-7　调制解调器

2．路由器

3．计算机

三、实验步骤

实验步骤具体如下。

1．设备连接

常见的 Internet 接入方式有电话线入户、光纤入户和网线入户，接入方式不同，设备的连接方式也有所不同，具体分别如图 5-8 所示。

根据运营商提供的入网方式，按图 5-8 中的图示连接设备。本实验以光纤入户为例。

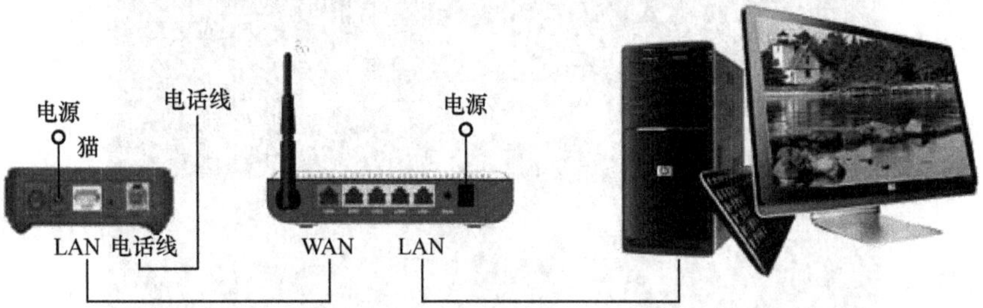

（a）电话线入户

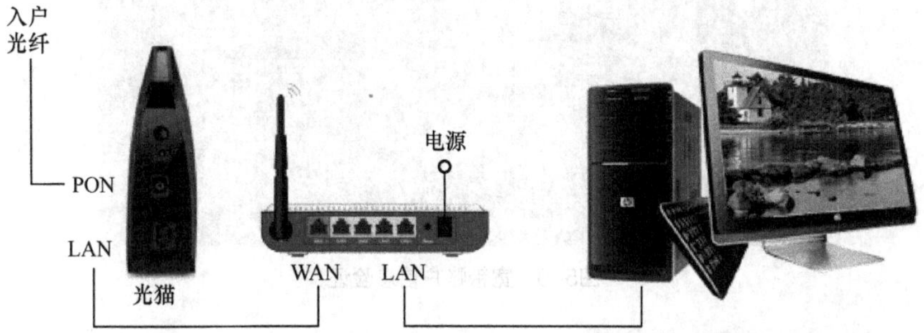

（b）光纤入户

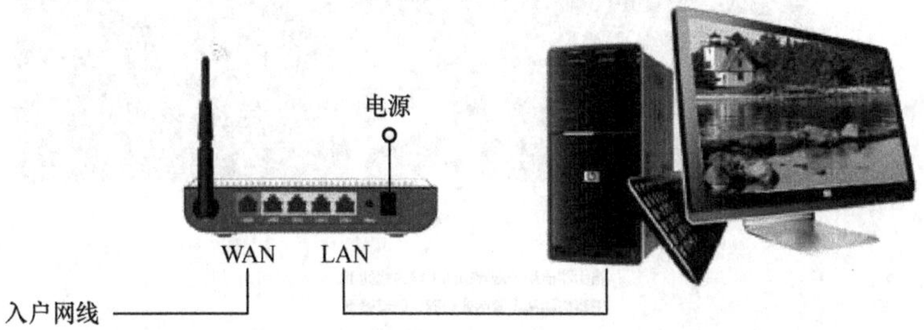

（c）网线入户

图5-8　不同Internet接入方式下的设备连接

2. 设置计算机动态获取 IP

在设置路由器之前，需先将接入的计算机设置为动态获取 IP 地址。动态获取 IP 地址的方式前面章节中已有展示，此处不再赘述。

3. 路由器配置

路由器配置的步骤具体如下。

（1）打开浏览器，在地址栏中输入路由器默认管理 IP 地址（一般贴在路由器底部），按 Enter 键后页面会弹出“上网设置”页面，在该页面自动检测上网方式后，配置由运营商提供的宽带账号和宽带密码，进行验证，验证界面如图 5-9 所示。

（2）设置上网方式

检测通过后浏览器将跳到图 5-10 所示页面，在此界面可再次设置上网方式，此处选择“自动获取 IP 地址”项，使计算机自动从运营商处获取 IP 地址。

图5-9　宽带账户信息验证

图5-10　上网方式选择

（3）无线局域网账户密码设置

单击图 5-10 中的 按钮，进入“无线设置”页面，在此界面可设置无线网络的名称和连接密码，如图 5-11 所示。

（4）确认

单击图 5-11 中的 按钮，进入确认页面，如图 5-12 所示。

单击“确认”按钮，完成配置。

图5-11　无线设置

图5-12　确认

4. 连接局域网

网络配置完成后，可通过手机、平板或笔记本电脑等搭载无线网卡的设备接入网络，以笔记本电脑为例，具体操作如下：

（1）开启笔记本电脑，进入主界面后单击工具栏的无线图标，打开搜索到的无线网络列表。

（2）在无线网络列表中选择名为“itheima”的网络，输入图 5-11 中设置的密钥进行验证，登入网络。

四、思考

总结并讨论实验中出现的问题。

5.6 本章小结

本章对局域网的组成、特点、标准以及局域网组网技术和局域网组网设备进行了讲解，通过本章的学习，读者应对局域网有了一定的了解，熟悉局域网中的组网设备，了解局域网中的组网技术，并能熟练组建小型局域网。

5.7 本章习题

一、填空题

1. IEEE 802 标准所描述的局域网参考模型对应 OSI 参考模型的数据链路层和物理层，其中数据链路层又分为________子层和________子层。

2. 局域网中目前广泛使用的介质访问控制方法，分为争用型介质访问控制，如________方式，和确定型介质访问控制，如________方式。

3. 令牌访问控制方法可分为________访问控制和令牌总线访问控制两种。

二、判断题

1. 网络协议也是计算机网络的重要组成部分。（ ）
2. 局域网一般采用广播方式传输数据。（ ）
3. Modem 的作用是对信号进行放大和整形。（ ）
4. 令牌是令牌环上传输的由 3 个字节组成的一种特殊帧。（ ）
5、FDDI 技术中采用定时的令牌访问方法实现介质访问控制。（ ）

三、单选题

1. 选出不属于局域网的选项。（ ）

A. ATM　B. FDDI　C. VLAN　D. Internet

2. 选出下列选项中与 FDDI 网带宽相近的以太网。（ ）

A. 标准以太网　B. 快速以太网　C. 千兆以太网　D. 万兆以太网

3. 选出下列选项中不使用 CSMA/CD 协议的以太网。（ ）

A. 标准以太网　B. 快速以太网　C. 千兆以太网　D. 万兆以太网

4. 选出下列选项中与 ATM 技术不符的选项。（ ）

A. 采用面向连接的传输方式　B. 适用于局域网和广域网

C. 实时性好、稳定高效　D. 技术简单、造价低廉

5. 下列哪个选项是目前无线局域网中普遍使用的加密算法。（ ）

A. WEP　B. WAP　C. WAP2　D. RSA

四、简答题

1. 简述 IEEE 802 标准划分的数据链路层子层的功能。
2. 为什么令牌环网中不会产生碰撞。
3. 简述将广播域划分为多个 VLAN 的目的。

6 Chapter

第 6 章 综合布线系统

拓展阅读

学习目标

- 了解综合布线系统
- 掌握综合布线系统的结构
- 熟悉综合布线系统的配件
- 了解常用的综合布线标准
- 掌握网线的制作方法
- 掌握网络信息模块的安装方式

随着计算机技术的发展，局域网与建筑物紧密结合，广泛应用于办公、商业以及自动化环境之中。局域网组建的复杂性与应用环境的复杂性成正比，应用环境越复杂，局域网的设计与组建就越复杂。越复杂的网络就越难维护，据统计，局域网中出现的网络故障，75%以上是由网络传输媒介引起的，因此，提前合理部署网络线路是提高网络系统可靠性的重要途径之一。

6.1 综合布线系统概述

综合布线系统是指按照标准、统一和简单的结构化方式编制和布置建筑物内（或建筑群之间）各种系统的通信线路，使其可满足包括网络系统、电话系统、监控系统、电源系统、照明系统等的计算机通信和建筑物自动化系统设备的配线要求。本节将对局域网中涉及的综合布线系统进行简单介绍。

6.1.1 综合布线系统的诞生

传统布线如电话线路、电源系统线路、照明系统线路等与局域网线路是各自独立的，各系统分别由不同的厂商设计和安装，不同布线系统的插头、插座与配线架互不兼容，使用不同的系统需要铺设不同的线缆。更换布局或设备时，线路也必须随之更换，而办公布局及环境的改变时有发生，这就使得建筑物内布线系统混乱，维护、改造都十分困难，且新增电缆后留下的旧电缆极易产生安全隐患。随着人们对信息共享的需求日益迫切，综合布线方案应运而生。

北美电话电报公司（AT&T）贝尔实验室的专家们经过多年的研究，在办公楼和工厂试验成功的基础上，于 1985 年率先推出了 PDS（Premises Distribution System，房屋及建筑群布线系统），后发展为 SCS（Structured Cabling System，结构化综合布线系统）。1986 年综合布线系统通过北美电子工业协会（EIA）和通信工业协会（TIA）的认证。1990 年，IEEE 的 10 Base-T 星状以太网标准推出后制定了相应的综合布线系统标准。随后，综合布线系统这种兼顾数据网络系统和电信系统线路铺设的系统迅速得到全世界的广泛认同，并在全球范围内推广。

6.1.2 综合布线系统的特点

综合布线系统自诞生以来，经历了非结构化布线系统到结构化布线系统的过程，它在兼容性、通用性、灵活性、可靠性、先进性和经济性这些方面都具有传统布线系统所无法比拟的优势。

1. 兼容性

兼容性是综合布线系统的首要特点。综合布线系统之所以具备兼容性，是因为它对语言、数据和监控设备的信号线进行统一设计，使这些信号可在使用统一的传输媒介、接线端子排、插头、模块化插孔和适配器的布线系统中传递。此举不仅保证了布线系统的兼容性，使布线系统更为简洁，同时又节约了大量物资、时间和空间。

在使用时，用户无需定义某个工作区信息插座的具体应用，只需将终端设备插入信息插座，然后在管理间和设备间的交接设备上做相应的接线操作，终端设备便可接入各自的系统中。

2. 通用性

传统的布线系统中，设备、布线方式、传输媒介息息相关，用户选定了某种设备，也就选定了与之相适应的布线方式和传输媒介，若设备需要更换，那么原来的布线系统需要全部更换。

综合布线系统具有通用性，该布线系统适用于几乎所有厂商的产品，也支持几乎所有的通信协议，无论使用哪家厂商的产品，组建什么类型的网络，都能在综合布线系统中良好地运行。此外布线系统能够满足各种应用的要求，任一信息点能够连接不同类型的终端设备，如电话、计算机、打印机、传真机、传感器以及图像监控设备等。

3. 灵活性

综合布线系统中除去固定于建筑物内的水平线缆外，其余所有接插件都是基本式的标准件，可互连所有话音、数据、图像、网络和楼宇自动化设备，灵活实现设备的使用、搬迁、更改、扩容和管理。

4. 可靠性

系统的可靠性与布置系统时使用的材料和材料的组合方式相关。综合布线系统采用高品质的材料和组合压接的方式构成一套高标准的信息传输通道；所有线槽和相关连接件均通过 ISO 认证，每条通道都采用专用仪器测试链路阻抗及衰减率，以保证其电气特性，规避电气干扰；布线全部采用点到点端接，任何一条链路故障都不会影响其他链路的运行。此外，各应用系统采用相同的传输媒介，因此可互为备用，提高了冗余。

5. 先进性

综合布线系统采用光纤和超五类或六类双绞线混合布线方式，合理地构成一套完整的布线系统。系统中所有布线均采用世界上最新通信标准，链路使用八芯双绞线配置。干线光缆带宽可达 10Gbit/s，采用六类双绞线的支路带宽可达 1000Mbit/s，充分满足用户当下对网络速率的要求，且为将来的发展提供了一定的余量。

6. 经济性

综合布线系统具有通用性、灵活性和先进性，线路的改造、扩充和升级所需的变动较少，综合布线系统一旦投入使用，可在相当长的时间内满足需求，因此具有很好的经济适用性。

6.2 综合布线系统的结构

综合布线系统由许多部件组成，主要包括传输介质、线路管理硬件、配线器、连接器、插座、插头、适配器、传统电子线路、电气保护设施等。根据不同的功能，综合布线系统可以分为 6 个子系统：建筑群子系统、设备间子系统、主干子系统、管理子系统、水平子系统和工作区子系统。综合布线结构如图 6-1 所示。

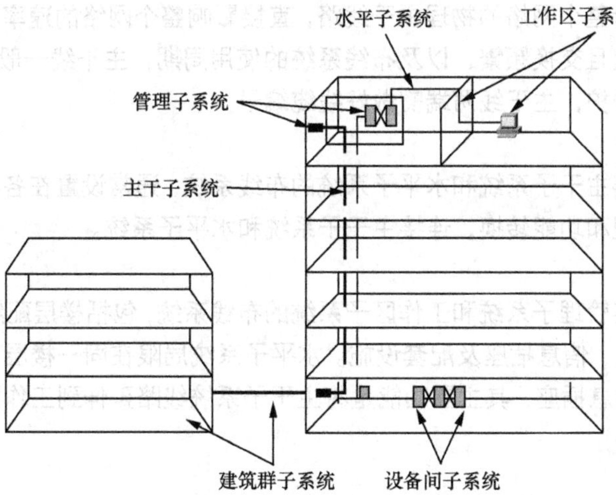

图6-1　综合布线系统结构

1. 建筑群子系统

建筑群子系统是指将两座或两座以上建筑物的通信信号连接在一起的布线系统，主要包括建筑物之间的主干布线及建筑物中的引入口设施。建筑群子系统主要采用光纤铺设，若布线不方便，或布线难度较大，可以租用 ISP 提供的线路。

建筑群子系统的两端需连接到设备间子系统的接续设备上，因此建筑群子系统引入设施的安装地点应尽量靠近设备间。由于室外和室内的传输媒介具有不同的规格，为了保证室内线路的安全性（避免雷电等强电流进入楼群破坏设备），建筑群子系统进入室内，经分线盒分线后，各线路应添加电气保护装置，并保持良好的接地状态。

建筑群子系统和楼内设施的转接处需要专门的墙壁或房间，这由建筑物的规模和设备的数量决定。转接设施主要有各种跳接线系统、分线系统、电气保护装置和一些专用的传输设备（如多路复用器、光端机等）。大多数建筑群子系统都将与楼外的所有连接集中起来，但这样线路彼此之间可能产生干扰，所以还需要考虑如何屏蔽设备之间的干扰。

2. 设备间子系统

设备间是放置公有通信装置的场所，是通信设施、配线设备的所在地，也是线路的集中管理点。设备间子系统主要由引入建筑的线缆、计算机主机、控制系统、网络互连设备、监控设备等各种公共设备以及主配线架等其他连接设备组成，是集中安装建筑物内各公共系统相互连接所需的不同设备的子系统，可实现各个楼层水平子系统之间通信线路的调配、连接和测试，并建立与其他建筑物的连接，形成对外的通道。设备间子系统也是整个综合布线系统的中心单元。

设备间的选址需与网络拓扑结构相结合。设备间是线缆的集中场所，也是综合布线系统的核心场所，其线路的布局与线路间的干扰以及后期管理和维护的实施息息相关，在部署时需考虑温控、防尘、湿控、接地、屏蔽、防火、防盗、防虫、防静电等各种事项。

3. 主干子系统

主干子系统又称为垂直干线子系统，是指从设备间子系统到管理子系统之间的布线系统（即主交换机到分交换机之间的布线）。主干线子系统通常安装在弱电井中，两端分别连接到设备间子系统和管理子系统，并提供各楼层电信室、设备间和引入口设施之间的互连，实现主配线架与楼层配线架的连接。

主干线子系统包含整个网络的物理主干线路，直接影响整个网络的速率和可靠性。考虑到主干上的数据交换量较大且交换频繁，以及布线系统的使用周期，主干线一般至少采用千兆光纤。另外为了方便施工与维护，主干线两端需做好线缆编号。

4. 管理子系统

管理子系统是连接主干子系统和水平子系统的布线系统，通常设置在各楼层的设备间内，主要功能是实现配线管理和功能转换，连接主干子系统和水平子系统。

5. 水平子系统

水平子系统是连接管理子系统和工作区子系统的布线系统，包括楼层配线架到工作区信息插座之间的线缆、转接点、信息插座及配套设施。水平子系统局限在同一楼层，一端连接在管理子系统，另一端连接在信息插座，其主要功能是将主干子系统线路延伸到工作区，以便终端用户使用各种设备接入网络。

6. 工作区子系统

工作区是办公室、写字间、作业间等需要电话、计算机或其他终端设备的区域的统称，工作区子系统是用户的办公区域，提供工作区终端设备与信息插座之间的连接。工作区子系统的布线一般是非永久性的，用户可根据需求随时移动、拆除或增加。

综合布线系统采用模块化设计，遵循统一标准，使系统的集中化管理成为可能；它也实现了单个信息点的独立性，其他信息点的运作不因某个信息点的故障、变动或者增删而受到影响；此外综合布线系统的成本低，但安装、维护、升级和扩展都非常方便，性价比很高。

6.3 网络综合布线系统配件

网络综合布线系统中的主要布线材料是网线，包括双绞线、光纤、光缆等。为了保护线路、保证布线场所的整齐美观，也为了方便后期的运行与维护，综合布线系统中还会用到一些配件，如配线架、信息插座、跳线、机柜和机架、线槽、管道与桥架、整理工具等。本节将对网络综合布线系统中用到的配件进行说明。

1. 配线架

配线架用于终端用户线或中继线，其功能是为光缆、电缆与其他设备的连接提供接口，它是管理子系统中最重要的组件，也是实现垂直干线子系统和水平干线子系统交叉连接的枢纽。

根据所在位置的不同，配线架分为主配线架和中间配线架，其中主配线架用于建筑物或建筑群的配线，中间配线架用于楼层的配线。根据传输媒介的不同，配线架分为双绞线配线架和光纤终端盒。

（1）双绞线配线架

双绞线配线架用于终结双绞线，一般用于水平布线子系统，其前面板提供连接集成设备的 RJ-45 端口，后面板用于连接自信息插座延伸过来的双绞线。根据是否具备屏蔽功能，双绞线配线架可分为屏蔽式配线架和非屏蔽式配线架，屏蔽布线系统中应选用屏蔽式配线架。双绞线配线架的端口一般为 24 或 48 个，24 口非屏蔽双绞线配线架如图 6-2 所示。

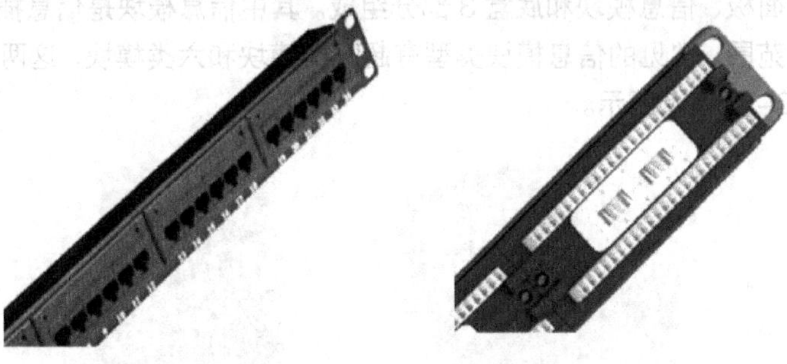

（a）前面板　　（b）后面板

图6-2　24口非屏蔽双绞线配线架

（2）光纤终端盒

光纤终端盒用于终结光缆，一般用于垂直布线子系统和建筑群子系统。根据结构的不同，光纤终端盒可分为壁挂式和机架式。其中壁挂式光纤终端盒适用于光缆条数和光纤芯数都较小的场所，一般为箱体结构，可直接固定在墙壁上；机架式光纤终端盒适用于较大规模的光纤网络，此种终端盒又可分为可根据光缆数量和规则选择相应模块、便于扩展和调整的终端盒，和光纤耦合器被直接固定在机柜中、适用于较大规模光纤网络的终端盒。壁挂式光纤终端盒和机架式光纤终端盒分别如图 6-3（a）和图 6-3（b）所示。

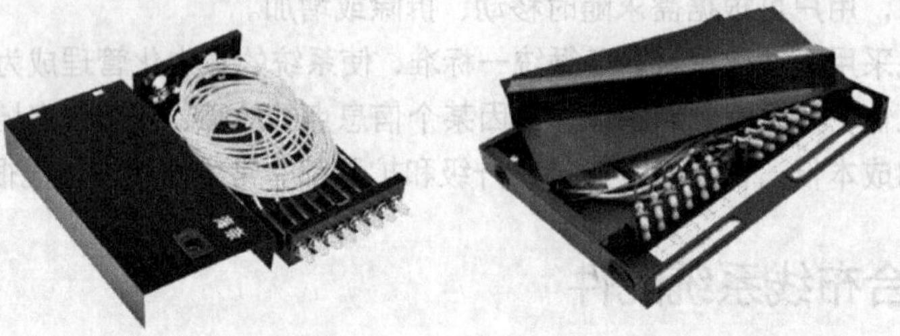

（a）壁挂式光纤终端盒　　（b）机架式光纤终端盒

图6-3　光纤终端盒

2. 信息插座

信息插座用于水平布线子系统中，其功能是为接入水平布线子系统的终端设备提供接口，方便终端设备的移动，并保持整个布线环境的美观。根据安装位置的不同，信息插座可分为地面式信息插座和墙壁式信息插座，这两类信息插座分别如图 6-4（a）和图 6-4（b）所示。

（a）地面式信息插座　　（b）墙壁式信息插座

图6-4　信息插座

信息插座又由面板、信息模块和底盒 3 部分组成。其中信息模块是信息插座的核心，它决定着信息插座的适用范围。常见的信息模块类型有超五类模块和六类模块，这两种信息模块分别如图 6-5（a）和图 6-5（b）所示。

（a）超五类免打线信息模块　　（b）六类打线信息模块

图6-5　信息模块图示

3. 跳线

跳线指连接网络中两台设备，如配线架与集线器、信息插座与计算机、集线器与路由器等设备之间的连接。网络中的跳线主要分为双绞线跳线和光纤跳线，其中双绞线跳线一般使用 RJ-45 接口，根据是否屏蔽，双绞线跳线可分为屏蔽跳线和非屏蔽跳线；根据不同的电气特性，双绞线跳线可分为超五类跳线、六类跳线等。六类跳线如图 6-6 所示。

4．机柜和机架

机柜一般由冷轧钢板和合金制作而成，用于放置计算机和相关控制设备，使用机柜可以有序、整齐地排列设备，方便设备的管理与维护；机柜也可在一定程度上保护设备、屏蔽电磁干扰、削弱设备工作噪音。不具备封闭结构的机柜称为机架。机柜和机架分别如图 6-7（a）和图 6-7（b）所示。

图6-6　六类跳线示例

（a）机柜　　（b）机架

图6-7　机柜、机架图示

5．线槽、管道和桥架

线槽、管道和桥架都是布线系统中的辅助配件，主要起到梳理线路、美化环境、保护线路（阻燃、抗冲击、抗老化等）的作用。当在墙壁内、地板垫层、天花板上布线时，必须将线缆置于线槽和管道中；当铺设水平子系统或主干子系统中的架空线路时，可使用桥架。

（1）线槽

线槽分为金属线槽和 PVC 线槽两种，金属线槽由槽底和槽盖组成，一般每根槽长为 2m，槽与槽之间通过相应尺寸的铁板和螺丝钉固定衔接，其主要特点是防火；PVC 线槽是采用合成材料聚氯乙烯制成的塑料线槽，同样由槽底和槽盖组成，槽与槽之间通过 PVC 线槽配件固定衔接，其主要特点是绝缘、阻燃自熄。这两种线槽与 PVC 线槽配件分别如图 6-8（a）、图 6-8（b）和图 6-8（c）所示。

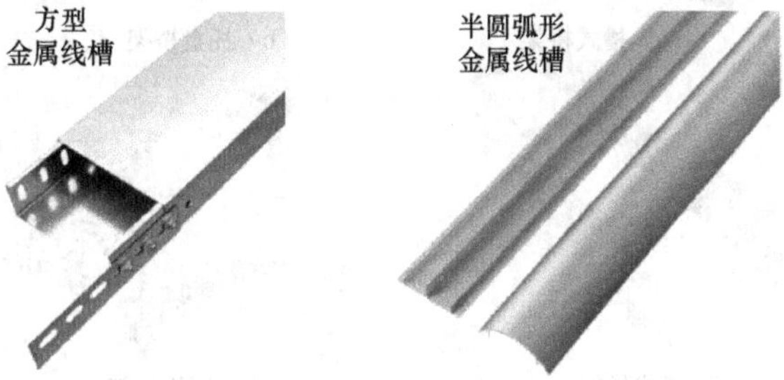

（a）金属线槽

图6-8　线槽

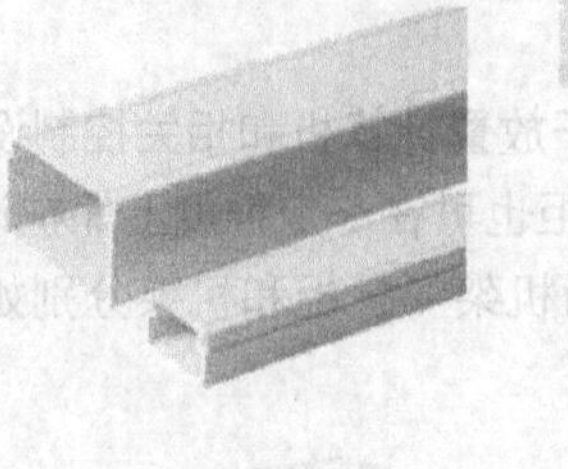

（b）PVC 线槽

（c）PVC 线槽配件

图6-8　线槽（续）

（2）管道

管道与线槽功能相似，根据材料同样分为金属和塑料两大类；根据造型，则分为普通圆管和软管（俗称蛇皮管）。PVC 管道和金属软管分别如图 6-9（a）和图 6-9（b）所示。

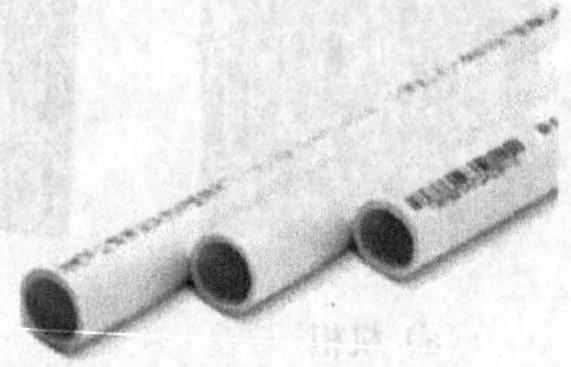

（a）PVC 管道

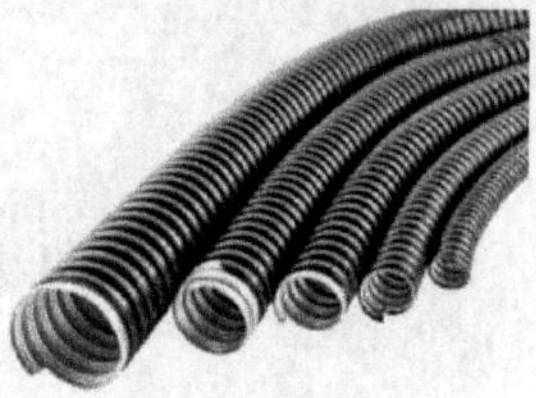

（b）金属软管

图6-9　管道

（3）桥架

桥架分为槽式、托盘式、梯架式、网格式等结构，由支架、托臂和安装附件等组成，适用于信息点数量较多的布线场合。各种桥架分别如图 6-10（a）、图 6-10（b）、图 6-10（c）、图 6-10（d）所示。

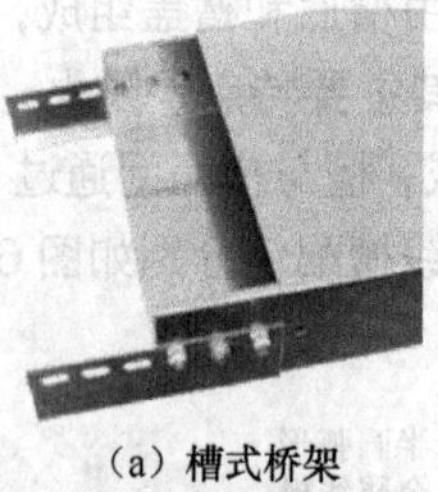

（a）槽式桥架

（b）托盘桥架

（c） 梯式桥架

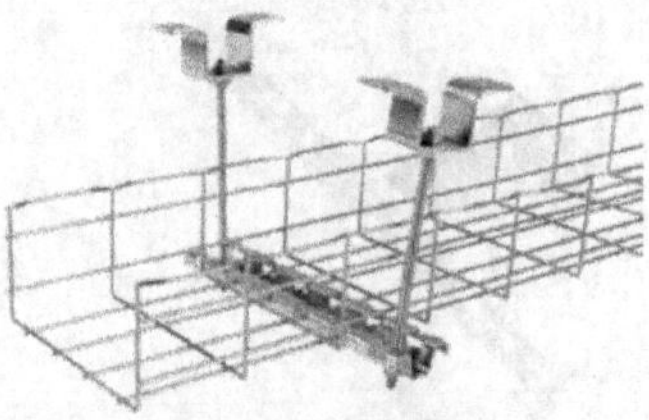

（d） 网格桥架

图6-10　桥架

6. 整理工具

布线系统中还会用到理线器、扎带和标签等整理工具，用于整理、捆绑、固定和标识线缆，使布线系统更加整齐，线缆、设备功能更加明晰。这几种整理工具分别如图 6-11（a）、图 6-11（b）、图 6-11（c）所示。

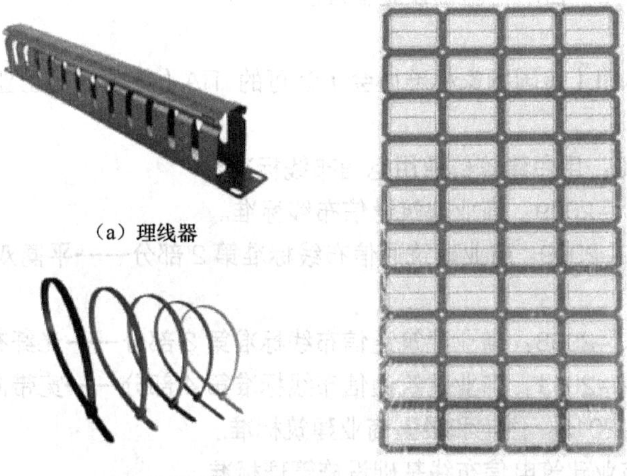

（a）理线器　（b）扎带　（c）标签

图6-11　整理工具

6.4 综合布线标准

综合布线标准是布线系统自设计到实施、验收、使用及维护这整个过程中的重要依据，按性质分类，可分为强制性标准和建议性标准两类，其中强制性标准是必须严格执行的标准，建议性标准是参考标准，可有选择地执行。

国内综合布线系统实施过程中常用标准有国内标准、国际标准、北美标准和欧洲标准。

1. 国内标准

国内综合布线的实施过程中可选用国家推荐标准（GB/T）或邮电部推荐标准（YD/T），主要如下。

（1）GB/T 50311—2016：综合布线系统工程设计规范。

（2）GB/T 50312—2016：综合布线系统工程验收规范。

（3）YD/T 926.1—2009：大楼通信综合布线系统第 1 部分——总规范。

（4）YD/T 926.2—2009：大楼通信综合布线系统第 2 部分——线缆部分。

（5）YD/T 926.3—2009：大楼通信综合布线系统第 3 部分——连接器件部分。

2. 国际标准

国际标准由经 ISO（国际标准化组织）认可的 IEC（国际电工委员会）制定，主要如下。

（1）ISO/IEC 11801：信息技术-用户楼宇通用布线。

（2）ISO/IEC 15018：信息技术-家用通用布线。

（3）ISO/IEC 24702：信息技术-工业楼宇通用布线。

（4）ISO/IEC 24764：信息技术-数据中心通用布线。

（5）ISO/IEC 14763-2：信息技术-用户建筑群布缆的实施和操作-第 2 部分——设计和安装。

（6）ISO/IEC 14763-3：信息技术-用户建筑群布缆的实现和操作-第 3 部分——光缆布线的测试。

（7）ISO/IEC 18010：信息技术-通道和空间的客户端电缆。

（8）ISO/IEC 18598：自动化基础设施管理。

3. 北美标准

北美标准由经 ANSI（美国国家标准协会）认可的 TIA（美国通信工业协会）制定，主要北美标准如下。

（1）TIA-568-C.0：用户建筑群通用电信布线标准。

（2）TIA-568-C.1-2009：商业建筑通信布线标准。

（3）TIA-568-C.2-2009：商业建筑通信布线标准第 2 部分——平衡双绞线电信布线和连接硬件标准。

（4）TIA-568-C.3-2008：商业建筑通信布线标准第 3 部分——光纤布线和连接硬件标准。

（5）TIA-568-C.4-2011：商业建筑通信布线标准第 4 部分——宽带同轴电缆及组件标准。

（6）TIA-570-C-2012：住宅和轻型商业建筑标准。

（7）TIA-606：商业建筑电信布线基础设施管理标准。

（8）TIA-607：商业建筑电信布线接地及连接要求。

（9）TIA-942-A-2014：数据中心电信基础设施标准。

（10）TIA-1005-A-2012：工业厂房用电信基础设施标准。

（11）TIA-1179-2010：医疗保健设施电信基础设施。

（12）TIA-4966-2014：教育设施电信基础设施标准。

（13）TIA-1152-2009：平衡双绞线的现场测试仪器和测量值要求。

（14）TIA-526-14-B-2010：多模光缆设备的光功率损耗测量。

4. 欧洲标准

欧洲标准（EN）由 CENELEC（欧洲电工技术标准化委员会）、CEN（欧洲标准委员会）以及它们的联合机构 CEN/CENELEC 制定，主要欧洲标准如下。

（1）EN 50173 系列：信息技术-通用布线系统。

（2）EN 50173-1：信息技术-通用布线系统-第 1 部分——一般要求。

（3）EN 50173-2：信息技术-通用布线系统-第 2 部分——办公环境。

（4）EN 50173-3：信息技术-通用布线系统-第 3 部分——工业厂房。

（5）EN 50173-4：信息技术-通用布线系统-第 4 部分——住宅。

（6）EN 50173-5：信息技术-通用布线系统-第 5 部分——数据中心。

（7）EN 50173-6：信息技术-通用布线系统-第 6 部分——分布式建设服务。

（8）EN 50174 系列：信息技术-布线安装。

（9）EN 50174-1：信息技术-布线安装第 1 部分——安装规范和质量保证。

（10）EN 50174-2：信息技术-布线安装第 2 部分——建筑物内的安装规划和实践。

（11）EN 50174-3：安装技术-布线安装第 3 部分——建筑物外安装规划和实践。

国内综合布线标准的制定相对落后，在实施布线工程时除参照国内标准外，还会参照国际标准、北美标准和欧洲标准。

6.5 本章实验

6.5.1 实验一：网线的制作

常用的网线有双绞线、同轴电缆和光纤。本实验将以双绞线的制作为例，展示网线的制作过程。

一、实验目的

（1）认识制作网线的专用工具。
（2）熟悉网线制作工具的用法。
（3）掌握直通线和交叉线的制作方法。

二、实验材料与工具

【材料】
超 5 类非屏蔽双绞线：网线主要组成部分。
RJ-45 水晶头：网线连接头。
【工具】
剥线器：用于剥除双绞线外皮。
压线钳：用于剪线、压制 RJ-45 接口。
测线仪：用于测试网线连通性。
剥线器、压线钳和测线仪分别如图 6-12（a）、图 6-12 （b）和图 6-12 （c）所示。

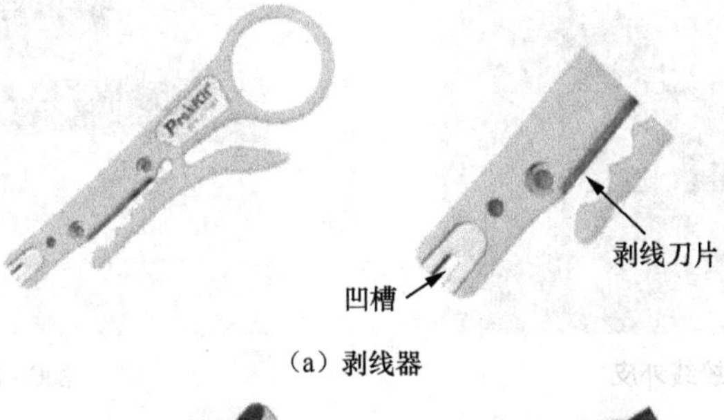

（a）剥线器

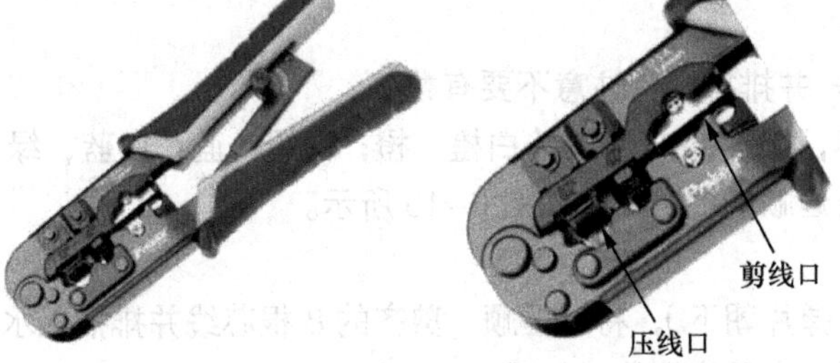

（b）压线钳

图6-12　网线制作所用工具

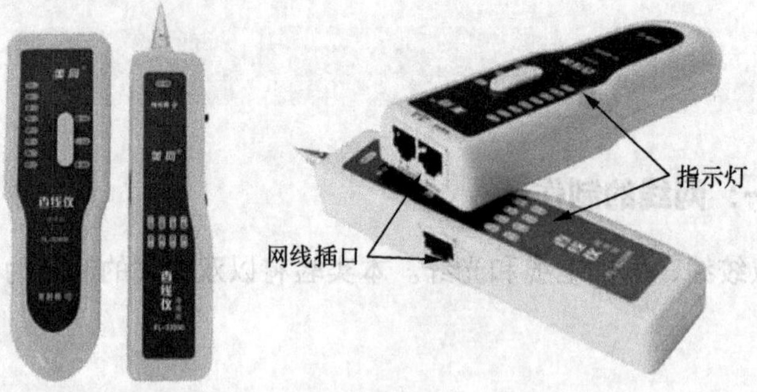

（c）测线仪

图6-12　网线制作所用工具（续）

三、实验步骤

此处以制作 T568B 结构的直通线为例展示实验步骤。

1. 剥线

（1）从一卷 5 类双绞线上剪下一段符合布线要求长度的双绞线。

（2）将双绞线的一端置于剥线器用于剥线的刀口中，伸出部分约等于水晶头的长度（约 2cm）。

（3）稍微握紧剥线器，同时慢慢转动双绞线，使网线钳刀口切开双绞线外皮，但不伤及内芯，如图 6-13 所示。

（4）剥下外皮，露出 4 对双绞线内芯，如图 6-14 所示。

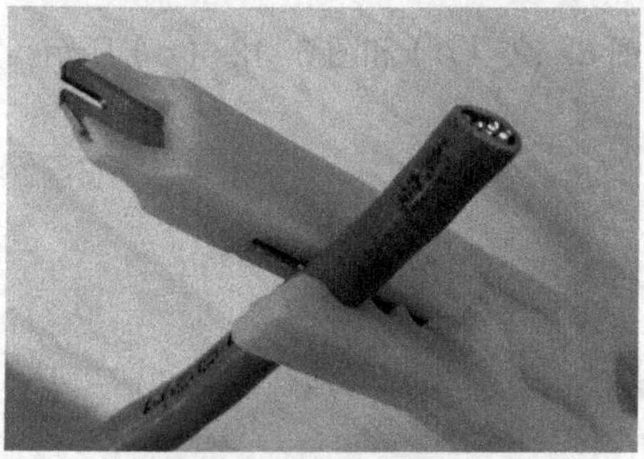

图6-13　切开双绞线外皮

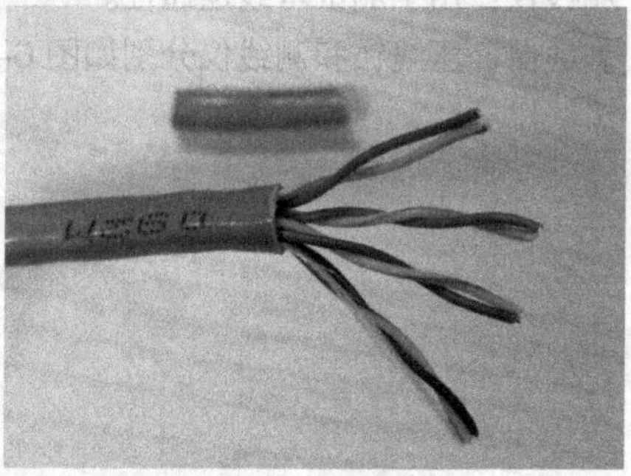

图6-14　剥线

2. 理线

（1）将 4 对双绞线 并排排列，注意不要有叠压。

（2）分开每对内芯，按 T568B 结构（白橙、橙；白绿、蓝；白蓝、绿；白棕、棕）排列。

（3）使用网线钳将理顺的线剪齐，如图 6-15 所示。

3. 插线

水平捏住水晶头（弹片朝下），将已理顺、剪齐的 8 根芯线并排插入水晶头中，保证 8 根芯线均已平直、充分地插入水晶头尽头，如图 6-16 所示。

4. 压线

（1）芯线正确插入后，将插有网线的水晶头放入网线钳的夹槽中，用力握紧网线钳手柄，将线压入水晶头中，如图 6-17 所示。

图6-15　理线

图6-16　插线

（2）听到“咔嚓”一声，说明线已压入水晶头。轻拉水晶头与网线，若未出现松动现象，说明压线成功。

至此双绞线的一端制作完成，另一端可参考上述步骤 1～4 制作，注意若要制作直通线，则另一端内芯按 T568B 结构排列；若要制作交叉线，则另一端内芯按 T568A 线序排列。

图6-17　压线

5. 检测

（1）直通线检测

将制作好的网线两端接口插入测线仪中，打开测线仪，观察到测线仪上的两组指示灯按同样的顺序闪动，说明网线制作成功；若灯闪动的顺序不同，说明线序有错；若有某个灯不亮，则表示灯对应的线不能正常导通。

（2）交叉线检测

将制作好的网线两端接口插入测线仪中，打开测线仪，观察到测线仪一端的灯按 1、2、3、4、5、6、7、8 的顺序闪动，另一端的灯按 3、6、1、4、5、2、7、8 的顺序闪动，说明网线制作成功。若有异常，说明双绞线制作有误。

四、总结

思考总结实验过程中的问题。

6.5.2　实验二：安装网络信息模块

信息模块（也叫“信息插槽”）是设备间和工作间为设备提供接入功能的插口。为了保证线路的安全稳定以及室内装修环境的齐整与美观，网络线路在铺设时一般在地板、墙壁或天花板中暗装，仅有两端与接口模块相连，其中始端的接口模块为网络模块条，终端的接口模块为信息模块。

根据传输媒介的不同（5 类/超 5 类/6 类等，屏蔽/非屏蔽，网线/电话线等），信息模块又分为不同的类型。本实验将以端口为 RJ-45 的六类网络模块为例，详细介绍终端信息模块的安装方式。

一、实验目的

（1）认识安装信息模块的专用工具。

（2）掌握安装 RJ-45 信息模块的方法。

二、实验材料与工具

1. 实验材料

本实验中用到的材料有：RJ-45 信息模块、超 5 类非屏蔽双绞线以及信息面板。

信息模块分为普通信息模块和免打线型信息模块，其中普通信息模块如图 6-18 所示。

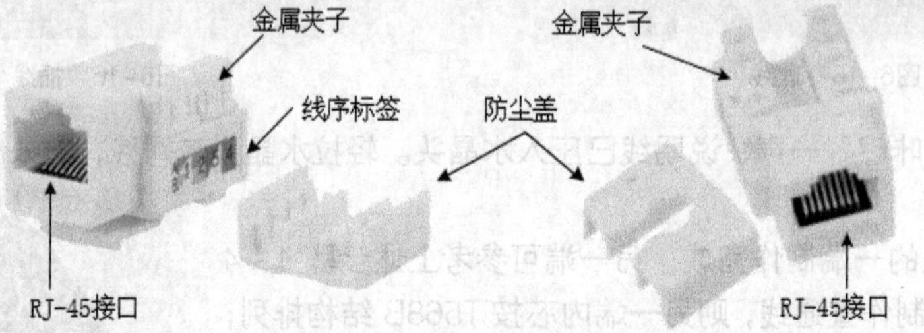

图6-18　普通信息模块

图 6-18 所示的普通信息模块的侧面标识了该模块支持的两种线序 T568A 和 T568B，用户可根据自己用线习惯选择相应线序。

免打线信息模块如图 6-19 所示。

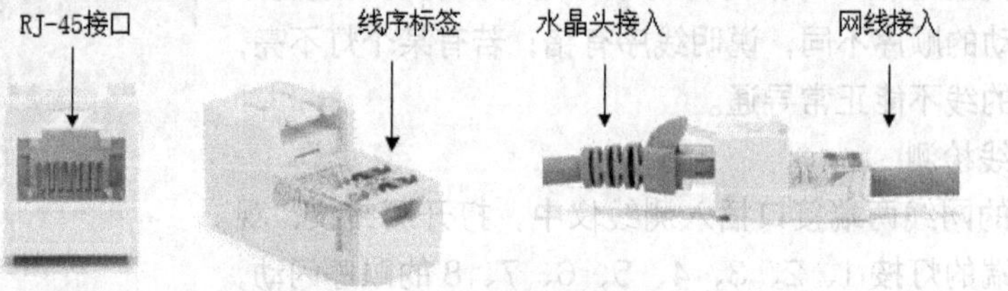

图6-19　免打线信息模块

图 6-19 所示的免打线信息模块同样支持 T568A 和 T568B 两种线序。

信息模块安装完成后需要与信息面板组装，本实验使用的信息面板如图 6-20 所示。

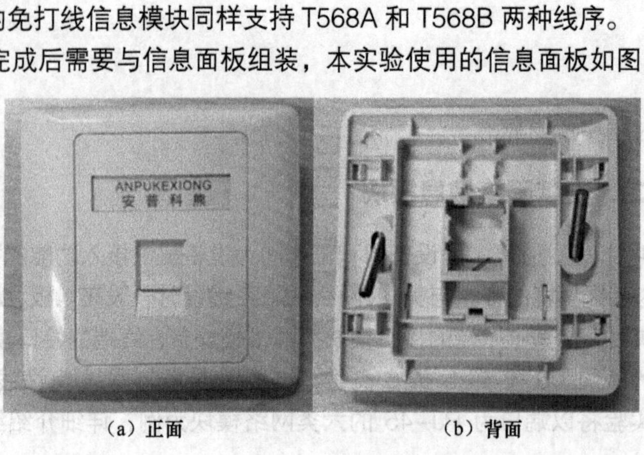

（a）正面　　（b）背面

图6-20　信息面板

2. 工具

在安装普通信息模块之前需要先剥除双绞线外皮，安装过程中需要打线，打线之后需要剪去多余的线；安装免打线信息模块之前需要先剥除外皮。因此本实验用到的工具有具备剥线功能的简易打线工具和具备剪线功能的钳子，分别如图 6-21（a）和图 6-21（b）所示。

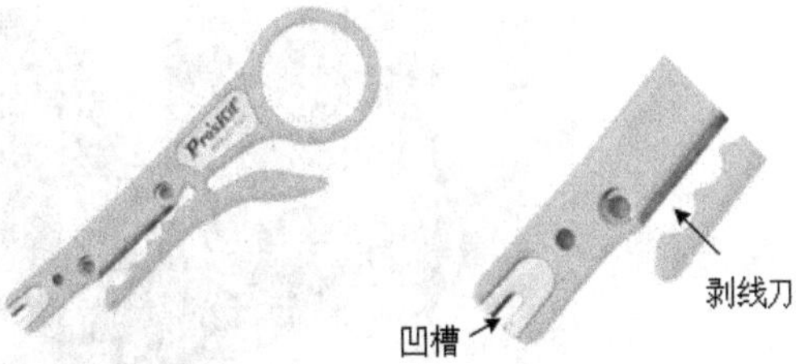

(a) 简易打线工具

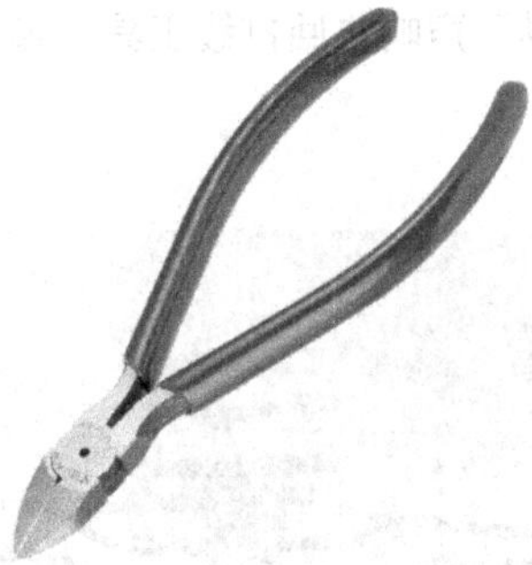

(b) 钳子

图6-21 工具

三、实验步骤

下面分别说明普通信息模块和免打线信息模块的安装方法。

1. 普通信息模块的安装

普通信息模块的安装分为剥线、打线、压线、剪线和安装防尘盖五步。

（1）剥线

将双绞线从暗盒中抽出，预留 40cm 的线，剪去多余的线。使用压线钳中的剥线刀口，剥除约 10cm 的外皮，如图 6-22 所示。

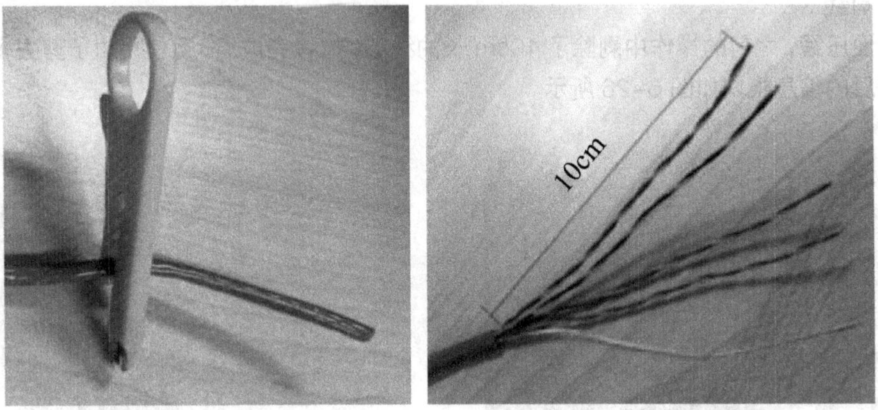

图6-22 剥线

（2）压线

将剥开的双绞线线芯按线对分开，使外皮切口处与信息模块后端面平行，选择要使用的线序（T568A 或 T568B），稍旋开双绞线对，按信息模块上标签指示的色标将导线压入相应的线槽。

此处按 T568A 线序压线，如图 6-23 所示。

为降低网络布线系统的复杂度，布线系统中一般统一采用一种线序。

（3）打线

按照步骤（2）中的指示将线压入各槽位后，需使用图 6-21（a）中所示的打线工具，将每一根线芯进一步打入线槽中，具体操作为：将打线工具垂直插入模块槽位，垂直用力冲击，至听到“咔哒”声响收回打线工具，如图 6-24 所示。

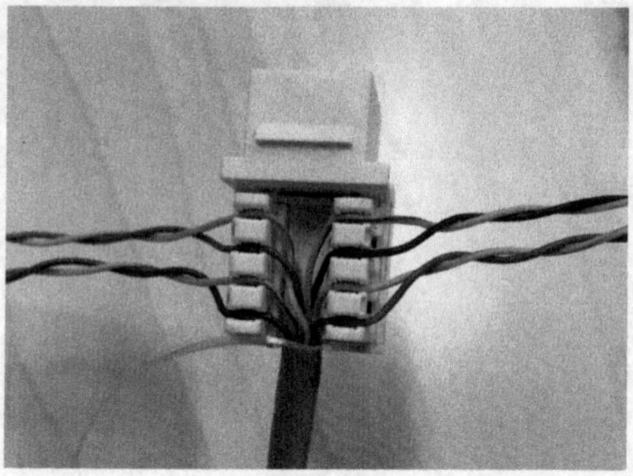

图6-23　压线

图6-24　打线

听到“咔哒”声说明打线工具的凹槽已将线芯压入金属夹子，金属夹子切入线芯绝缘皮，咬合铜线形成通路。重复此操作，将 8 根线芯全部压入槽位中。此时俯视信息模块，可观察到线芯已嵌入金属夹子中，如图 6-25 所示。

在此步骤中需注意：打线工具必须垂直插入。若打线工具未能垂直插入，信息模块的金属夹子会被撑开，失去咬合能力，且打线柱也会被打歪，难以修复，模块将会报废。

（4）剪线

为方便压线，之前的操作中剥除了 10cm 长的线芯，打线完成后，可使用钳子剪去多余线芯，剪线完成后的信息模块如图 6-26 所示。

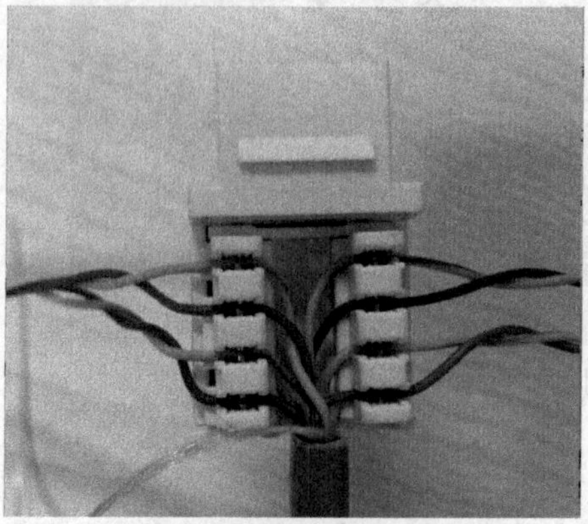

图6-25　观察打线结果

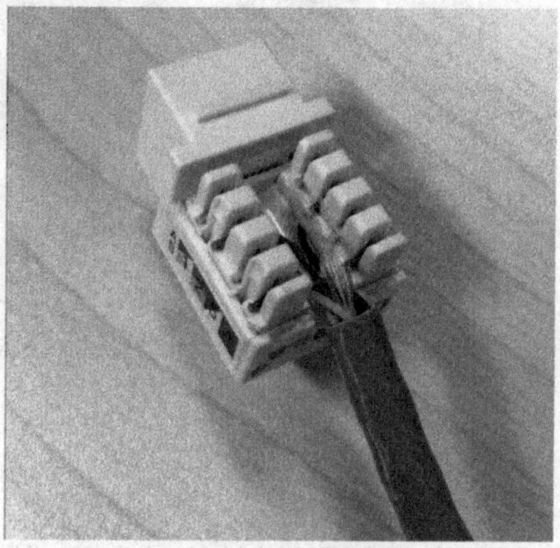

图6-26　剪线

（5）安装防尘盖

将信息模块的防尘盖扣在打线柱上，将打好线的模块扣入信息面板上。信息面板如图 6-27 所示。

至此，普通信息模块安装完毕。最后将图 6-27 中所示的信息模块安装到信息面板中，再将信息面板进行固定，便可完成布线系统中信息模块的安装。在组装信息模块与信息面板时需注意：信息模块固定到信息面板后，推开信息面板的滑动窗口，应能看到完整的 RJ-45 接口，如图 6-28 所示。

图6-27　安装防尘盖

图6-28　信息面板接口

2. 免打线信息模块的安装

免打线信息模块内部使用 8 个金属夹子咬合芯线，无需使用打线工具。免打线信息模块的安装方法如下。

（1）剥线

将双绞线从暗盒中抽出，预留 40cm 的线，剪去多余的线。使用压线钳中的剥线刀口，剥除约 2cm 的外皮。按 T568A 线序旋开每对双绞线，如图 6-29 所示。

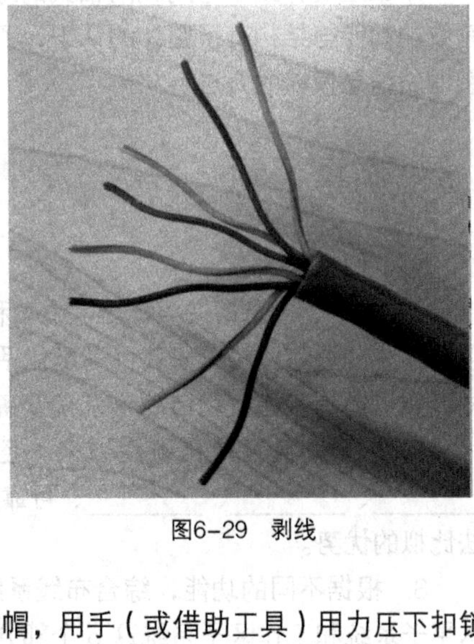

图6-29　剥线

（2）插线

选择线序并按顺序排列线芯，打开信息模块的扣锁帽，一线一槽，将排好的线芯用力插入信息模块中水晶头的槽位，使每根线芯都插至尽头，且 8 根线芯在尽头保持平整。本示例仍以 T568A 线序为例，如图 6-30 所示。

（3）压线

确保线芯正确插入信息模块后，合上信息模块的扣锁帽，用手（或借助工具）用力压下扣锁帽，完成压线，如图 6-31 所示。

至此免打线信息模块安装完毕。最后将图 6-31 中所示的信息模块安装到信息面板中，再将信息面板进行固定，便可完成布线系统中线路接口的安装。在组装免打线信息模块与信息面板时同样需注意：信息模块固定到信息面板后，推开信息面板的滑动窗口，应能看到完整的 RJ-45 接口。

图6-30　插线

图6-31　压线

四、总结

总结实验流程，讨论实验中出现的问题。

6.6 本章小结

本章主要介绍了与局域网相关的综合布线的基础知识。通过本章的学习，读者应对综合布线系统的功能与结构有了整体的认识，了解综合布线系统的设计与实施过程，并掌握制作网线、安装网络信息模块的方法。

6.7 本章习题

一、填空题

1. ________是指按照标准、统一和简单的结构化方式编制和布置建筑物内（或建筑群之间）各种系统的通信线路，使其可满足包括网络系统、电话系统、监控系统、电源系统、照明系统等的计算机通信和建筑物自动化系统设备的配线要求。

2. 综合布线系统自诞生以来，经历了非结构化布线系统到结构化布线系统的过程，它在________、________、________、可靠性、先进性和________这些方面都具有传统布线系统所无法比拟的优势。

3. 根据不同的功能，综合布线系统可分为________、________、________、管理子系统、水平子系统和工作区子系统这 6 个部分。

4. 建筑群子系统是指将两座或两座以上建筑物的通信信号连接在一起的布线系统，主要包括建筑物之间的________及建筑物中的________。

5. 国内综合布线系统实施过程中常用标准有国内标准、________、________和________。

6. 信息模块分为普通信息模块和________信息模块。

7. 在网线制作中，用于测试网线的仪器是________。

二、判断题

1. 建筑群子系统和楼内设施的转接处可以铺设在普通的房间或墙壁上。 ( )
2. 在布线系统中安装免打线模块不需要使用打线工具。 ( )
3. 普通信息模块的安装步骤分为剥线、压线、打线、剪线和安装防尘盖。 ( )

三、单选题

1. 通信设施、配线设备的所在地，以及线路的集中管理点，指下列哪个子系统所在的场所？( )

A. 建筑群子系统　　B. 设备间子系统
C. 管理子系统　　D. 工作区子系统

2. 选出T568B结构线序。( )

A. 白蓝、绿；白棕、棕；白橙、橙；白绿、蓝
B. 白橙、橙；白绿、蓝；白蓝、绿；白棕、棕
C. 白绿、蓝；白橙、橙；白蓝、绿；白棕、棕
D. 白橙、橙；白蓝、绿；白棕、棕；白绿、蓝

3. 符合“用于终端用户线或中继线，为光缆、电缆与其他设备的连接提供接口，是管理子系统中最重要的组件，也是实现垂直干线子系统和水平干线子系统交叉连接的枢纽”这一描述的是？( )

A. 配线架　　B. 信息插座　　C. 机柜　　D. 桥架

4. 关于信息插座的描述，错误的是？( )

A. 信息插座用于水平布线子系统中，其功能是为接入水平布线子系统的终端设备提供接口，方便终端设备的移动，保持布线环境的美观
B. 根据安装位置的不同，信息插座可分为地面式信息插座和墙壁式信息插座
C. 信息插座由面板和信息模块组成
D. 信息模块是信息插座的核心，它决定信息插座的适用范围

5. 下列选项中，布线系统中起到梳理线路、美化环境、保护线路作用的辅助配件是？( )

A. 线槽　　B. 管道　　C. 桥架　　D. 以上都是

四、简答题

简述综合布线系统的特点和优越性。

7 Chapter

第 7 章
网络应用

拓展阅读

学习目标

- 了解网络应用的设计模式
- 熟悉 Web 服务器的搭建流程
- 掌握 FTP 服务器的搭建流程

网络应用指结合网络功能的应用，常见的网络应用有提供网页浏览功能的应用、提供电子邮件功能的应用、提供文件下载功能的应用等。本章将对网络应用的相关知识以及在 Windows Server 2012 R2 系统中搭建常见网络应用服务器的方法进行讲解。

7.1 网络应用设计模式

网络应用设计模式指网络应用的架构，典型的网络应用架构有 C/S、B/S 和 P2P。

1. C/S

C/S（Client/Server，客户端/服务器）是 20 世纪 80 年代末提出的一种两层网络应用模式。C/S 模式的客户端和服务器端需要通过两个独立的程序实现，当需要实现网络通信时，运行在客户端主机上的程序通过网络向运行在服务器主机上的服务器程序发起请求，调用服务器程序的功能。

C/S 模式中的服务器和客户端程序有着明确的分工：其中客户端主要实现与用户交互的功能，一台主机对应一个客户端；服务器主要实现数据存储、相对复杂的计算和管理功能，这些功能由一台或一系列高性能主机提供。为了保证服务器性能，C/S 模式中的服务器通常采用高配置的 PC、工作站或小型机作为硬件环境，并采用大型数据库系统（如 Oracle、SQL Server 等）。

C/S 模式具有以下优点：

（1）充分利用两端硬件环境的优势，将任务合理分配到 Client 端和 Server 端实现，降低系统的通信开销；

（2）客户端程序和服务器程序独立，应用程序设计可分别进行。

C/S 模式具有以下缺点：

（1）需要根据不同的操作系统开发不同版本的软件；

（2）每次更新都伴随产品升级，用户需在产品升级时手动更新客户端软件。

互联网中的许多应用，如 FTP（文件传输）、Telent（远程登录）以及移动互联网的众多 App，如腾讯 QQ、微信、微博客户端等都采用 C/S 模式。

2. B/S

B/S（Browser/Server，浏览器/服务器）是 Web（World Wide Web，全球广域网）兴起后产生的一种网络应用模式。这种模式其实是在 C/S 模式的基础上演化出的三层模式，其中服务器端分为一个 Web 服务器和多个数据库服务器两层，它们共同实现系统存储、管理数据、处理请求的核心功能；客户端则统一到浏览器中。用户只需在主机上安装浏览器，便可向 Web 服务器发起数据交互请求，如图 7-1 所示。

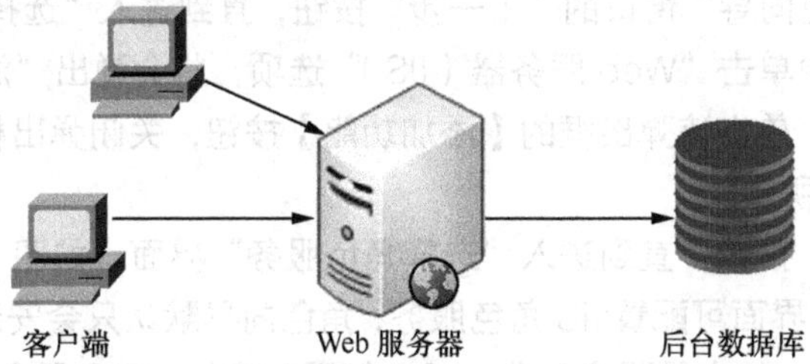

图7-1 B/S模式图示

B/S 模式最大的优点是，只要有一台联网的计算机，无需安装任何专门的软件，便可通过浏览器与服务器进行交互。就客户端而言，B/S 模式真正实现了零安装、零维护。当然，由于核心功能与数据都集中在服务器中，B/S 模式应用的服务器负荷较重，因此 B/S 模式对服务器设备的配置要求更高。

互联网与移动互联网中的众多应用，如搜索引擎、网页版微信、网页版微博等都属于 B/S 架构。

3. P2P

P2P（Peer-to-Peer，对等模式）也称为点对点模式，是一种分布式应用架构。对等模式的核心技术为对等技术，此技术依赖于网络中参与者的计算能力和带宽，不再将核心功能集中在少数几台高性能服务器中。

P2P 模式中的每个节点既能充当客户端，又可以充当服务器，同时兼具上传和下载功能。该模式通常应用于提供文件共享功能的网络应用中，如电驴、BT 等。

7.2 Web 应用

Web（World Wide Web，全球广域网）也称为万维网，是世界上最大的互联网，是超文本、超媒体、基于 HTTP 的全球性、跨平台的动态交互信息系统，也是建立在 Internet 上的一种网络服务。Web 系统基于 B/S 架构，通过集成 Web 应用程序的 Web 站点为用户在 Internet 上查找和浏览信息提供图形化的、易于访问的直观界面。本节将结合实例，演示如何在 Windows Server 2012 R2 系统中安装 Web 服务器，创建、配置和发布 Web 站点。

7.2.1 安装 Web 服务器

Windows 系统中可使用 IIS 创建 Web 站点。IIS（Internet Information Services，Internet 服务器信息）是 Windows 系统中提供的一个 Web 服务组件，在 Windows Server 2012 R2 系统中 IIS 作为服务器角色存在，其版本为 IIS 8，是一个集成了 IIS、ASP.NET、Windows Communication Foundation 的统一 Web 平台。

默认情况下，Windows Server 2012 R2 上不安装 IIS，可以使用“服务器管理器”中的“添加角色”向导，或通过命令行为其安装 IIS 8。本节将介绍以“添加角色”向导的方式安装 IIS 的方法，具体步骤如下。

（1）单击桌面工具栏中的图标，打开“服务器管理器”窗口。

（2）单击“服务器管理器”窗口右侧的“添加角色和功能”，打开“添加角色向导”窗口。

（3）单击“添加角色向导”窗口的“下一步”按钮，直到进入“选择服务器角色”界面。在该页面的“角色”列表中单击“Web 服务器（IIS）”选项，将会弹出“添加 Web 服务器（IIS）所需的功能？”弹出框，单击该弹出框的【添加功能】按钮，关闭弹出框，选中“Web 服务器（IIS）”选项，如图 7-2 所示。

（4）单击“下一步”按钮，直到进入“选择角色服务”界面，如图 7-3 所示。

在“选择角色服务”界面可配置 IIS 角色服务，角色向导默认只会安装最少的一组角色服务。若需要其他 IIS 角色服务，如应用程序开发、IIS 6 管理兼容性、FTP 服务器等，需在图 7-3 所示界面中勾选相应选项。此处勾选常见 HTTP 功能、应用程序开发、安全性、管理工具选项，其他项保持默认。

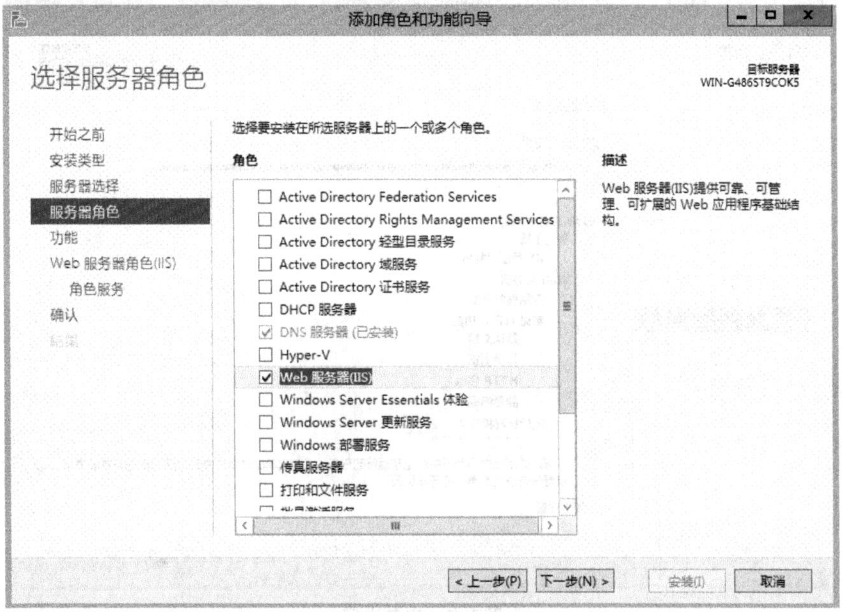

图7-2 选择服务器角色

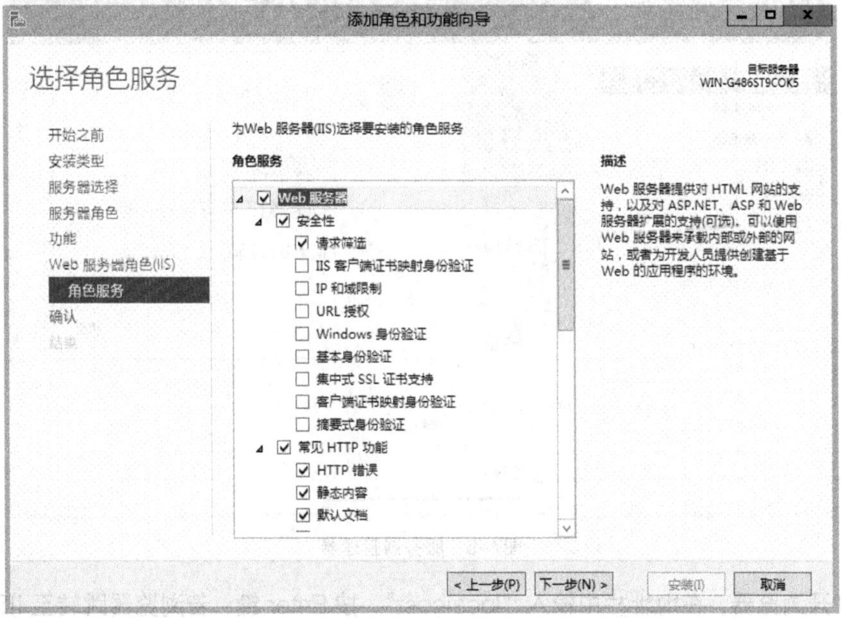

图7-3 选择角色服务

（5）单击“下一步”按钮，进入“确认安装选择”界面。单击该界面的“安装”按钮，开始安装 IIS。安装完成后，出现“安装进度”界面，如图 7-4 所示。

（6）单击“安装结果”界面的“关闭”按钮，回到“服务器管理器”窗口，可在角色摘要中观察到角色“Web 服务器（IIS）”，如图 7-5 所示。

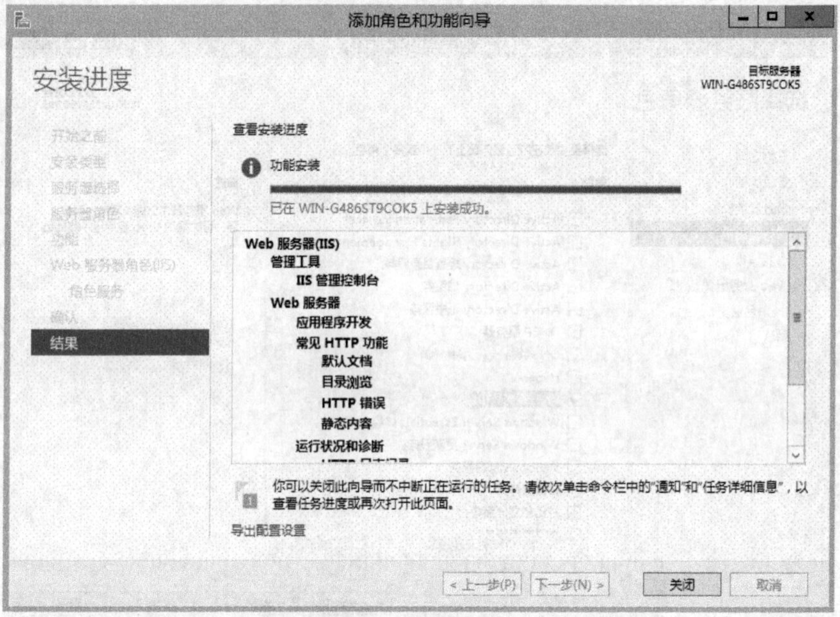

图7-4　安装进度

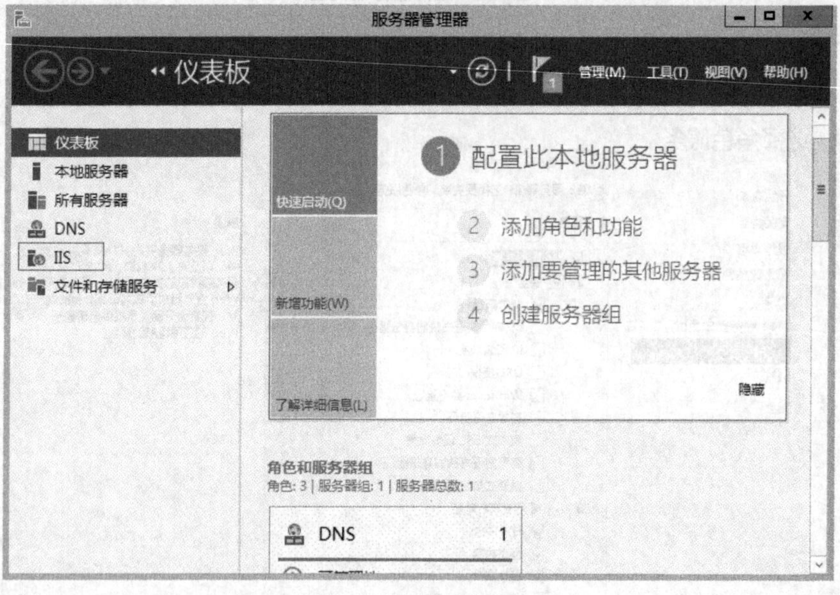

图7-5　服务器管理器

（7）打开浏览器，在地址栏中输入“localhost”，按 Enter 键，若浏览器跳转至 IIS Windows Server 页面，说明 IIS 8 安装完成。此处使用 Google Chrome 浏览器打开网页，如图 7-6 所示。

由于“服务器管理器”中默认启用 IE 增强的安全配置会拦截 localhost，若要使用 IE 浏览器打开 localhost，需先在“服务器管理器”→“本地服务器”的属性窗格中关闭“IE 增强的安全配置”项。

（8）图 7-6 所示的 IIS 欢迎界面是由 IIS 管理器默认 Web 站点返回的页面，IIS 安装过程中会在默认网站目录下创建一个 Web 站点。单击“开始”按钮，在弹出框中选择“管理工具”→

“Internet Information Services（IIS）管理器”，可打开 IIS 管理器，IIS 管理器窗口如图 7-7 所示。

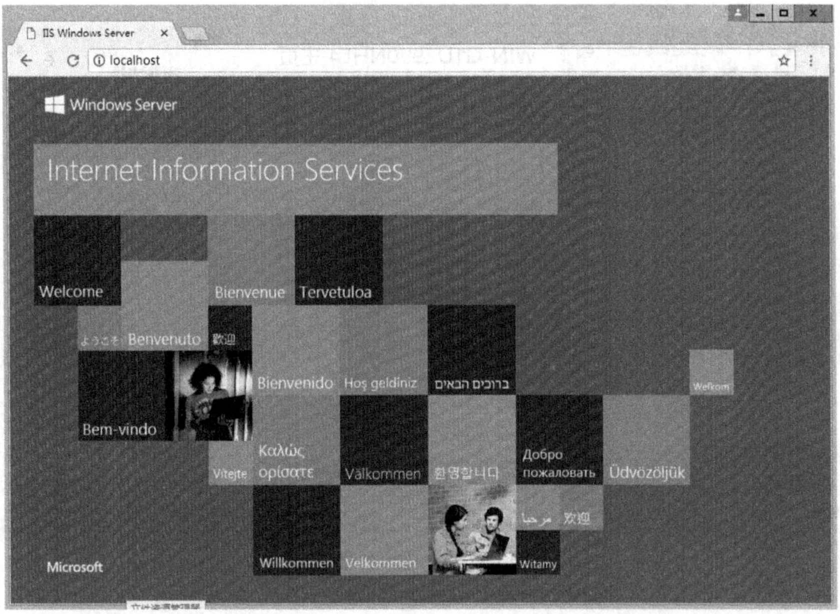

图7-6 IIS Windows Server

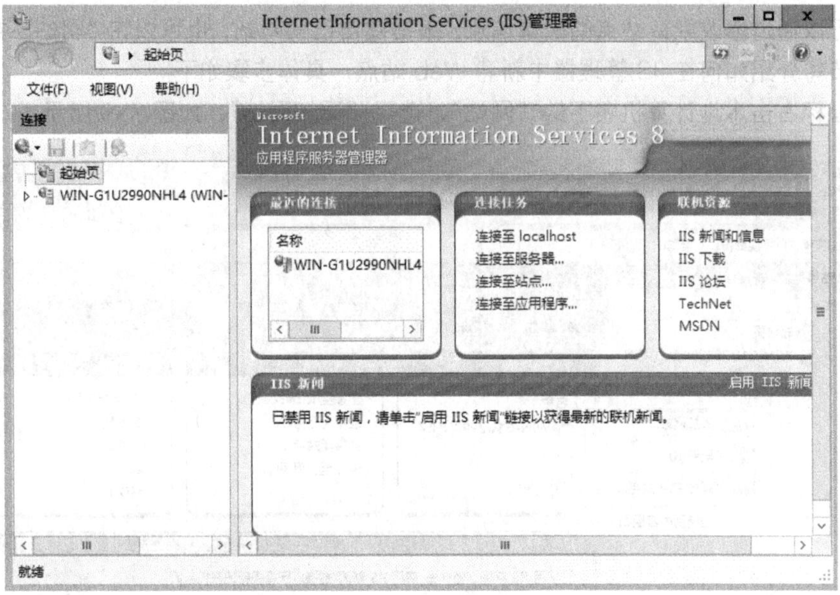

图7-7 IIS管理器窗口

（9）展开 IIS 管理器窗口左侧的列表，可观察到默认站点“Default Web Site”，该站点在 IIS 安装的过程中由安装向导创建，如图 7-8 所示。

默认站点“Default Web Site”是属于“网站”的子节点，若要对子节点进行配置，选中相应节点名，可在中间栏和右侧栏中选择不同选项更改其配置信息。具体配置方法将在后续内容中讲解。

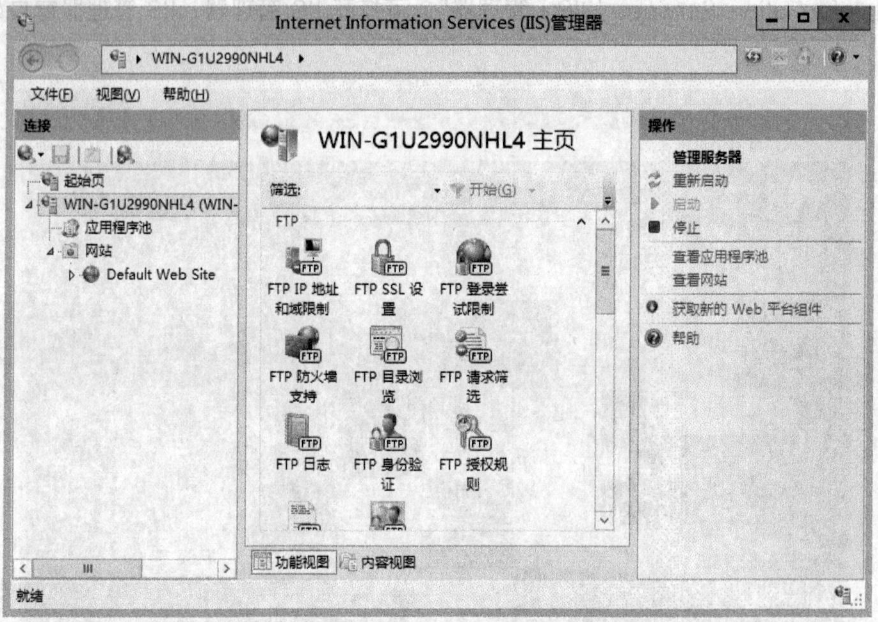

图7-8 连接列表

7.2.2 创建 Web 站点

用户可以通过修改默认站点的配置信息，来搭建自己的网站，也可以在“网站”中新建 Web 站点。本节将介绍如何在 IIS 管理器中新建 Web 站点，具体步骤如下。

（1）鼠标右击本地计算机名下的“网站”，选择“添加网站”，如图 7-9 所示。

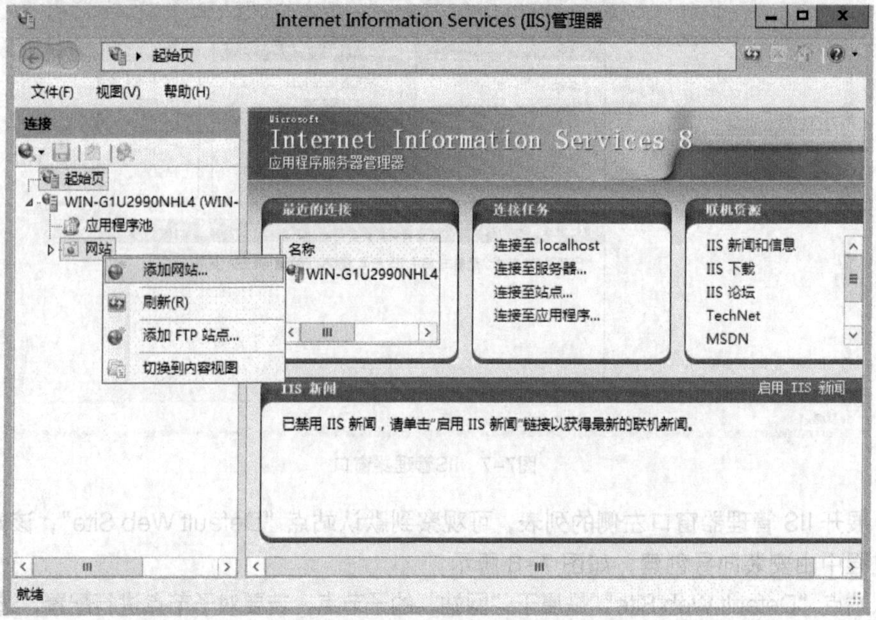

图7-9 网站添加方式

（2）单击“添加网站”选项后将会弹出“添加网站”对话框，如图 7-10 所示。

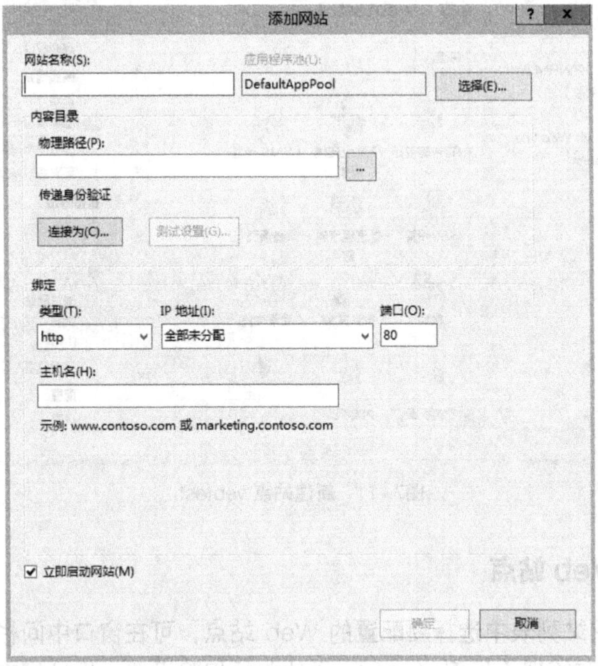

图7-10　添加网站

在“添加网站”对话框中可为新建的站点设置网站名称、应用程序池、物理路径、绑定类型、IP 地址、端口号、主机名等信息。其中应用程序池与工作进程相关联，包含一个或多个应用程序，并提供不同程序之间的隔离；物理路径指存放网站源码的文件夹所在路径。

（3）此处新建一个名为 webtest 的站点，其基本配置信息如下。

① 网站名称：webtest。

② 应用程序池：webtest。

③ 物理路径：C:\Users\webtest，即存放网站源码的文件夹所在路径。

④ 绑定类型：http。

⑤ IP 地址：192.168.40.146（即本机地址）。

⑥ 端口：91。

⑦ 主机名：空。

（4）填写完毕后，取消勾选“立即启动网站”选项，单击“确定”按钮，完成 Web 站点的创建。

至此，Web 站点新建完毕，IIS 管理器的网站列表中新增名为“webtest”的站点，如图 7-11 所示。

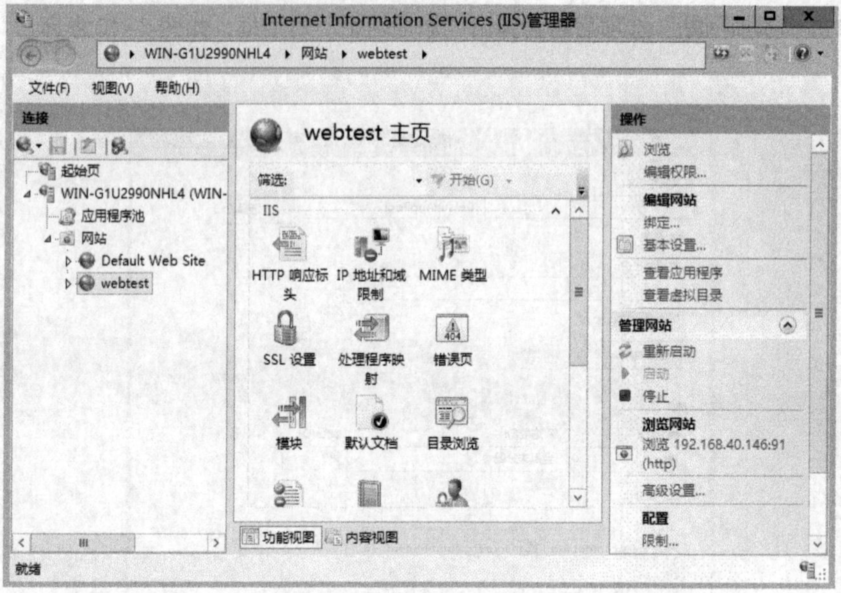

图7-11 新建站点webtest

7.2.3 配置 Web 站点

在 IIS 管理器的网站列表中选择要配置的 Web 站点，可在窗口中间栏与右边栏观察到可对 Web 站点执行的操作和管理（见图 7-11），具体包括权限设置、地址绑定、默认文档配置、高级设置、物理路径设置、错误页、目录浏览等。下面以站点 webtest 为例，分别对站点操作项和管理项的配置进行说明。

1. 权限设置

在 IIS 管理器左侧栏中选择已创建的站点（见图 7-11），单击窗口右边栏“操作”列表中的“编辑权限”，打开“webtest 属性”对话框，如图 7-12 所示。

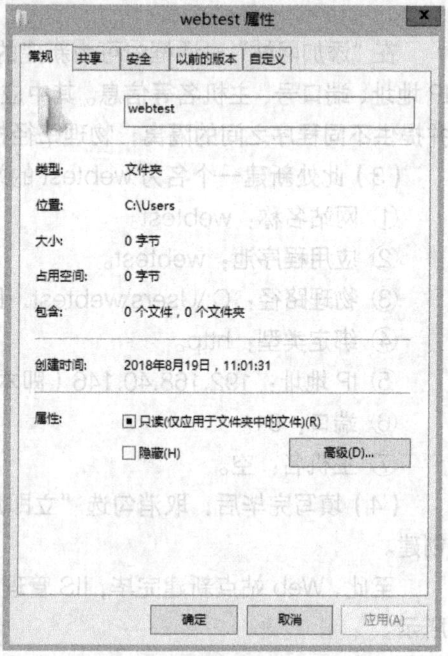

图7-12 Webtest属性对话框

图 7-12 是 Windows 系统中用于管理文件或文件夹的对话窗口，通过该对话框，可对相应文件或文件夹的常规属性、共享方式、权限等属性进行设置。其中最重要的属性为权限，用户可单击“安全”选项卡，在其对应页面中对不同组或用户的权限进行设置，此处保持默认配置。

2. 地址绑定

创建Web站点的过程中可为站点选择由IP地址和端口号组成的绑定地址，若需变更站点的绑定地址，可在 IIS 管理器左侧栏中选择已创建的站点（见图 7-11），在右侧栏的“操作”中单击“绑定”，打开配置网站绑定地址的对话框，如图 7-13 所示。

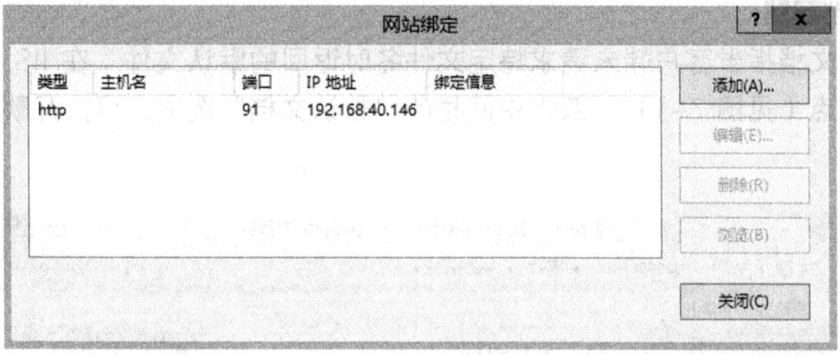

图7-13　网站绑定

单击“添加”按钮，打开“添加网站绑定”对话框，设置绑定地址类型、IP 地址、端口、主机名等信息，如图 7-14 所示。

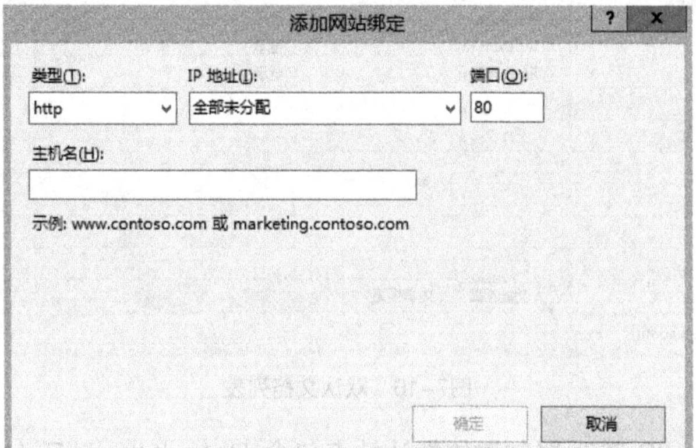

图7-14　添加网站绑定

在图 7-13 所示对话框中选择已有的绑定地址，单击右侧“编辑”按钮，可在“编辑网站绑定”对话框中对已有绑定地址的 IP 地址、端口、主机名进行配置，如图 7-15 所示。

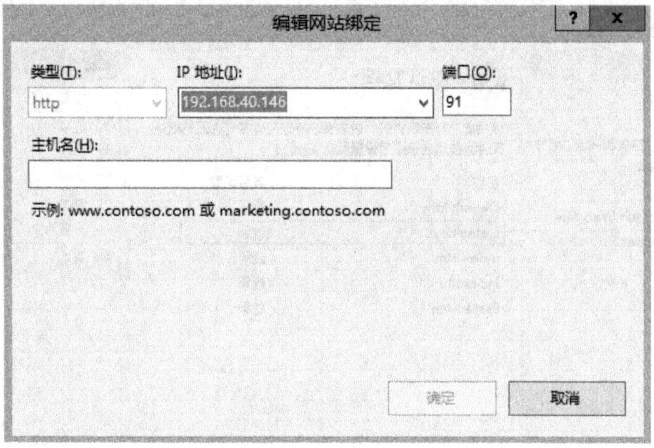

图7-15　编辑网站绑定

此处保留原有配置，类型为 http，IP 地址为 192.168.40.146，端口号为 91。网站访问地址为 http://192.168.40.146:91。

3. 默认文档配置

网站的默认文档指当客户端未请求特定文件名时返回的默认文件。在 IIS 管理器左侧栏中选择已创建的站点（见图 7-11），双击中间栏的“默认文档”选项，可打开默认文档列表，如图 7-16 所示。

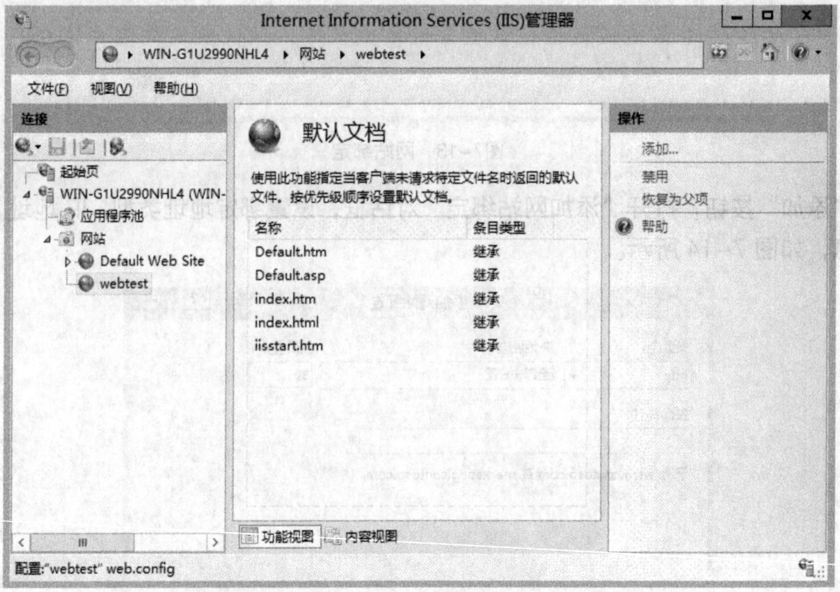

图7-16 默认文档列表

由图 7-16 可知，IIS 管理器创建的默认站点包含 Default.htm、Default.asp、index.htm、index.html、iisstart.htm 这 5 个默认文件。选中默认文件，可通过右侧栏中的按钮调整该文件的优先级顺序，如图 7-17 所示。

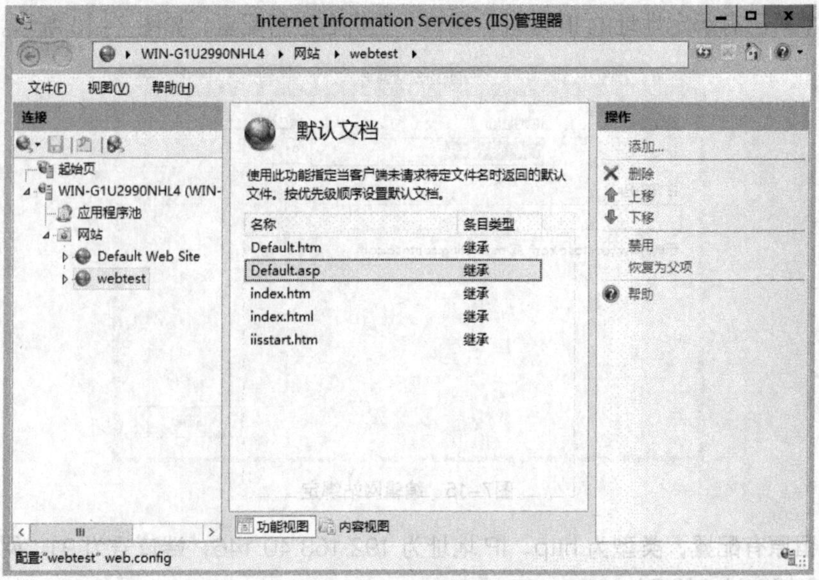

图7-17 优先级顺序调整

此处保持默认配置。

4. 高级设置

在 IIS 管理器中选中已创建的站点(见图 7-11),单击窗口右侧栏的“高级设置”,将弹出“高级设置”对话框,如图 7-18 所示。

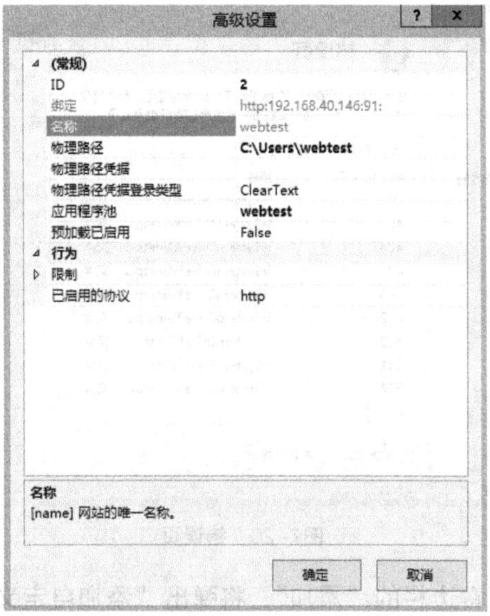

图7-18 高级设置

在高级设置对话框中,可重新配置站点的 ID、绑定信息、名称、物理路径等非灰色选项。此处保留原有配置。

5. 物理路径设置

在 IIS 管理器中选中已创建的站点(见图 7-11),单击窗口右侧栏的“基本设置”,将弹出“编辑网站”对话框,如图 7-19 所示。

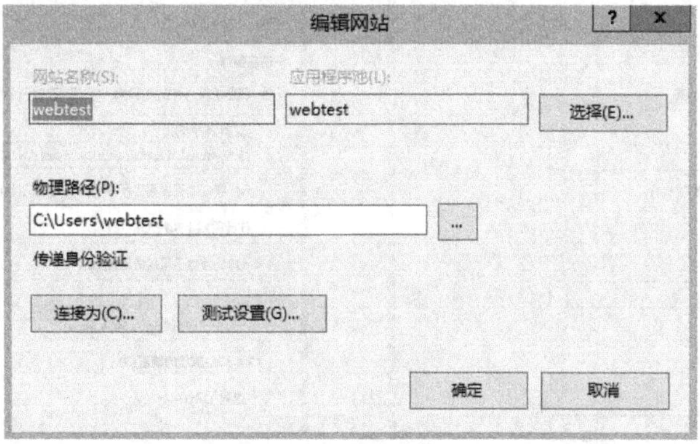

图7-19 编辑网站

在“编辑网站”对话框中可为网站重新选择应用程序池和物理路径。此处仍保留原有配置。

6. 错误页

错误页用于配置 HTTP 错误响应。错误响应可以是自定义错误页,也可以是包含故障排除信息的详细错误消息。在 IIS 管理器中选择已创建的站点（见图 7-11），在 IIS 管理器窗口中间栏中找到“错误页”图标，双击打开错误页，如图 7-20 所示。

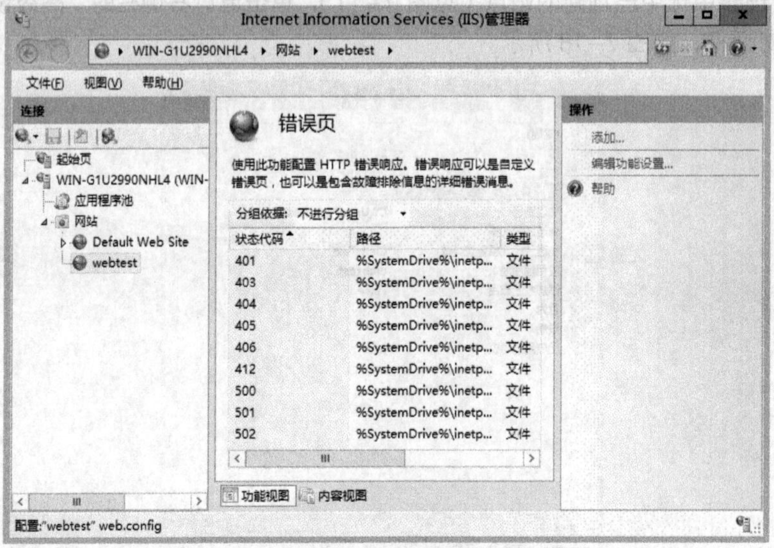

图7-20　错误页

单击图 7-20 所示页面右边栏的“添加”，将弹出“添加自定义错误页”对话框，通过该对话框可添加自定义错误页。假如自定义错误页的状态代码为 707，文件路径为“C:\Users\webtest”，则该对话框如图 7-21 所示。

在图 7-21 所示的对话框中可设置自定义错误页的状态码和响应操作。

在图 7-20 所示页面中可双击已有错误页，对其进行编辑，编辑对话框如图 7-22 所示。

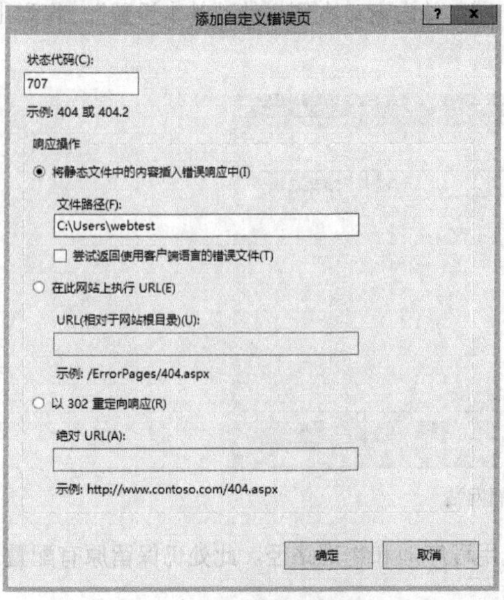

图7-21　添加自定义错误页

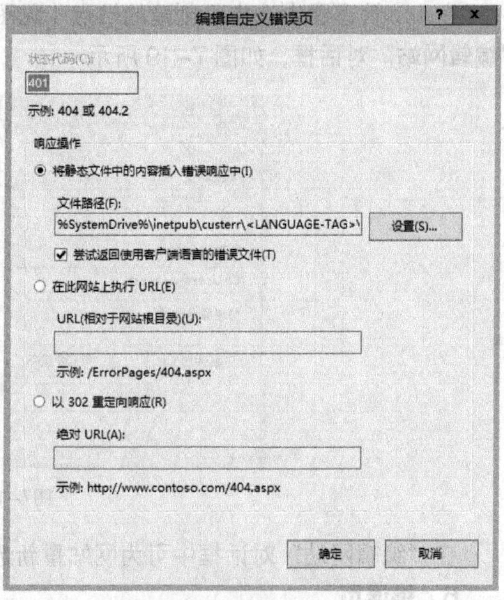

图7-22　编辑自定义错误页

7. 目录浏览

目录浏览是 IIS 管理器提供的一个功能，使用此功能可指定显示在目录列表中的信息，即目录信息显示的样式。在 IIS 管理器网站列表中选择要配置的网站，在中间栏双击“目录浏览”图标，进入“目录浏览”设置窗口，如图 7-23 所示。

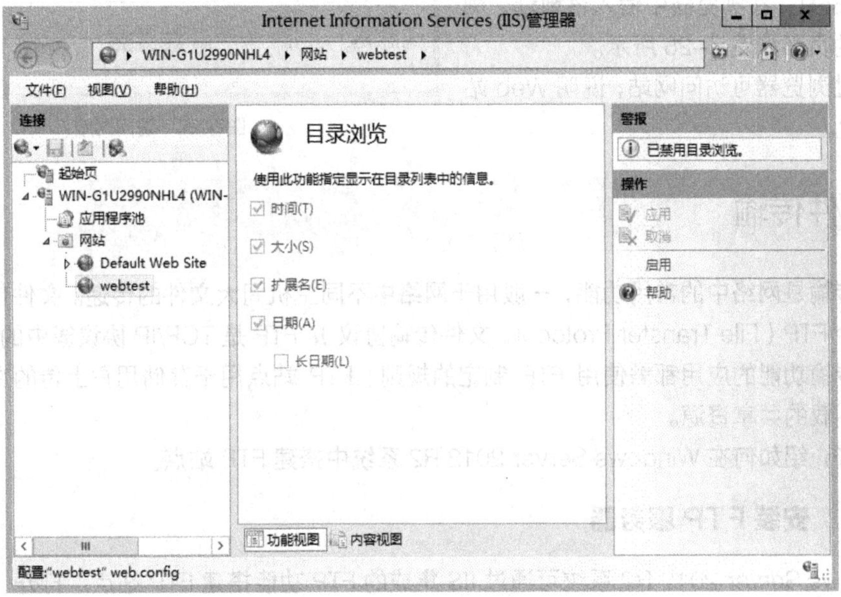

图7-23　目录浏览

目录浏览默认关闭，若要使用此功能，需先将其开启。单击图 7-23 所示窗口中右边栏的“启用”，可开启目录浏览功能。此处将目录浏览功能开启，并保持该功能的默认配置。

7.2.4　发布 Web 站点

Web 站点创建与配置完成后默认启动，若想使新修改的配置生效，可在选中站点后，通过右边栏的【重新启动】重启站点，或右击站点名称，通过选项列表中的“管理网站”→“重新启动”来重启站点，如图 7-24 所示。

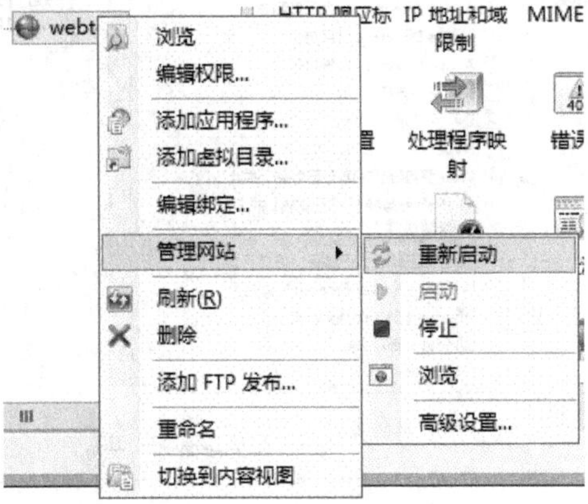

图7-24　启动站点

站点启动后，可在右边栏中单击“浏览网站”项下的网站连接访问网站，亦可手动在浏览器中输入网站地址实现网站的访问。以 webtest 为例，其访问地址为 http://192.168.40.146:91，在浏览器中输入该地址，浏览器返回的页面如图 7-25 所示。

若通过浏览器可访问网站，说明 Web 站点发布成功。

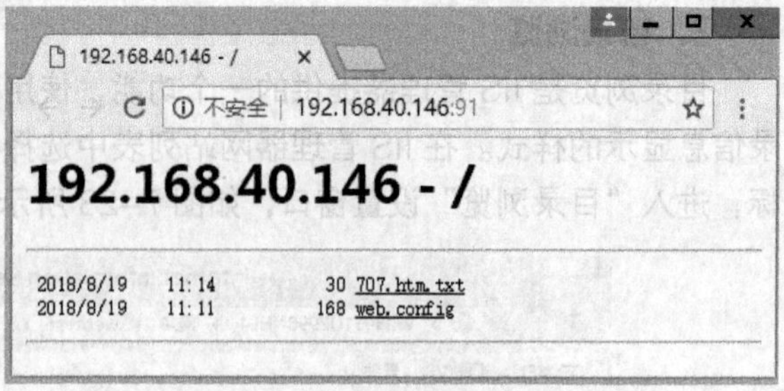

图7-25 访问网站

7.3 文件传输

文件传输是网络中的常用功能，一般用于网络中不同主机间大文件的传递。文件传输功能使用的协议为 FTP（File Transfer Protocol，文件传输协议），FTP 是 TCP/IP 协议簇中的协议之一，具有文件传输功能的应用都需使用 FTP 制定的规则。FTP 站点用于存储用户上传的文件，为用户提供可下载的共享资源。

本节将介绍如何在 Windows Server 2012 R2 系统中搭建 FTP 站点。

7.3.1 安装 FTP 服务器

Windows Server 2012 R2 系统可通过 IIS 集成的 FTP 功能搭建 FTP 站点。打开“服务器管理器”，单击“添加角色和功能”，打开“添加角色和功能向导”窗口，单击【下一步】按钮，直到“选择服务器角色”页面，在该页面中打开角色“Web 服务器（IIS）”的折叠项，勾选“FTP 服务器”，如图 7-26 所示。

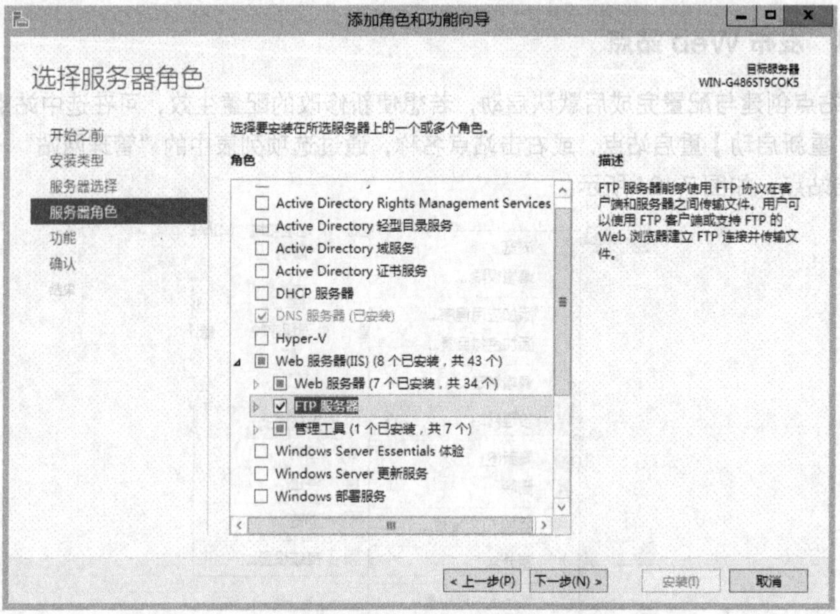

图7-26 选择FTP服务器

单击“下一步”→“安装”，开始安装 FTP 服务器。当出现图 7-27 所示界面时，说明 FTP 服务器角色添加成功。

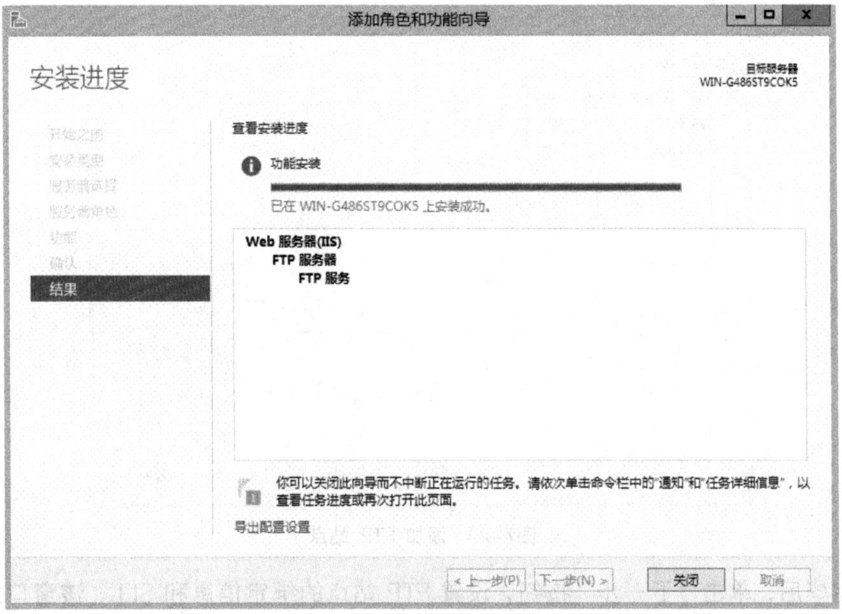

图7-27　FTP服务器角色添加成功

7.3.2　创建 FTP 站点

FTP 站点通过 IIS 管理器创建。单击“开始”→“管理工具”→“Internet Information Services (IIS) 管理器”打开 IIS 管理器，右击左边栏中的计算机名称，在选项中选择“添加 FTP 站点”，如图 7-28 所示。

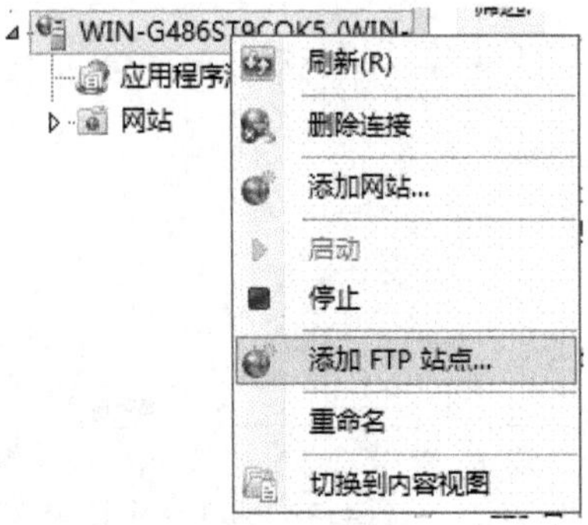

图7-28　选择“添加FTP站点”

单击图 7-28 中的“添加 FTP 站点”，打开“添加 FTP 站点”窗口，如图 7-29 所示。

在“添加 FTP 站点”窗口中填入 FTP 站点名称，设置内容目录的物理路径，此处设置的信息分别如下。

(1) FTP 站点名称：ftptest。

(2) 物理路径：C:\Users\ftptest。

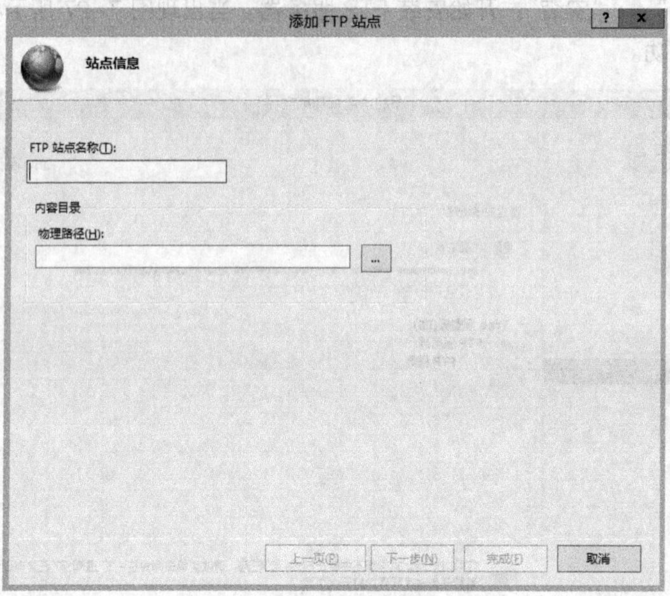

图7-29 添加 FTP 站点

设置完毕后，单击“下一步”按钮，设置 FTP 站点的绑定信息和 SLL，该窗口如图 7-30 所示。

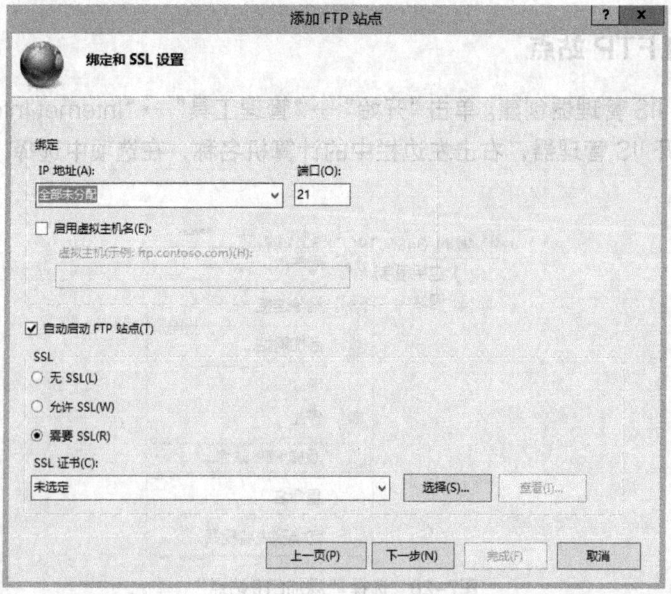

图7-30 绑定和SSL设置

FTP 站点在对外提供服务时需要维护两个连接：一个是控制连接，用于传输控制命令，该连接监听 TCP 21 号端口；另一个是数据连接，用于传输数据，该连接在主动传输模式下监听 TCP 20 端口。在图 7-30 所示窗口中设置 FTP 站点的 IP 地址、端口号、虚拟主机名和 SLL，此处各项内容设置如下。

（1）IP 地址：192.168.40.145。

（2）端口：21。

（3）自动启动 FTP 站点。

（4）SSL：无。

单击“下一步”按钮，进入“身份验证和授权信息”窗口，在该窗口中可配置验证身份的方式，并为用户授权。配置使用匿名用户，授予匿名用户读取权限，如图 7-31 所示。

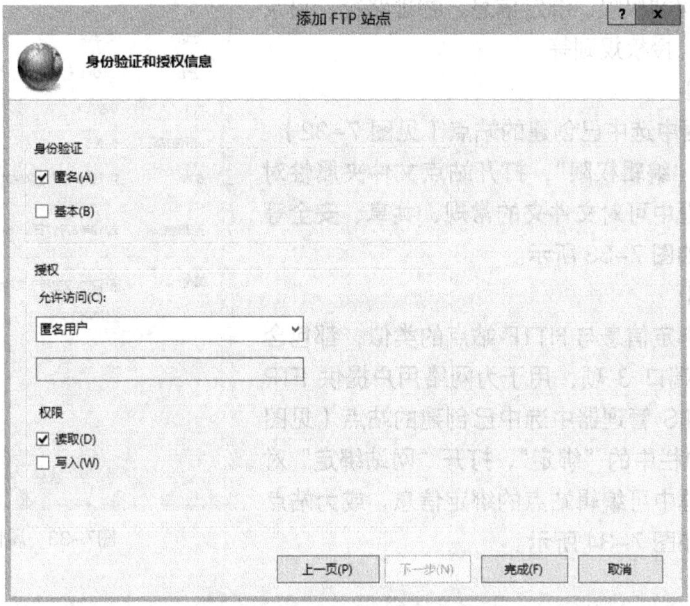

图7-31　身份验证和授权信息

配置完成后单击“完成”按钮，创建 FTP 站点。新建 FTP 站点 ftptest 如图 7-32 所示。

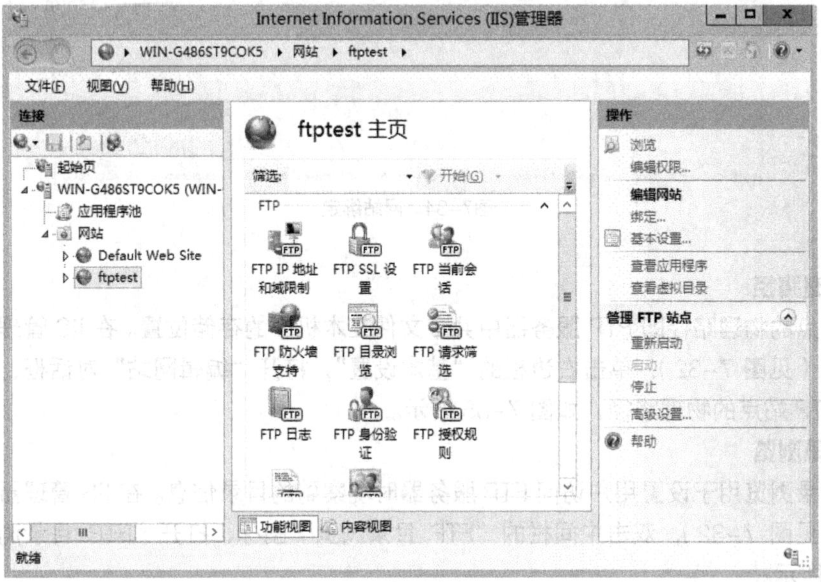

图7-32　新建站点ftptest

至此，FTP 站点创建完成。

7.3.3 配置 FTP 站点

若要重新配置已创建的 FTP 站点属性，可在 IIS 管理器窗口中选中待配置站点，通过中间栏和右边栏的图标和超链接，打开相应属性窗口，更改属性。FTP 站点的属性主要包括网站权限、绑定信息、物理路径、目录浏览、身份验证、授权规则等。

1. 网站权限

在 IIS 管理器中选中已创建的站点（见图 7-32），单击右边栏中的“编辑权限”，打开站点文件夹属性对话框，在该对话框中可对文件夹的常规、共享、安全等属性进行设置，如图 7-33 所示。

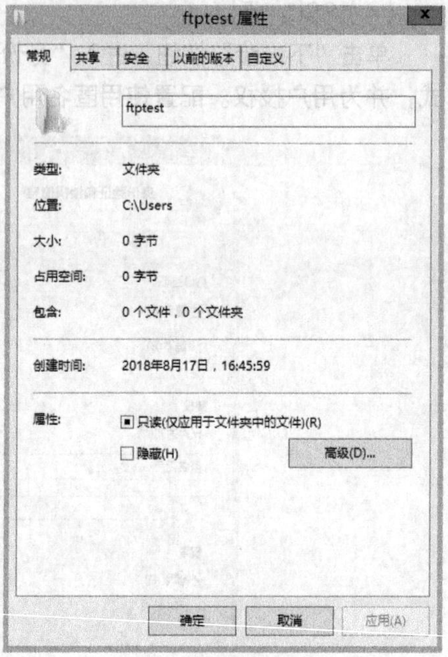

图7-33 属性对话框

2. 绑定信息

FTP 站点的绑定信息与 HTTP 站点的类似，都包含协议、IP 地址和端口 3 项，用于为网络用户提供 FTP 服务器地址。在 IIS 管理器中选中已创建的站点（见图 7-32），单击右边栏中的“绑定”，打开“网站绑定”对话框，在该对话框中可编辑站点的绑定信息，或为站点添加绑定信息，如图 7-34 所示。

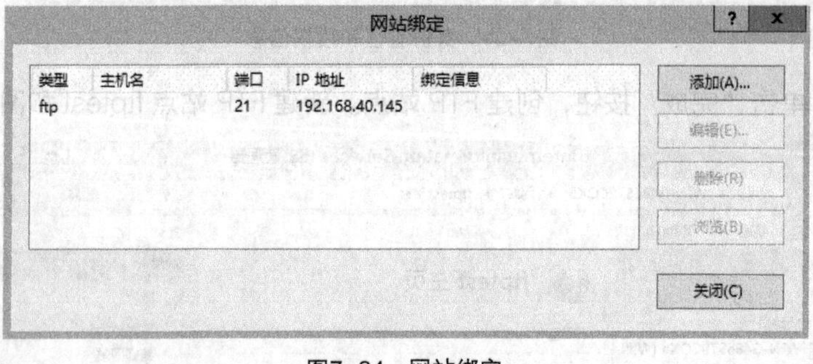

图7-34 网站绑定

3. 物理路径

FTP 站点的物理路径即 FTP 服务器中共享文件在本机中的存储位置。在 IIS 管理器中选中已创建的站点（见图 7-32），单击右边栏的“基本设置”，打开“编辑网站”对话框，在该对话框中可设置 FTP 站点的物理路径，如图 7-35 所示。

4. 目录浏览

FTP 目录浏览用于设置用户访问 FTP 服务器时观察到的目录信息。在 IIS 管理器中选中已创建的站点（见图 7-32），双击中间栏的“FTP 目录浏览”图标，打开“FTP 目录浏览”页面，如图 7-36 所示。

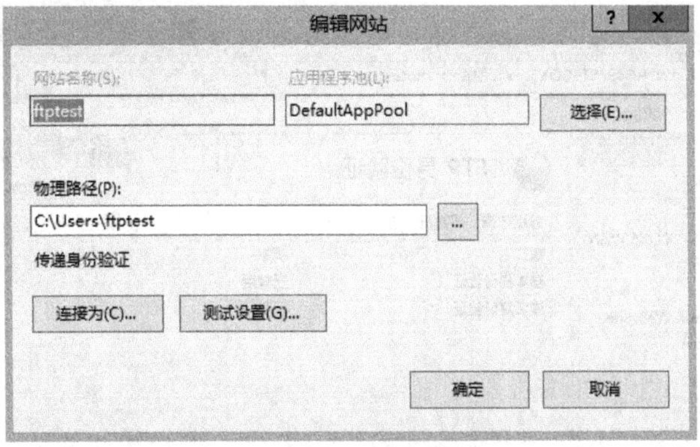

图7-35 编辑网站

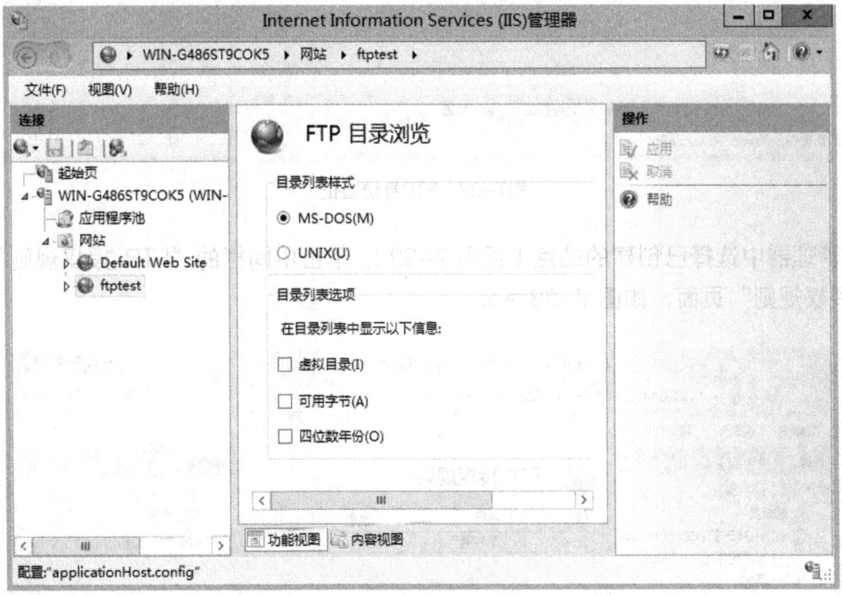

图7-36 目录浏览

在该页面中可配置目录列表样式和目录列表选项，配置完成后可单击图 7-36 右边栏中的“应用”，以保存与使用配置。

5. 身份验证

FTP 身份验证用于控制基本用户或匿名用户是否能够通过身份验证，其身份验证模式分为基本身份验证和匿名身份验证。在 IIS 管理器中选择已创建的站点(见图 7-32)，双击中间栏的“FTP 身份验证”，打开相应页面，如图 7-37 所示。

6. 授权规则

授权规则是对 FTP 站点用户权限的管理，只有通过身份验证且拥有读取或写入权限的用户可以使用 FTP 服务器。FTP 站点用户分为所有用户、所有匿名用户、指定的角色或用户组、指定的用户 4 类；FTP 站点用户权限分为读取和写入。读取权限是 FTP 站点用户必须具备的权限，拥有该权限的用户可以浏览站点的内容；若用户需要上传或下载文件，则必须拥有写入权限。

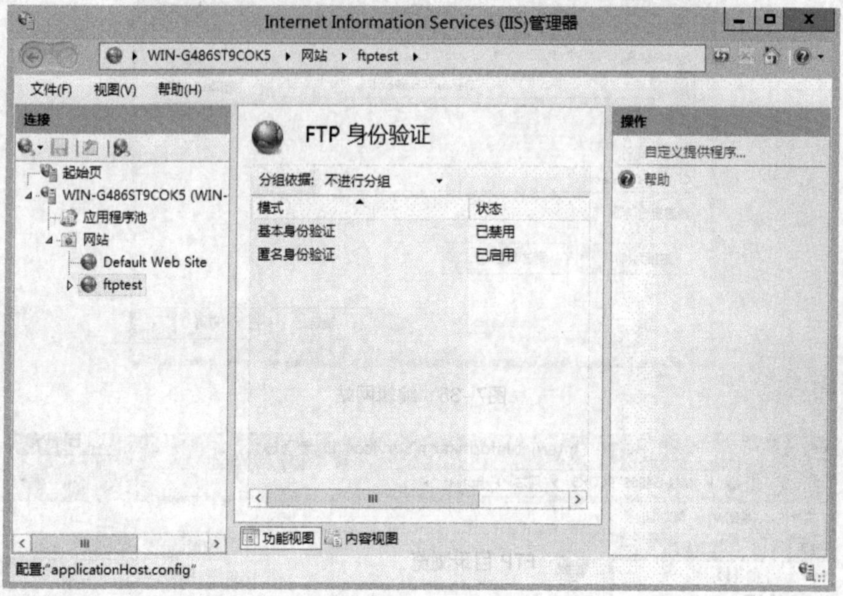

图7-37 FTP身份验证

在 IIS 管理器中选择已创建的站点（见图 7-32），单击中间栏的“FTP 授权规则”图标，打开“FTP 授权规则”页面，如图 7-38 所示。

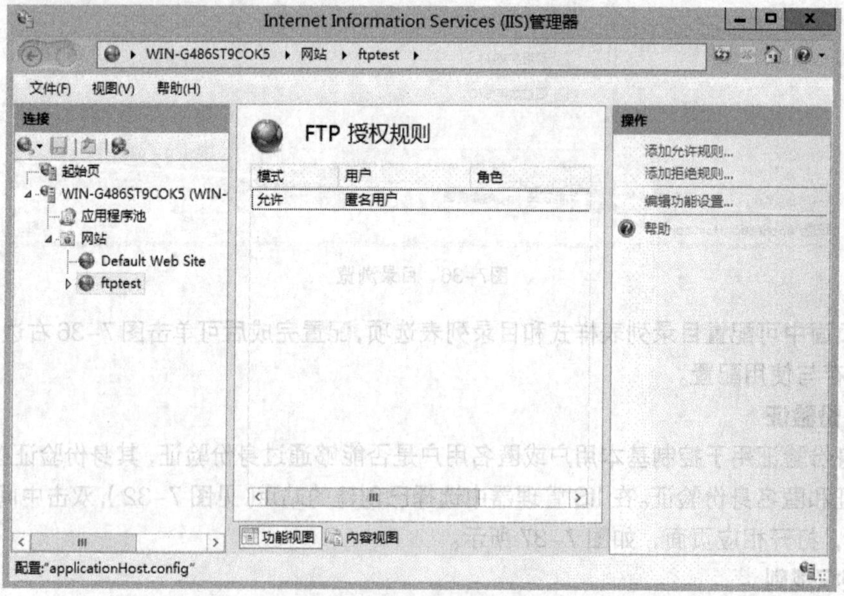

图7-38 FTP 授权规则

图 7-38 右边栏中的“添加允许规则”和“添加拒绝规则”用于为指定用户添加规则，其中添加允许规则可为指定用户赋予权限；添加拒绝规则可收回用户权限。这两种操作对应的窗口分别如图 7-39（a）和图 7-39（b）所示。

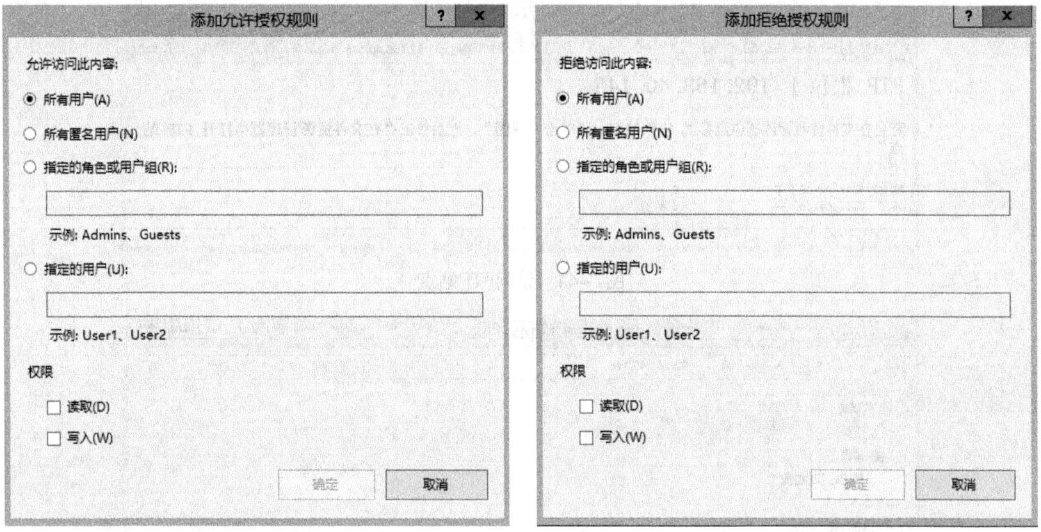

(a) 添加允许授权规则　　(b) 添加拒绝授权规则

图7-39　授权规则配置

选中 FTP 授权规则列表中的记录，可编辑或删除相应规则。

7.3.4　访问 FTP 站点

FTP 站点配置完成并启动后，便已发布到了局域网中，局域网中拥有权限的用户都可访问服务器，浏览或下载其中的资源。目前主机 192.168.40.145 目录 C:\Users\ftptest 下的资源，即服务器 ftptest 中共享的资源如图 7-40 所示。

图7-40　ftptest共享资源

下面在 IP 地址为 192.168.40.146 的主机中展示如何访问 7.3.2 节中创建的 FTP 站点 ftptest（地址为 192.168.40.145:21）。

1. 匿名访问 FTP 站点

IIS 中创建的 FTP 站点默认允许匿名用户登录。打开 IE 浏览器，在地址栏中输入 FTP 服务器地址 ftp://192.168.40.145，访问 FTP 服务器。访问结果如图 7-41 所示。

若能成功访问 FTP 服务器，浏览其中资源，说明访问成功。

用户亦可在 Windows 资源管理器中打开 FTP 站点，具体操作为：单击桌面工具栏的图标，打开 Windows 资源管理器；在资源管理器地址栏中输入 FTP 站点地址，按 Enter 键，访问服务器资源。访问结果如图 7-42 所示。

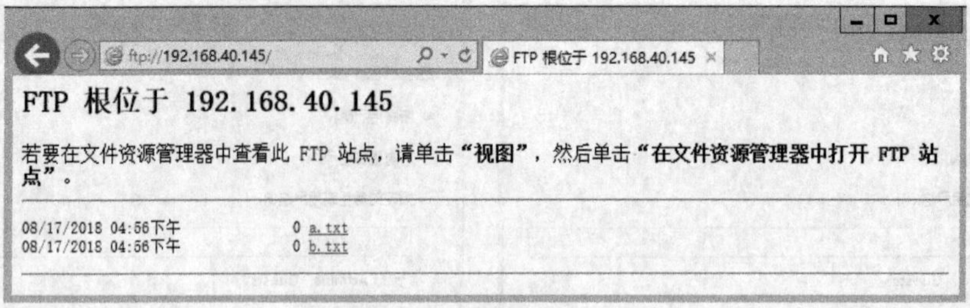

图7-41　访问FTP站点

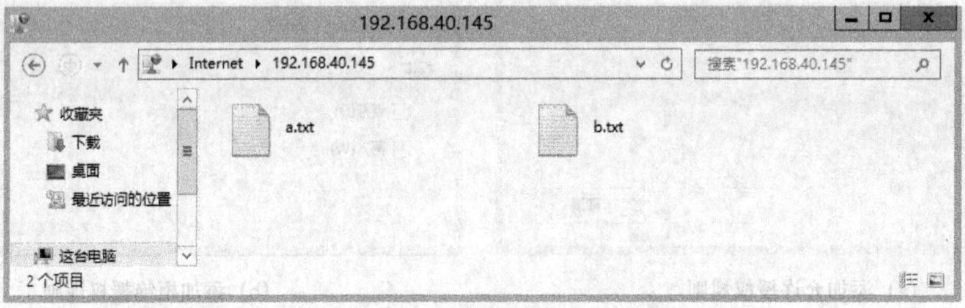

图7-42　在Windows资源管理器中访问FTP站点

2. 非匿名访问 FTP 站点

非匿名用户若想访问 FTP 站点，必须同时通过 FTP 身份验证和 FTP 授权规则。此处以普通用户 itheima 为例进行演示。

（1）新建用户

打开计算机管理窗口，选择“本地用户和组”→“用户”，右击中间栏空白区域，在选项列表中选择“新用户”选项，打开“新用户”对话框，创建普通用户 itheima，如图 7-43 所示。

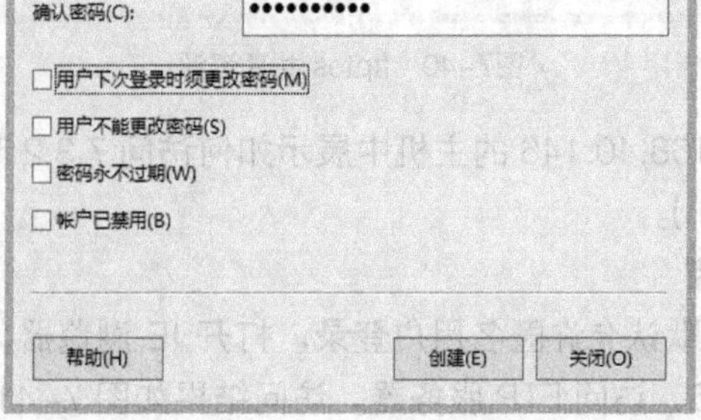

图7-43　新建用户itheima

（2）配置 FTP 身份验证

在 IIS 管理器中选择已创建的站点（见图 7-32），在中间栏中双击“FTP 身份验证”，打开 FTP 身份验证页面，在该页面中禁用匿名身份验证，启用基本身份验证，如图 7-44 所示。

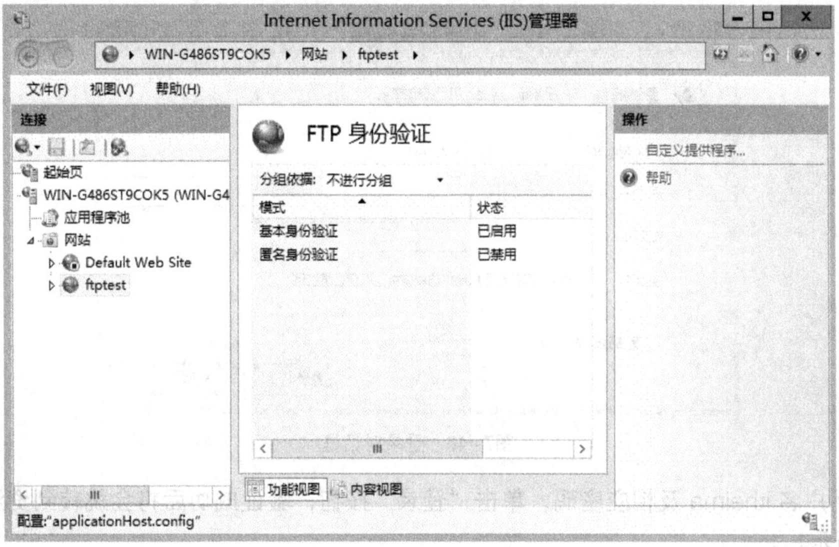

图7-44　FTP身份验证

(3) 配置 FTP 授权规则

在 IIS 管理器中选择已创建的站点 ftptest，在中间栏双击“FTP 授权规则”，打开相应页面。在右边栏中选择“添加允许规则”，打开“添加允许授权规则”页面，在该页面中选择“指定的用户”，在文本框中写入用户名“itheima”，并勾选读取、写入权限，如图 7-45 所示。

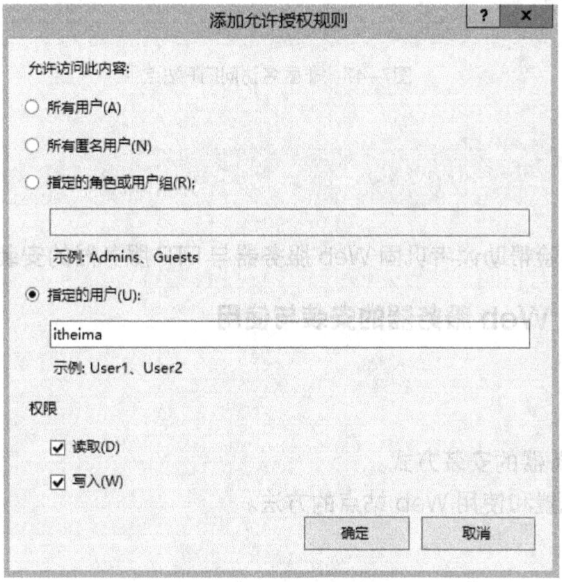

图7-45　授权规则配置

配置完成后，单击“确定”按钮，完成配置，并重启站点 ftptest。

(4) 使用用户 itheima 登录 FTP 服务器

在浏览器地址栏中输入 FTP 服务器地址“ftp://192.168.40.145”，按 Enter 键，浏览器会弹出登录对话框，如图 7-46 所示。

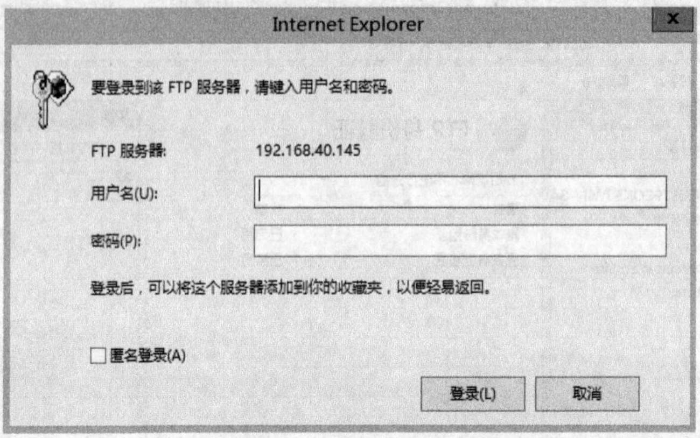

图7-46　登录对话框

输入用户名 itheima 及相应密码，单击“登录”按钮，验证成功后将会跳转到资源页面，如图 7-47 所示。

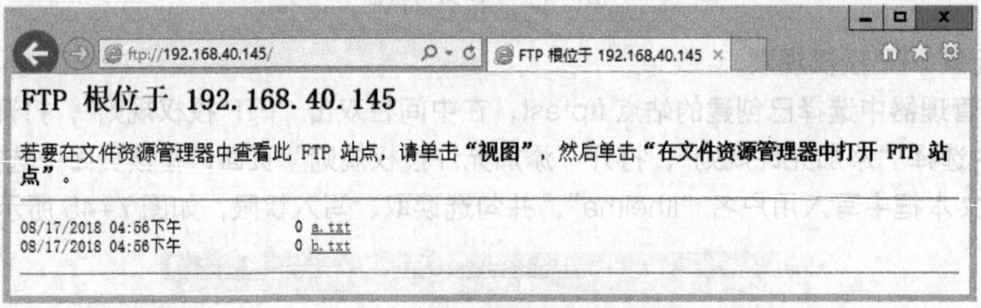

图7-47　非匿名访问FTP站点

7.4 本章实验

本节将通过两个实验帮助读者巩固 Web 服务器与 FTP 服务器的安装、配置与使用。

7.4.1　实验一：Web 服务器的安装与使用

一、实验目的

（1）熟悉 Web 服务器的安装方式。
（2）掌握创建、配置和使用 Web 站点的方法。

二、实验环境

虚拟机：VMware Workstation 12。
网络操作系统：Windows Server 2012 R2。

三、实验内容

1. 在 Windows Server 2012 R2 系统中添加角色——Web 服务器（IIS）。

2. 在 IIS 管理器中创建 Web 站点。
3. 配置 Web 站点。
4. 测试 Web 站点。

四、总结

整理总结实验过程中出现的问题。

7.4.2 实验二：FTP 服务器的安装与使用

一、实验目的

（1）熟悉 FTP 服务器的安装方式。
（2）掌握创建、配置和使用 FTP 站点的方法。
（3）掌握配置非匿名用户登录 FTP 服务器的方法。

二、实验环境

虚拟机：VMware Workstation 12。
网络操作系统：Windows Server 2012 R2。

三、实验内容

1. 在 Windows Server 2012 R2 系统中添加角色——FTP 服务器。
2. 在 IIS 管理器中创建 FTP 站点。
3. 为匿名用户配置访问 FTP 服务器的权限，并进行测试。
4. 为非匿名用户配置访问 FTP 服务器的权限，并进行测试。

四、总结

整理总结实验过程中出现的问题。

7.5 本章小结

本章首先介绍了网络应用的设计模式，之后分别介绍了 Web 应用和文件传输这两种常见网络应用服务器的创建、配置以及发布和访问方式。通过本章的学习，读者应对网络应用的设计模式有所了解，并能在 Windows Server 2012 R2 系统中安装 IIS 管理器、创建、配置和使用 Web 服务器和 FTP 服务器。

7.6 本章习题

一、填空题

1. 常见的网络应用设计模式有 C/S、________和________。
2. 就客户端而言，________模式真正实现了零安装、零维护。

3. P2P 模式全称为 Peer-to-Peer，即对等模式，也称为点对点模式，是一种________应用架构。

4. Windows 操作系统中________角色由 IIS 提供。

5. FTP 应用采用 P2P 模式，每个站点都可以作为服务器或客户端，提供________功能或使用________功能。

二、判断题

1. B/S 模式最大的优点是，只要有一台联网的计算机，无需安装任何专门的软件，便可通过浏览器与服务器进行交互。（　）

2. 因为 FTP 应用需要安装应用程序，所以它是基于 B/S 架构的应用。（　）

3. FTP 应用中，拥有读取权限的用户只能下载文件。（　）

4. 若“目录浏览”功能未开启，Web 站点将无法使用。（　）

三、单选题

1. 下列哪个选项不是 B/S 架构应用。（　）

A. 搜索引擎　B. 腾讯 QQ　C. 网页版微博　D. 网页版微信

2. 下列哪种模式的每个结点既能充当客户端，又可以充当服务器？（　）

A. C/S　B. B/S　C. P2P　D. 以上全部

3. FTP 站点在对外提供服务时维护的控制连接监听的端口号是？（　）

A. UDP 20　B. UDP 21　C. TCP 20　D. TCP 21

4. 下列哪项不是设置 FTP 站点绑定信息时需要设置的信息？（　）

A. 站点名称　B. 端口号　C. IP 地址　D. 协议类型

5. FTP 站点中，用户若只有读取权限，那么能执行以下哪项操作？（　）

A. 上传　B. 下载　C. 浏览　D. 读取、写入

四、简答题

简述 C/S 模式的优缺点。

8 Chapter

第 8 章 网络管理

拓展阅读

学习目标

- 了解网络管理模式
- 熟悉网络管理的功能
- 熟悉网络管理协议
- 掌握被管设备的添加方式

近几十年间，计算机网络技术不断发展，网络设备不断更新，网络规模随之扩大，网络的复杂性逐步增加，网络涉及的领域越来越广，与此同时，人们对网络的效率及稳定性的要求越来越高。为了保证网络能持续、稳定、高效地提供服务，人们越来越重视网络的管理工作，网络管理成为研究计算机网络技术发展方向的必要分支。本章将从网络管理的概念入手，对网络管理的相关知识进行讲解。

8.1 网络管理概述

网络管理（Network Management，NM）简称网管，指通过某种策略对网络中的各种资源（包括硬件、软件、人力等资源）进行监测、控制和协调，以便能及时发现和处理网络中的故障、维持系统的稳定、保证网络正常、高效运行、使网络资源得到充分利用。

8.1.1 网络管理模式

经过多年的研究与发展，人们提出了不同的网络管理模式，其中最常见的有集中式网络管理模式、分布式网络管理模式和分层式网络管理模式。

1. 集中式网络管理模式

集中式网络管理模式具有一对多关系，采用此种模式的网络中设置一台功能强大的管理机，该管理机集成了管理软件和数据库，负责包括存储、分析、管理和处理数据等的核心功能；网络中的其他节点（计算机、网络打印机、路由器、交换机等）作为被管设备仅完成简单功能，并统一由中心管理机管理。

集中式网络管理模式的体系结构如图 8-1 所示。

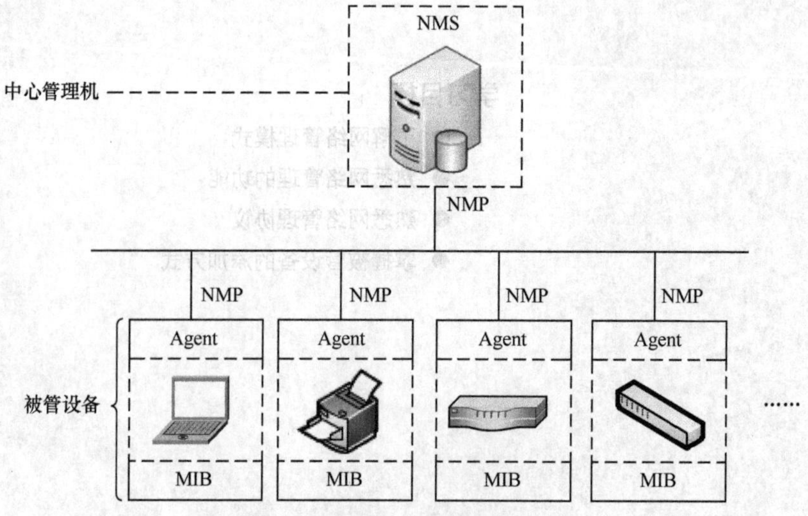

图8-1　集中式网络管理体系结构

由图 8-1 可知，集中式网络管理模式主要由以下几个部分组成。

- NMS：网络管理系统（Net Management System）

- Agent：代理程序
- NMP：网络管理协议（Network Management Protocol）
- MIB：管理信息库（Management Information Base）

（1）网络管理系统

网络管理系统是具有分析数据、发现故障等功能且配备有友好图形界面的管理程序，它为网络管理员提供了管理网络的接口，管理员可以通过该程序向网络中的代理发送指令，抽取管理信息库中的数据。

（2）代理程序

代理程序驻留在被管设备中，它是被管设备与网络管理系统交互的接口，其主要功能是接收与处理来自网络管理系统的指令，根据指令返回设备的相关数据（如运行状态、设备特性、系统配置等）。

每个被管设备中都需要运行一个代理程序，该程序负责响应网络管理进程发送的指令，与网络管理进程通信，或在网络设备产生异常时主动向网络管理进程发送相关报告。

一般代理程序返回的都是其驻留设备的信息，但若管理者管理的设备类型比较复杂，可以在网管系统与代理程序之间设置委托代理。委托代理可以接收来自管理系统的指令，将指令转换为相应类型设备可以识别的指令，分别发送给不同的设备，并收集不同设备返回的信息，统一返回给管理系统。

（3）网络管理协议

为了保证网络管理系统可以统一管理由不同厂商生产的设备，人们在管理者和代理之间定义了一些通信标准，这就是网络管理协议。网络管理协议定义了网络管理系统中协议数据单元的种类和格式（即管理系统与代理之间传递的数据报文格式）、管理信息库中数据的格式以及规定了网络管理系统的主要功能。

目前常用的网管协议有 SNMP（Simple Network Management Protocol，简单网络管理协议）和 CMIP（Common Management Information Protocol，通用管理信息协议）。

（4）管理信息库

管理信息库用于存储网络中管理对象的信息集合。网络中的设备可能产自不同厂商，其数据类型、信息格式各不相同，为了方便管理人员使用网管系统，管理信息库将被管设备抽象为被管对象，并统一被管对象各种信息的格式和结构，使管理人员可通过统一的描述信息了解被管设备及网络状况。

管理信息库中存储的数据可分为 3 类：感测数据、结构数据和控制数据。感测数据用于表示网络状态，此类数据是网络监测过程中由代理采集到的原始信息，是实现网管系统功能的基础；结构数据用于描述网络的物理结构和逻辑构成，如网络拓扑结构、交换机配置、数据密钥、用户记录等静态（或变化缓慢的）数据，是实现网络配置和安全管理的基础；控制数据记录网络中可调整参数的设置，如路由表、交换机输出链路业务分流比率等，是实现网络性能管理的基础。

集中式网络管理模式设置专用的网络节点管理网络，管理节点与被管节点为主从关系，此种模式的主要优点是数据与功能集中，便于管理。但集中管理模式也存在以下缺点。

（1）管理设备需具有强大的数据功能和大量存储空间，价格相当昂贵。

（2）被管节点信息向管理节点汇聚时信息流拥挤，被管节点越多，阻塞越严重。

（3）管理节点故障会影响整个网络的管理。

2. 分布式网络管理模式

分布式网络管理模式将网络分为多个管理域，每个管理域配备一个网络管理系统、一个存储整个网络中设备数据的完整数据库和一名管理员。多个管理域之间对等，域之间的通信在系统内部进行。分布式网络管理模式的体系结构如图 8-2 所示。

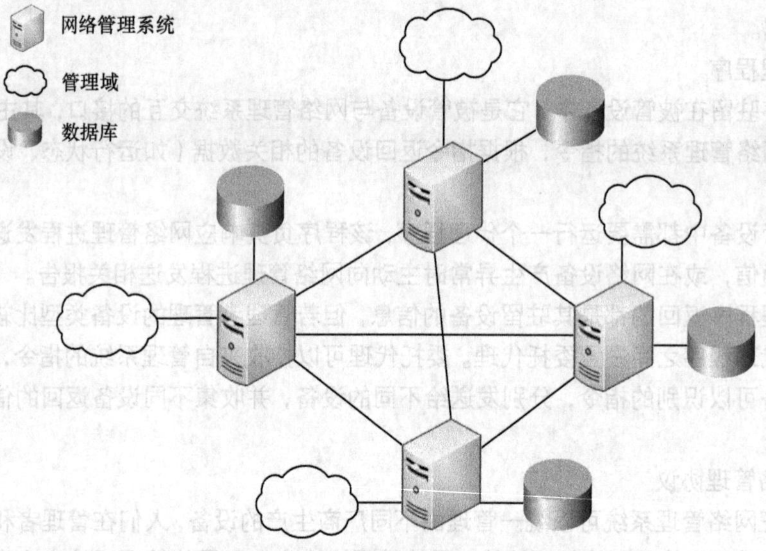

图8-2 分布式网络管理体系结构

分布式网络管理模式不会因一台管理设备故障影响整个网络的管理，稳定性更高；网络中各节点之间互相连接，信息可通过多条线路汇聚，传输速率更有保障；被管设备具有一定的数据处理和存储能力，网络管理系统负荷较小，对管理设备性能要求较低。

当然，分布式网络管理模式也具有一些缺点：分布式网络结构复杂，扩展困难；分布式网络各域数据需要同步，因此对病毒敏感度较高，某个节点受到感染后容易扩散到整个网络。

3. 分层式网络管理模式

分布式网络管理模式可解决集中式网络管理模式中存在的问题，但目前还难以实现完全的分布式管理，大型网络中较为通用的网络管理模式是分布式和集中式相结合的分层式网络管理模式。

分层式网络管理模式中在各域管理者之上设置了总管理节点，各域之间不再互相通信，由总管理节点收集各域管理节点上的数据，负责整个网络的总体管理工作。分层式网络管理模式的体系结构如图 8-3 所示。

由图 8-3 可知，分层式网络管理模式中的设备分为总管理节点、域管理节点和域设备 3 层，其中域管理节点既具备管理功能，又具备代理功能。此种管理模式既能缓解集中管理模式中数据与功能过于集中的问题，又能解决分布管理模式中难以扩展的问题，更适用于中型、大型结构复杂的网络。

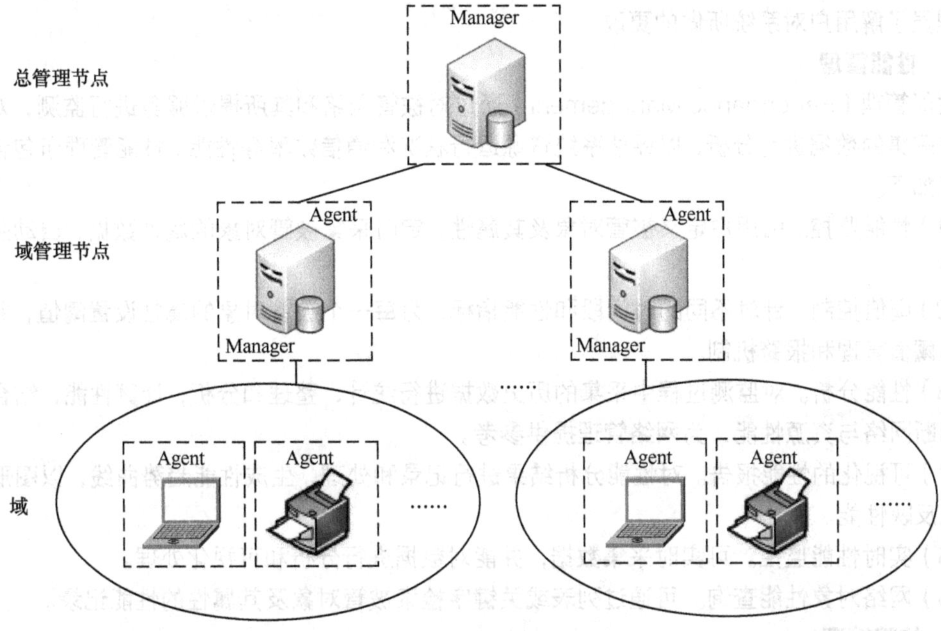

图8-3 分层式网络管理体系结构

8.1.2 网管系统的功能

网络管理系统应能对被管设备进行监控和管理，反映、记录网络性能与网络异常情况，帮助网络管理员实时了解网络状况，并能迅速发现和解决网络问题，保证网络的稳定运行。国际标准化组织对网络管理系统的功能进行了定义，将其划分为配置管理、性能管理、故障管理、安全管理、计费管理5项。

1. 配置管理

配置管理（Configuration Management）用于初始化网络与配置网络，使网络能够提供服务。在网络管理中，网络的各个节点被抽象为一个或多个对象，通过配置管理功能，可辨别、定义、控制和监视被管对象，实现某种特定功能，使网络性能得以发挥。

配置管理主要实现以下内容。

（1）配置信息的自动获取。当网络具备一定规模时，被管设备数量众多，配置信息数量巨大，若以人力手动提取配置信息，既要求工作人员熟悉网络结构，又无法保证信息的正确性，因此，网管系统应具备自动获取配置信息的功能。

（2）自动配置和备份。当有新设备添加到网络时，该设备需经过配置才能使用或提供网络服务。为了保证配置的正确性，减少人工工作量，网络管理应具备自动配置功能。系统出现故障时可通过恢复备份减少损失，因此定期对系统进行备份是网管系统应具备的功能，此功能仍应自动实现。

（3）配置一致性检查。大型网络中的设备可能由多名管理员管理，设备的配置亦由多人完成，再加上其他因素的影响，就可能导致设备的配置不一致，进而影响网络功能。因此，网管系统应能对整个网络的配置情况进行一致性检查，以统一网络配置，保证网络功能的正常提供。

（4）记录功能。网络配置与网络安全息息相关，用户对网络的配置操作应被记录与保存，以便管理员了解用户对系统所做的更改。

2. 性能管理

性能管理（Performance Management）通过对被管网络和其所提供服务进行监测，对监测过程中采集的数据进行分析，以评估系统资源运行状况和通信效率等性能。性能管理所包含的典型功能如下。

（1）性能监控。由用户定义被管对象及其属性，定时采集被管对象的属性数据，自动生成性能报告。

（2）阈值控制。针对不同的时间段和性能指标，为每一个被管对象的属性设置阈值，并提供相应的阈值管理和报警机制。

（3）性能分析。对监测过程中采集的历史数据进行统计、整理和分析，计算性能，结合性能指标判断网络与资源性能，为网络管理提供参考。

（4）可视化的性能报告。对性能分析结果进行记录和处理，生成性能趋势曲线，以图形形式直观地反映性能。

（5）实时性能监控。可实时采集数据，并能对数据进行分析和可视化处理。

（6）网络对象性能查询。可通过列表或关键字检索被管对象及其属性的性能记录。

3. 故障管理

故障指严重影响网络正常运行的差错。为保证网络的稳定，网管系统应具备故障管理功能，以便在网络出现故障时迅速找到故障、隔离故障或排除故障。故障管理（Fault Management）主要包含以下模块。

（1）故障检测。主动探测或被动接收网络上的各种事件信息，识别出与网络和系统故障相关的内容，对其中的关键部分进行跟踪，生成网络故障事件记录。

（2）故障报警。接收故障检测模块传来的报警信息，根据报警策略驱动不同的报警程序，以报警窗口、短信或电子邮件等形式向管理人员发出网络严重故障警报。

（3）故障排错工具。对被管设备的状况进行实时监测与记录的一系列工具，可为技术人员分析和排错提供依据，并根据已有的排错经验为管理员提供排错提示。

（4）故障信息管理。对网络中可能产生的故障进行定义，对已发生的故障进行记录，同时记录与故障相关的信息，构造排错行动记录，以反映故障从产生到排除的整个过程。

4. 安全管理

安全管理（Security Management）是网络中备受关注的环节，也是最薄弱的环节。用户对网络安全的要求非常高，安全管理至关重要。网络安全管理分为对网络管理本身的安全管理和对网络对象的安全管理。

（1）网络管理本身的安全管理

对网络管理本身的安全管理，指避免侵入者通过侵入网络管理过程，进而非法获取、泄露、篡改与伪造信息，破坏网络安全。此种安全管理由以下几种机制保障。

① 管理员身份认证。对管理员用户采用基于公开密钥的证书认证机制；对信任域内的用户采用简单口令认证。

② 管理信息存储和传输的加密。网络管理服务器采用安全套接字层（SSL）传输协议与外界传输数据，保证管理信息的加密传输和完整性；采用加密技术存储机密信息（如登录口令等）。

③ 管理员用户分组与访问控制。将网管系统的用户（即管理员）按任务的不同进行分组，

不同分组的用户具有不同的权限，未授权的用户不能非法管理和访问系统资源。

④ 系统日志分析。记录用户的所有操作，使系统和网络对象的变更有据可查。

（2）网络对象的安全管理

网络对象的安全管理需要利用各层次的防护机制，包括防火墙、入侵检测、认证与加密、防病毒等，以减少非法入侵事件的发生，主要包括以下具体内容。

① 控制与维护对网络资源的访问权限。

② 安全服务设施的建立、控制和删除。

③ 与安全措施有关的信息（如密钥）分发。

④ 与安全有关的事件通知。

⑤ 与安全有关的网络操作的记录，以及记录的维护与查阅。

⑥ 网络防病毒。

5. 计费管理

计费管理（Accounting Management）用于监视与记录用户对网络资源的使用情况，以计算网络运行成本与用户应付费用，或统计网络资源使用情况。网络资源主要包括网络硬件、软件与服务，计费管理功能主要包含以下模块。

① 网络资源使用情况统计。

② 收费计算。

③ 用户账单。

④ 网络运营成本与资费变更。

⑤ 数据管理和维护。

8.2 网络管理协议

早期的网络管理系统往往是厂商在自己的网络系统中开发的专用系统，很难应用在有其他厂商设备参与组建的网络中。随着网络的发展与规模的扩大，网络中设备的种类和数量逐渐增多，网络的复杂性大大加强，由厂商研发的专用系统难以满足人们对异构互连网络的管理需求，也不再符合网络的发展趋势。20 世纪 90 年代初期诞生的 Internet 使人们更深刻地意识到统一网络管理方案的必要性，为此，研发人员展开了对网络管理的研究，并提出了多种网络管理方案，包括 SGMP、SNMP、CMIS/CMIP 等。

8.2.1 SNMP

SNMP（Simple Network Management Protocol，简单网络管理协议）由 IETF（Internet Engineering Task Force，互联网工程任务组）定义，其前身为在 NYSERNET 和 SURANET 网络上开发和应用的网络管理工具 SGMP。Internet 的发展过程中，设备数量和用户以几何级数增长，为了规范管理，研发人员对 SGMP 进行了大量修改，推出了更适用于 Internet 管理的 SNMP。SGMP 是 TCP/IP 框架网络的专用管理工具，早期 SNMP 同样用于 TCP/IP 框架网络的管理。

1. SNMP 的特点

SNMP 本身只是 IETF 制定的临时解决方案，它具有以下特点。

（1）管理信息结构（SMI）以及管理信息库（MIB）非常简单，扩展性好、容易实现、成本低。

（2）可管理绝大部分符合 Internet 标准的设备，伸缩性好。

（3）被管设备故障或错误不会影响管理者的正常工作。

因以上特点，SNMP 得以迅速发展，并受到广泛的支持，成为网络管理方面事实上的标准。

2. SMI

管理信息结构（Structure of Management Information，SMI）用于定义 MIB 中管理信息的语法和语义，实现异构计算机中数据项的相同表示。它只允许存储标量和二维数组（表对象），不支持复杂的数据结构，简化了实现难度，加强了互操作性。

为满足协同操作的要求，SMI 提供了以下标准化技术用以表示管理信息：

（1）声明定义和识别 MIB 对象的规则；

（2）定义 MIB 的层次结构；

（3）规定 MIB 对象值的编码方法。

3. MIB

管理信息库（MIB）是被管对象的集合。使用 SNMP 的管理环境中，所有被管对象都按层次性的结构或树状结构排列，树结构端节点对象是实际的被管对象，每一个对象都代表一些资源、活动或其他管理信息；树状结构本身定义了如何将对象组织成逻辑相关的集合。管理信息库的部分结构如图 8-4 所示。

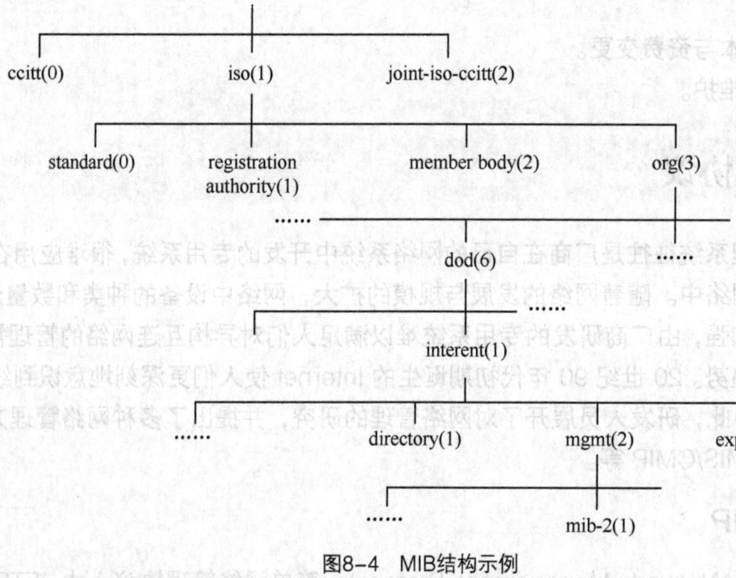

图8-4 MIB结构示例

图 8-4 所示的 MIB 结构又称为对象命名树（Object Naming Tree），通过此结构中蕴含的对象间的逻辑关系，可使管理平台通过对象识别符（Object Identifier Desendant，OID）这种简洁而又方便的方式识别 MIB 中的被管对象。以图 8-4 中的节点 mib-2 为例，可通过分支名.iso.org.dod.internet.mgmt.mib-2，或数字标识符.1.3.6.1.2.1 访问其标识的对象，大多数管理平台都允许以这两种表示方法来表示和管理 MIB 对象。

4. SNMP 的工作机制

SNMP 是基于 TCP/IP 协议簇的网络管理标准，是一种在网络中管理网络节点（如服务器、工作站、路由器、交换机等）的标准协议。在实际管理中，SNMP 为管理员提供一个网管平台，管理员可通过网管平台实现命令发送、数据收集、数据存储和数据分析；在被管设备上运行一个 SNMP 代理（即 Agent），通过代理实现本地数据采集以及与管理平台的 SNMP 通信，如图 8-5 所示。

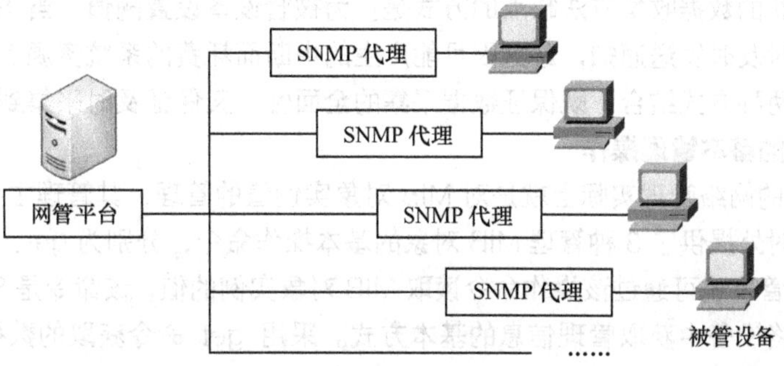

图8-5　SNMP工作机制

5. SNMP 的数据收集方式

被管设备中的 SNMP 代理持续采集数据，将数据存储到当地的 MIB 中。SNMP 提供了两种通过代理从被管设备中收集数据的方式，一种方式基于轮询，另一种方式基于中断。

网管系统向被管设备依次发起查询请求，以获取被管设备在某一时刻的数据信息；为了分析被管设备中通信流量和变化率，网管系统又会分时间片定时查询被管设备中的数据。这样的操作方式即为轮询（polling-only），如图 8-6 所示。

图8-6　轮询

轮询的主要缺陷在于缺乏信息的实时性，尤其是错误的实时性。轮询的间隔、轮询过程中设备的访问顺序等都会对轮询的效果产生影响：若轮询的间隔较小，将产生大量非必要的通信；若轮询间隔较大，且轮询顺序不合理，那么一些大的灾难性事件的通知又不够及时。因此采用轮询方式采集数据时合理设置轮询间隔非常重要。

采用基于中断（interrupt-based）的数据收集方法，可立即将异常信息通知给网管系统，如图 8-7 所示。

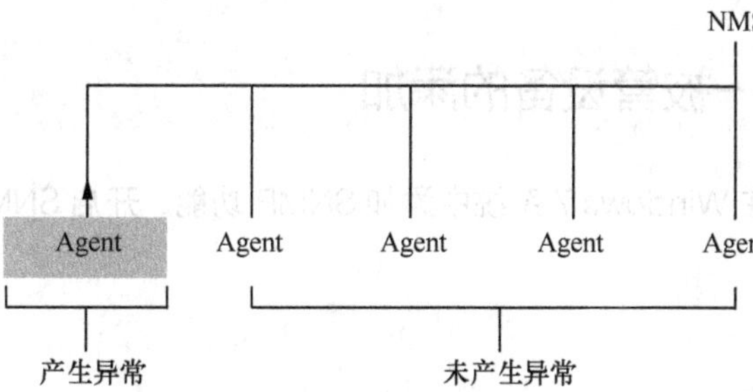

图8-7　基于中断的数据收集

基于中断的数据收集方式解决了轮询的主要缺陷，但此种方式也不够完善。产生错误或异常事件需要消耗系统资源，若错误或异常需要转发大量信息，被管设备将不得不消耗大量系统资源，这会影响到网络管理的主要功能。

克服基于中断的数据收集方法缺点的方式是：为被管设备设置阈值，当 SNMP 代理采集到的数据达到阈值时及时发送通知，避免因可能产生的中断而耗费的系统资源。实际 SNMP 应用中往往是将以上两种方式结合，既保证数据采集的全面性，又保证及时采集到错误和异常信息。

6. SNMP 的基本管理操作

基于 SNMP 的网络管理实际上就是对 MIB 对象实例值的管理，其管理主要分为值的读取和重设。SNMP 中对外提供了 3 种管理 MIB 对象的基本操作命令，分别为 get、set 和 trap。

（1）get：网管系统可通过该操作命令读取 MIB 对象实例的值，该命令是 SNMP 中最常使用的命令，是从网络设备中获取管理信息的基本方式。采用 get 命令获取的数据通常由服务器的 161 端口接收。

（2）set：网管系统可通过该命令设置 MIB 对象实例的值，以改变被管设备的配置或控制设备的运行状态。

（3）trap：SNMP 代理可通过该命令主动向管理站发送通知。若有异常产生，SNMP 代理会向管理站的 162 端口发送消息，通知服务器及时对异常做出反应。trap 命令可用来通知管理站线路的故障、连接的中断和恢复、认证失败等消息。

8.2.2 CMIS/CMIP

CMIS/CMIP 由 ISO 制定，是用于 OSI 模型的网络管理协议簇，其中 CMIS（Commom Management Information Service，公共管理信息服务）支持管理进程和管理代理之间的通信要求，CMIP（Common Management Information Protocol）提供管理信息服务的应用层协议，二者规定了 OSI 系统的网络管理标准。

SNMP 是在简单和易于实现的原则下设计的，其实现不够完善，存在不能有效传送大块数据、不能将网络管理功能分散化、安全性不够好等缺点。20 世纪 80 年代末，人们在 SNMP 的基础上进行了大量改进，推出了 CMIP，并希望使用该协议代替 SNMP。

与 SNMP 相比，CMIP 的突出优势是其使用的变量既能像 SNMP 那样在网络管理系统和被管设备之间传递信息，又能被用来执行各种于 SNMP 中不可能实现的任务；此外，CMIP 中内置了安全管理设备，支持验证、访问控制和安全日志等安全防范措施，使 CMIP 本身具备了安全性能。但 CMIP 占用的网络资源相当于 SNMP 的 10 倍，它虽然足够详细，也相当复杂，因此 CMIP 并未得到实际应用。

8.3 本章实验——被管设备的添加

本实验将展示如何在 Windows 7 系统中添加 SNMP 功能、开启 SNMP 服务，并将本机配置为被管设备。

一、实验目的

（1）了解网络管理结构。

（2）掌握开启 SNMP 服务的方法，可熟练添加被管设备。

二、实验环境

实验设备：两台微型计算机，IP 地址分别为 172.16.43.31、172.16.43.53。

网络操作系统：Windows 7 64 位。

测试工具：Snmputil。

三、实验内容

1. 开启 SNMP 服务

Windows 7 操作系统中默认未添加 SNMP 功能，在该系统中添加 SNMP 功能，开启 SNMP 服务的步骤如下。

（1）单击“开始”→“控制面板”→“程序”，在“程序和功能”下选择“打开或关闭 Windows 功能”，打开“Windows 功能”窗口，在其中选中“简单网络管理协议（SNMP）”选项，如图 8-8 所示。

单击“确定”按钮，打开 SNMP 功能。

（2）单击“开始”→“控制面板”→“管理工具”→“服务”，打开“服务”窗口。在该窗口的服务列表中找到“SNMP Service”服务，右击该服务，选择“重新启动”，重启该服务，如图 8-9 所示。

图8-8 Windows功能

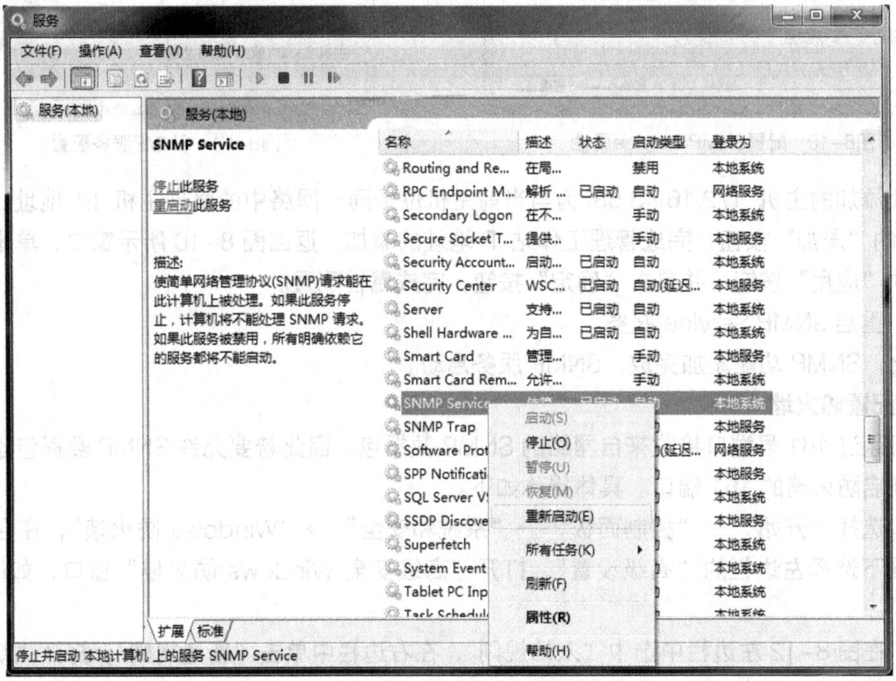

图8-9 重启SNMP服务

2. 添加被管设备到监控主机

（1）在“服务”窗口中双击 SNMP Service，打开 SNMP Service 属性窗口，单击“安全”标签，在该标签页中通过“添加”按钮分别添加“接受的社区名称”与管理工作站的 IP 地址，如图 8-10 所示。

“安全”标签页中“接受的社区名称”可以为自定义的任意字符，此处添加的社区名称为“public”，权限为“只读”。该标签页中可配置当前主机可接受的 SNMP 数据包来源，出于安全性考虑，此处不选择“接受来自任何主机的 SNMP 数据包”。

（2）选择图 8-10 中的“接受来自下列主机的 SNMP 数据包”选项，可观察到主机默认接受来自本地的 SNMP 数据包。若要允许主机接受来自其他主机的数据包，需单击下方的“添加”按钮，在弹出的“SNMP 服务配置”对话框中填入管理工作站的 IP 地址，如图 8-11 所示。

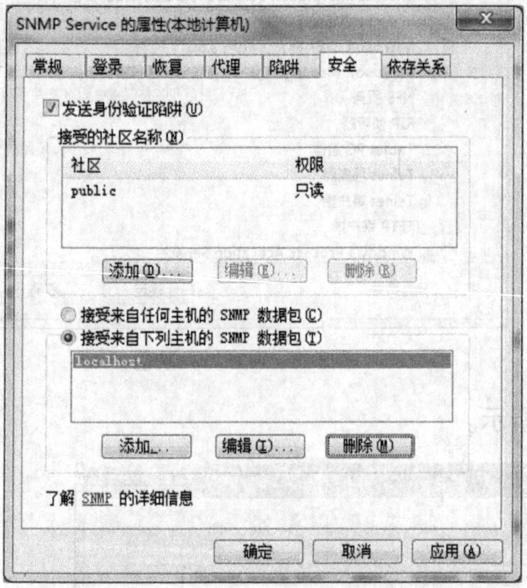

图8-10 配置SNMP Service属性

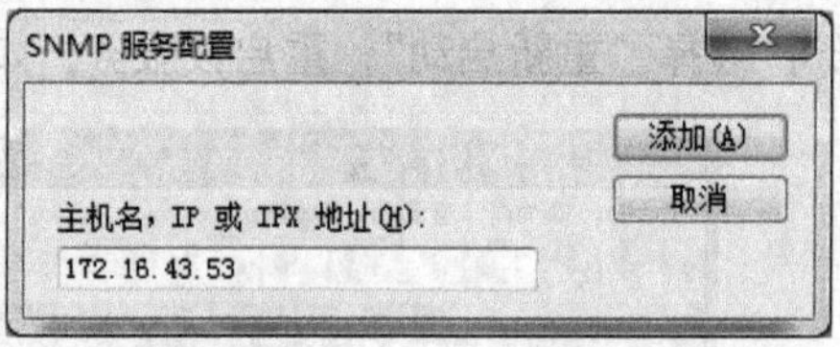

图8-11 SNMP服务配置

此处添加的主机 172.16.43.53 为与当前主机位于同一网络中的管理主机 IP 地址。单击图 8-11 中的“添加”按钮，完成管理工作站 IP 地址的添加，返回图 8-10 所示窗口，单击该窗口右下角的“应用”按钮，并单击“确定”按钮，完成属性配置。

（3）重启 SNMP Service 服务。

至此，SNMP 功能添加完成，SNMP 服务启动。

3. 配置防火墙

主机通过 161 号端口接收来自网络的 SNMP 数据包，因此若要允许 SNMP 数据包通过防火墙，需开启防火墙的 161 端口。具体操作如下。

（1）选择“开始”→“控制面板”→“系统和安全”→“Windows 防火墙”，在启用防火墙的情况下选择左边栏的“高级设置”，打开“高级安全 Windows 防火墙”窗口，如图 8-12 所示。

（2）在图 8-12 左边栏中选中“入站规则”，在右边栏中单击“新建规则”，打开“新建入站规则向导”窗口，该窗口可选择要创建的规则类型，如图 8-13 所示。

图8-12　高级安全Windows防火墙

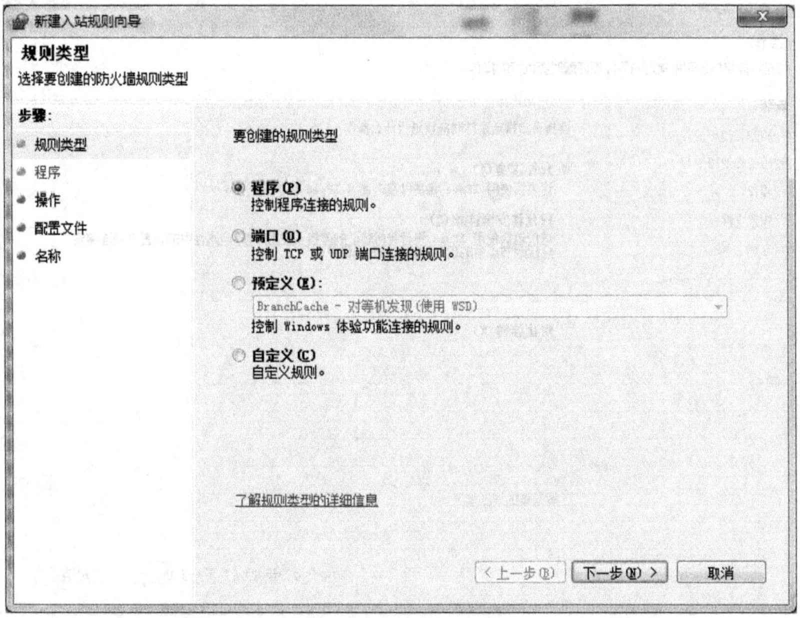

图8-13　新建入站规则向导

（3）在图 8-13 所示窗口中选择“端口”，单击“下一步”按钮，进入“协议和端口”窗口，在该窗口中设置规则使用的协议为“UDP”，此规则适用于“特定本地端口”，端口号为 161，如图 8-14 所示。

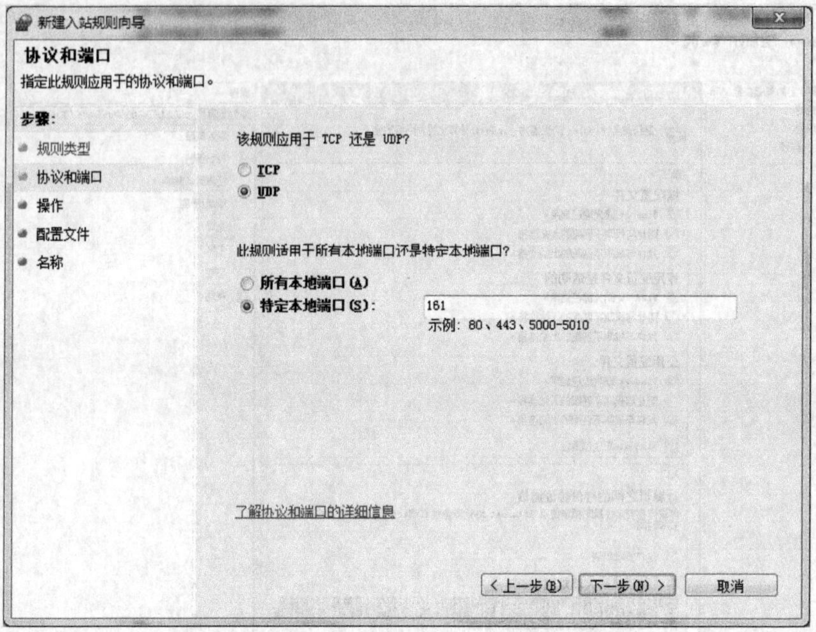

图8-14 设置协议和端口

(4)单击图 8-14 所示窗口中的“下一步”按钮，进入“操作”窗口，该窗口可设置在连接与规则中指定条件相匹配时要执行的操作。此处选择“允许连接”，如图 8-15 所示。

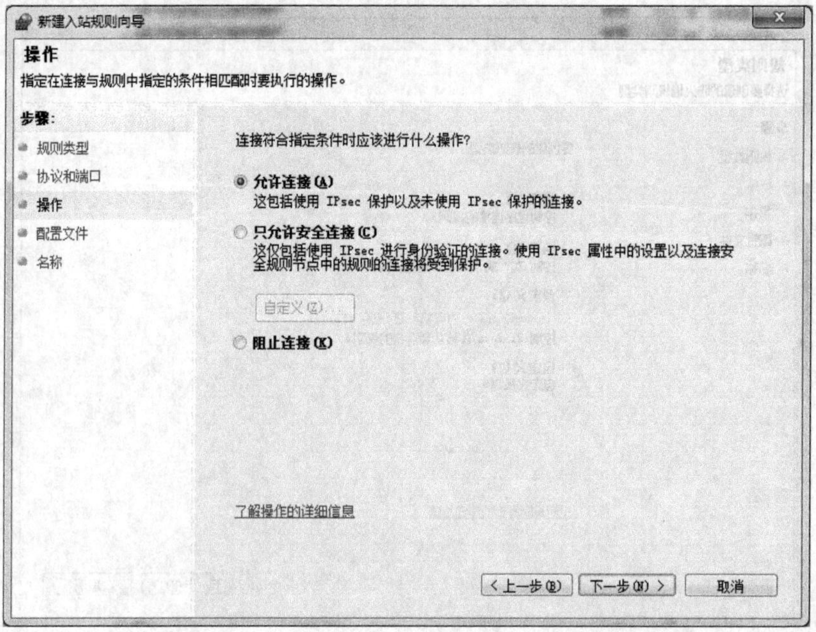

图8-15 操作设置

(5)单击图 8-15 所示窗口中的“下一步”按钮，进入“配置文件”窗口，该窗口可指定此规则应用的配置文件。此处保持默认设置，允许在计算机连接到企业域位置、专用网络和公用网络位置时应用此规则，如图 8-16 所示。

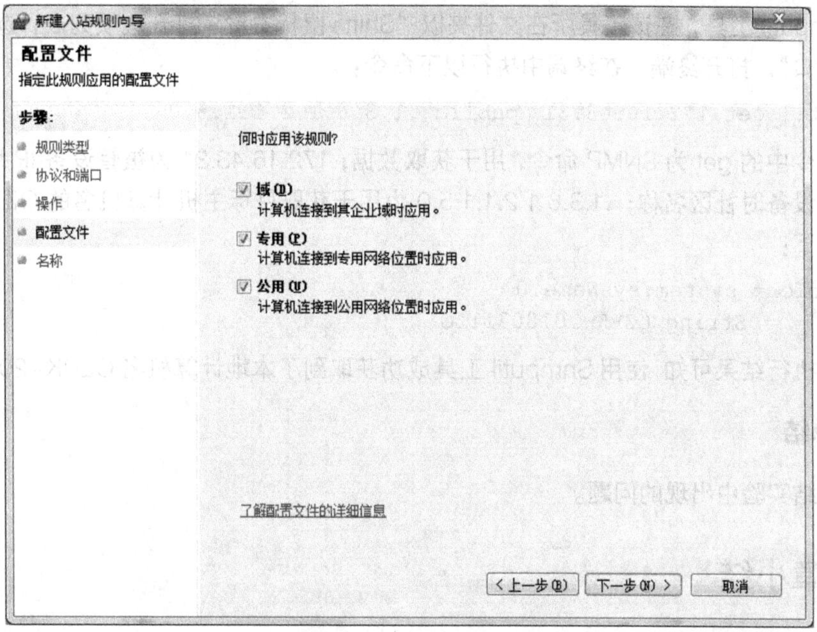

图8-16　配置文件设置

（6）单击图 8-16 窗口中的“下一步”按钮，进入“名称”窗口，在该窗口可指定此规则的名称和描述信息。此处设置名称和描述皆为“SNMP”，如图 8-17 所示。

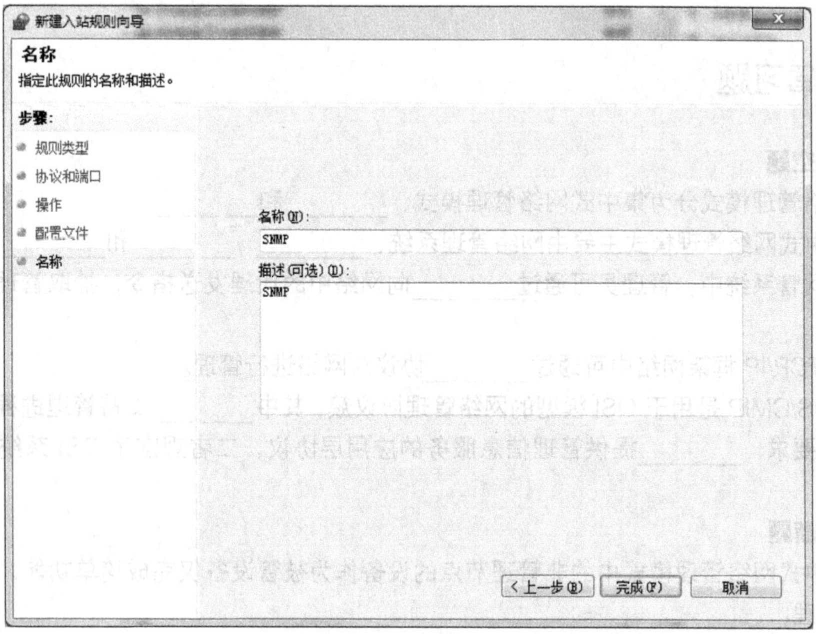

图8-17　名称设置

（7）单击图 8-17 所示窗口中的“完成”按钮，完成入站规则设置。

4．本地测试

下面将使用网络监测工具 Snmputil 发送数据包，获取主机信息。在管理主机 172.16.43.53

中下载 Snmputil 工具，在该工具所在文件夹以“Shift+鼠标右键”打开选项列表，选择“在此处打开命令窗口”，打开终端。在终端中执行以下命令：

```
snmputil get 172.16.43.31  public .1.3.6.1.2.1.1.5.0
```

以上命令中的 get 为 SNMP 命令，用于获取数据；172.16.43.31 为被管设备 IP 地址；public 为添加被管设备时社区名称；.1.3.6.1.2.1.1.5.0 为用于获取目标主机计算机名的 OID。该命令的执行结果如下：

```
Variable = system.sysName.0
Value    = String CZBK-20180711LG
```

由命令执行结果可知，使用 Snmputil 工具成功获取到了本地计算机名 CZBK-20180711LG。

四、总结

分析总结实验中出现的问题。

8.4 本章小结

本章介绍了与网络管理相关的知识，包括网络管理模式、网管系统的功能、流行的网络管理协议，并以实验的方式展示如何向基于 SNMP 的管理系统中添加被管设备。通过本章的学习，读者应对网络管理的功能、网络管理协议有所了解，并掌握将设备添加为 SNMP 被管设备的方法。

8.5 本章习题

一、填空题

1. 网络管理模式分为集中式网络管理模式、________和________。
2. 集中式网络管理模式主要由网络管理系统、________、________和________4 部分组成。
3. 在网管系统中，管理员可通过________向网络中的代理发送指令，抽取管理信息库中的数据。
4. 在 TCP/IP 框架网络中可通过________协议对网络进行管理。
5. CMIS/CMIP 是用于 OSI 模型的网络管理协议簇，其中________支持管理进程和管理代理之间的通信要求，________提供管理信息服务的应用层协议，二者规定了 OSI 系统的网络管理标准。

二、判断题

1. 集中式网络管理模式中的非管理节点的设备作为被管设备仅完成简单功能，并统一由中心管理机管理。（　）
2. 网络管理系统为网络管理员提供了管理网络的接口。（　）
3. SNMP 虽然简单，但其占用的资源以及安全性方面都要优于 CMIP，因此 CMIP 未能替代 SNMP，得到广泛应用。（　）
4. SNMP 代理向管理站主动发送通知是利用了 SNMP 中的 put 命令。（　）

5. 网管系统中的故障管理主要包含故障检测、故障报警、故障排错工具和故障信息管理 4 个模块。（　）

三、单选题

1. 下列哪个选项不是 SNMP 对外提供的管理 MIB 对象的基本操作命令。(　　)

   A. get　　B. set　　C. trap　　D. put

2. SNMP 若要通知管理站有异常发生，会向管理站的哪个端口发送消息？（　　）

   A. UDP 161　　B. UDP 162　　C. TCP 161　　D. TCP 162

3. 下列哪个选项是对网管系统自身安全性的管理。(　　)

   A. 管理员身份认证　　B. 系统日志分析
   C. 管理员用户分组与访问控制　　D. 以上全部

4. 下列关于 SNMP 协议的说法，不正确的是? (　　)

   A. 简单、安全、易实现、成本低
   B. 不能有效传送大块数据
   C. 不能将网络管理功能分散化
   D. 与 CMIP 相比，仅占用少量网络资源

5. 下列关于网络管理系统的说法，错误的是? (　　)

   A. 网络管理系统分为五大项，但网管系统并不一定都具备这五项功能
   B. 目前网络中常用的网管系统模式是分层式网络管理模式
   C. 网络中的被管设备需要安装代理程序，否则网管系统无法收集被管设备信息
   D. 网络管理系统在管理网络时必须遵守网络管理协议

四、简答题

1. 简述网络管理的概念。
2. 简单比较 SNMP 与 CMIS/CMIP，说明 SNMP 的优越性。

9 Chapter

第9章 网络安全

拓展阅读

学习目标

- 了解网络安全的概念
- 熟悉信息安全技术
- 掌握系统安全的配置方法
- 掌握捕获网络数据的方式

随着网络技术的提升与网络设备的普及，网络在人类生活中发挥着越来越重要的作用。然而网络在为人类生活与社会发展带来便利的同时，也带来了新的挑战。如何保证信息在网络中的隐蔽性，实现网络安全，是网络用户关心的问题，也是网络工程师在组建网络时必须考虑的重要问题。本章将对网络安全的相关知识、网络安全面临的威胁、保证网络安全的方法等内容进行讲解。

9.1 网络安全概述

网络安全引申自信息安全，维护网络安全的目标也是维护网络中信息本身的安全。信息安全指对信息的保密性、完整性和可用性的保护，防止未授权者篡改、破坏和泄露信息；网络安全包括物理安全和逻辑安全两方面，物理安全指系统设备及相关设施受到物理保护，免于破坏、丢失等；逻辑安全指信息的保密性、完整性、可用性、可控性和不可否认性，这五大特性的具体含义分别如下。

（1）保密性：指保护数据不被非法截取或未经授权浏览。这一点对敏感数据的传输尤为重要，同时也是通信网络中处理用户的私人信息所必需的。

（2）完整性：指保证被传输、接收或存储的数据是完整的和未被篡改的。

（3）可用性：指在遭遇突发事件（如供电中断、自然灾害、事故或攻击等）的情况下，仍能保证网络系统的正常运行，保证数据的存储、传输等不受影响。

（4）可控性：指对信息、信息处理过程以及信息系统本身可实施合法的监控和检测。

（5）不可否认性：指能够保证信息行为人不能否认其信息行为，这一特性可防止参与某次通信交换的一方事后否认本次交换曾经发生。

对网络信息的保密性、完整性、可用性、可控性以及不可否认性造成的伤害称为威胁，威胁的具体体现称为攻击。威胁的强弱与网络系统本身有关，对于同一种威胁，网络系统本身越强大，威胁相对就较弱。

对网络的威胁分为对设备和硬件等的物理威胁，以及软件威胁。物理威胁一般指设备和硬件造成的威胁，这种威胁主要来源于设备和硬件所处的环境。在组建网络时通过各种安全措施可有效避免此类威胁。软件威胁主要指人类通过软件方式攻击网络，威胁网络安全。

人为攻击方式分为流量分析和主动攻击两种。

1. 流量分析

流量分析（traffic analysis）也称为截取，是一种非显式的威胁，通常难以检测。攻击者往往只是观察和分析通信实体的通信内容，不会直接干扰通信过程。虽然流量分析不会对通信过程产生直接、显式的威胁，但攻击者可能从通信内容中了解数据的性质、获取通信实体的身份和地址，利用这些间接信息，对通信实体本身进行攻击。

2. 主动攻击

主动攻击的方式有很多，与流量分析相比，这种威胁更加直接。常见的主动攻击方式有篡改、恶意程序和拒绝服务等。

（1）篡改

篡改是指攻击者通过某种方式中断通信实体间的报文传输，或更改、伪造报文发送给接收方。这种攻击方式也称为“更改报文流”。

（2）恶意程序

恶意程序（rogue program）指会对计算机功能产生影响的一些程序，也称为计算机病毒，是编制者在计算机程序中插入的破坏计算机功能或数据的代码，可自我复制，具有传播性、隐蔽性、感染性、潜伏性、可激发性、表现性或者破坏性。恶意程序能将自身附着在各种类型的文件上，当文件被复制，或从一个用户传送到另一个用户时，它就随文件蔓延开来。

根据病毒的功能，病毒又分为传输后自动启动的蠕虫病毒（computer worm）、执行恶意程序而非所声明功能的特洛伊木马（Trojan horse）、在运行环境满足一定条件时执行一些特殊功能的逻辑炸弹（logic bomb）等。

（3）拒绝服务

拒绝服务（Denial of Service，DoS）指攻击者以向服务器发送大量垃圾信息或干扰信息的方式，使服务器无法向正常用户提供服务的现象。

网络攻击的形式是多样的，发起时机又是不可测的，人们应主动提高网络自身的防御能力、对破坏的承受能力以及自我修复的能力，以保证网络安全。

9.2 信息安全技术

计算机网络中常用的信息安全技术有信息保密技术、信息认证技术和网络安全技术。

9.2.1 信息保密技术

信息保密技术是利用数学或物理手段，对电子信息在存储体内和传输过程中进行保护，以防止泄露的技术。保密通信、计算机密钥、防复制软盘等都属于信息保密技术。信息保密技术是保障信息安全最基本、最重要的技术，一般采用国际上公认的安全加密算法实现。在多数情况下，信息保密技术被认为是保证信息机密性的唯一方法，其特点是用最小的代价来获得最大的安全保护。

信息保密技术主要包括信息加密技术和信息隐藏技术。信息加密技术旨在将明文信息通过加密算法转换为看似无用的乱码，使攻击者无法读懂信息，从而保证信息安全；信息隐藏技术是将有用的信息隐藏在其他信息中，避免攻击者发现信息。

1. 信息加密技术

信息加密系统由以下 4 部分组成：

（1）明文，即未经任何处理的原始报文；

（2）密文，即经加密技术处理后的报文；

（3）加密/解密算法；

（4）加密/解密密钥。

信息加密技术中的信息传输流程为：发送方在传输原始报文之前先使用加密密钥，通过加密算法对其加密，形成密文；后经由网络传输，递达接收方；接收方使用解密密钥，通过解密算法对密文解密，获得明文，如图 9-1 所示。

到目前为止，已公开发表的加密算法多达数百种，若按照加密密钥与解密密钥是否相同分类，可将加密技术分为对称加密技术和非对称加密技术。

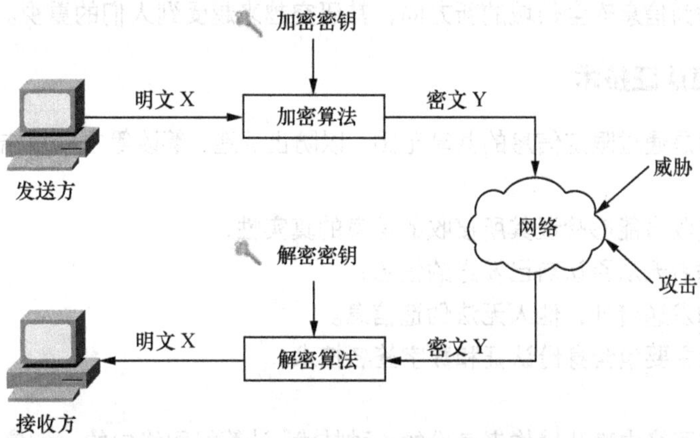

图9-1 信息加密中信息传输流程

（1）对称加密技术

在对称加密技术中，收发双方使用同样的密钥：发送方结合密钥将明文经算法处理为密文，并发送给接收方；接收方接收到密文后，使用相同的密钥与算法对其解密，恢复成明文。对称加密技术的算法公开、计算量小、加密速度快、加密强度高，但由于通信双方使用相同的密钥，它具有以下缺点：

① 密钥分发困难，安全性得不到保障。

② 由于每对用户每次使用对称加密算法时都需要使用其他人不知道的唯一密钥，通信双方所持有的密钥数量呈几何级增长，管理困难。

③ 缺乏签名功能，使用范围不够广泛。

目前计算机网络中广泛使用的对称加密算法有美国数据加密标准 AES 和欧洲数据加密标准 IDEA。

（2）非对称加密技术

非对称加密技术中使用一对密钥：公钥和私钥。若使用公钥加密数据，只有对应的私钥可以解密；如果使用私钥加密数据，只有对应的公钥可以解密。因为加密和解密使用不同的密钥，所以这种加密技术称为非对称加密技术。

非对称加密技术的信息传输流程是：甲方生成一对密钥，并将其中的一把作为公钥向其他方公开；得到该公钥的乙方使用该密钥对信息进行加密后发送给甲方；甲方使用自己保存的另一把密钥（即私钥）对加密后的信息进行解密。

非对称加密技术的加密算法复杂，加密/解密速度较低。但与对称加密技术相比，它不要求通信双方事先传递密钥或做任何约定就能完成保密通信。目前最具有代表性的非对称加密算法是由罗纳德·李维斯特（Ron Rivest）、阿迪·萨莫尔（Adi Shamir）和伦纳德·阿德曼（Leonard Adleman）一起提出的 RSA 加密算法。

非对称加密算法的密钥管理简单，该算法广泛应用于身份认证、数字签名等对安全性要求较高的领域。

2. 信息隐藏技术

信息加密技术虽然可能避免攻击者读懂信息，但无法避免攻击者销毁信息；与信息加密技术相比，信息隐藏技术更能保证信息的安全。虽然目前信息加密技术仍是保障信息安全最基本的手段，但信息隐藏作为信息安全领域的新方向，其研究越来越受到人们的重视。

9.2.2 信息认证技术

信息认证技术是通过限定信息的共享范围，以防止伪造、篡改等主动攻击的技术，其基本功能如下：

（1）合法的接收者能够验证其所接收的信息的真实性；

（2）信息发送者无从否认自己发送的信息；

（3）除合法的发送者外，他人无法伪造信息。

信息认证技术主要包含身份认证和数字签名技术。

1. 身份认证

身份认证是在网络中确认操作者身份的一种技术。计算机网络中的一切信息都是由一组特定数据表示的，计算机只能识别用户的数字身份，所以对用户的授权也是针对用户数字身份的授权。如何保证以数字身份进行操作的操作者就是该数字身份的合法拥有者，就是身份认证技术需解决的问题。

在真实世界中，对用户的身份认证可从以下 3 个方面着手：

（1）基于秘密的身份认证。即使用用户应知的信息来验证用户身份；

（2）基于信任物体的身份认证。即根据所拥有的东西来验证用户身份；

（3）基于生物特征的身份认证。即根据独有的体征（如指纹、面貌等）来验证用户身份。

在网络中对用户身份的认证同样从以上 3 个方面着手，为了保证身份认证的安全性，某些场景会混合两个方面，执行所谓的“双因素认证”。

身份认证是网络环境中的第一道重要防线，只有具有完善、有效的身份认证系统，才能从身份出发，为用户分配权限，并更进一步实现访问控制、安全审计和入侵检测等其他的安全措施。身份认证是网络安全的核心，是攻击者的主要攻击目标。

2. 数字签名技术

数字签名技术与纸质文件上的物理签名功能相同，都用于鉴别信息的真伪。数字签名技术中使用了 Hash 函数和非对称加密算法，其操作分为数字签名和数字签名验证两个过程，数字签名这一过程发生在发送端，具体步骤如下：

（1）发送方利用数字摘要技术（单向的 Hash 函数）生成报文摘要；

（2）采用非对称加密技术中的私钥对报文摘要进行加密；

（3）将原文和加密后的摘要一同发送给接收方。

数字签名验证这一过程发生在接收端，具体步骤如下：

（1）接收方利用数字摘要技术从原文中生成报文摘要；

（2）接收方采用公钥对发送方发来的摘要密文进行解密，得到发送方生成的报文摘要；

（3）接收方对比两份报文摘要，若相同则说明信息没有被篡改。

9.2.3 网络安全技术

信息保密技术和信息认证技术能对网络中信息本身的安全性提供一定的保障，网络安全技术则从网络层面上，提高网络本身的安全性。常见的网络安全技术有防火墙技术、虚拟专用网技术、入侵检测技术等，这些技术在攻击者和受保护的资源之间建立了多道严密的安全防线，极大地增加了恶意攻击的难度，增加了审核信息的数量，使利用审核信息反向跟踪入侵者成为可能。

1. 防火墙技术

如果一个网络接入了 Internet，这个网络便能与 Internet 中的其他网络通信，相应地，其他网络也可以访问该网络。网络上的威胁数不胜数，为了保证网络的安全，阻断恶意入侵，可以在该网络与 Internet 之间设置防火墙。

在古代建筑中，防火墙是处于两座寓所之间，用于预防火灾事件中火势扩大，由不燃性材料制作的墙体；在网络中，防火墙是一种保护计算机网络的技术性措施，它位于网络边缘，通过网络通信监控系统隔离内部网络和外部网络，阻挡来自外部的网络入侵。防火墙在网络中的位置如图 9-2 所示。

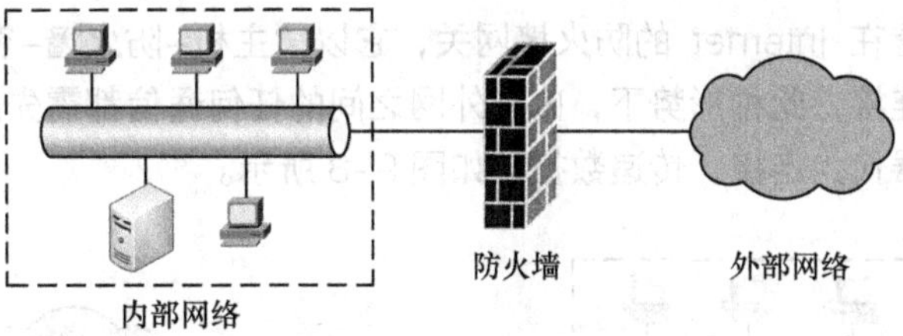

图9-2　防火墙位置示意图

根据形态的不同，防火墙可分为硬件防火墙和软件防火墙。硬件防火墙基于 PC 架构，与普通家用计算机相似，但其上运行一些经裁剪和简化的操作系统，如 UNIX、Linux 等。软件防火墙运行在特定的计算机上，需要用户预先安装好的计算机操作系统的支持，像其他软件产品一样，软件防火墙在使用之前需先进行配置。

根据实现技术的不同，防火墙主要可分为包过滤防火墙、应用级网关、电路级网络等。

（1）包过滤防火墙

包过滤防火墙也称为网络级防火墙，它工作在 OSI 参考模型的网络层，基于数据包头的源 IP 地址、目的 IP 地址、端口号和协议等信息对包进行过滤，做出是否允许包通过的判断。只有满足过滤规则的包才允许通过，进而被转发到目的地；否则防火墙使用默认规则（一般为丢弃）对包进行处理。

包过滤防火墙实现方式简单、处理速度快、价格便宜，为用户提供透明的服务，是一种有效的安全手段。但包过滤防火墙具有以下缺陷：

① 不能防范黑客攻击。

② 不支持应用层协议。

③ 不能处理新的安全威胁。

由此可知，包过滤防火墙比较初级，无法完全承担保护网络安全的重任。包过滤防火墙一般集成在路由器中，用于过滤数据包的路由器被称为过滤路由器。

（2）应用级网关

应用级网关能检查进出的数据包，通过网关复制传递数据，防止在受信任服务器和客户机与不受信任的主机间直接建立联系。应用级网关与包过滤防火墙有一个共同特点，即都仅仅依靠特定的逻辑，判断是否允许数据包通过，一旦逻辑满足，防火墙内外的计算机建立直接联系后，防火墙外部的用户有可能直接了解防火墙内部的网络结构和运行状态，这显然容易受到非法访问和攻击。

在实际工作中，应用级网关一般由专用工作站系统完成。应用级网关的优点是具有较好的访问控制功能，它是目前最安全的防火墙技术。但由于每一种协议都需要相应的代理软件，应用级网关的工作量大，效率不如网络级防火墙。此外应用级网关实现困难、缺乏“透明度”，用户在受信任的网络上通过防火墙访问 Internet 时，经常会存在延迟，并且必须进行多次登录才能访问网络。

（3）电路级网关

电路级网关工作在 OSI 参考模型的会话层，它只监控受信任的客户或服务器与不受信任的主机间的 TCP 连接，不关心应用协议，也不对包进行过滤处理。电路级网关提供了一个重要的安全功能：代理服务器。

代理服务器是设置在 Internet 的防火墙网关，它以“主机-防火墙-客户”的形式代替客户端与主机之间的直接连接，此种形势下，内、外网之间的任何通信都需先经过代理服务器审核，审核通过由代理服务器代为连接，传递数据，如图 9-3 所示。

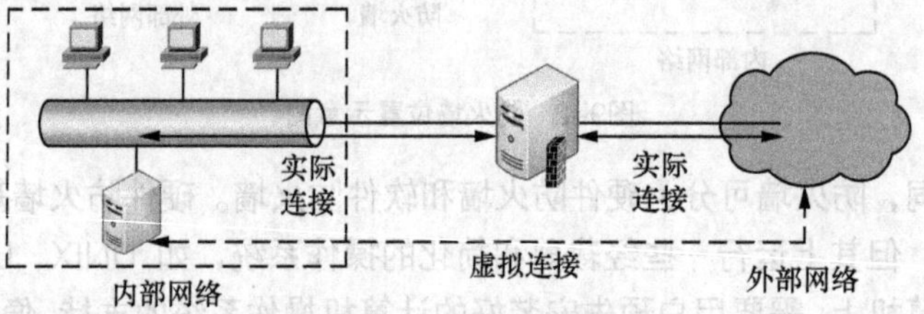

图9-3　电路级网关代理服务器模型

防火墙具有一定的保护作用，若防火墙开启，入侵者必须首先穿过防火墙的安全防线，才能接触目标主机。当然防火墙并非万无一失，当网络对安全性要求较高时，可以将以上几种防火墙结合起来，形成复合型防火墙，或者安装防护软件、使用其他网络安全技术，以保证网络的安全。

2. 虚拟专用网技术

虚拟专用网（Virtual Private Network，VPN）是指在公用网络上建立专用网络的技术，因为这种专用网络的任意两个节点之间并没有传统专网所需的端到端的物理链路，而是基于公用网络服务商所提供的网络平台建立了传输数据的逻辑链路，所以称为“虚拟”专用网。

由于虚拟专用网采用加密及身份验证等安全技术，可靠性及传输数据的安全性、保密性均得到了保证。

3. 入侵检测技术

入侵检测技术（Intrusion Detection System，IDS）是指通过从计算机网络或计算机系统中的若干关键点收集信息并对其进行分析，从而判断网络或系统中是否有违反安全策略的行为，和遭受袭击的迹象的一种安全技术。

IDS 的主要任务是监测并分析用户和系统活动，检查系统配置和漏洞，评估系统关键资源和数据的完整性，并识别已知的攻击行为，统计分析异常行为。此外，IDS 还可以对操作系统进行日志管理，并识别违反安全策略的用户活动。

IDS 的工作过程可分为数据收集、数据分析和结果处理三步。数据收集中收集到的数据作为判断依据，由数据分析中的分析引擎对其进行分析，获取分析结果，结果处理中依据分析结果，在适当的时候发出警报，进行相应处理。

IDS 的主要方法有模式匹配、统计分析、神经网络、机器学习等。一个成功的 IDS 系统能使系统管理员及时获知网络信息系统的变更，并做出响应。

9.3 系统安全

操作系统是计算机中配置的重要软件之一，通过操作系统，用户可方便地控制计算机，因此提高操作系统的安全性，也是保证网络安全的渠道之一。用户可通过配置系统设置，与安装防护软件来保障系统的安全。通过对操作系统进行配置，可对账户信息、权限、端口等进行限制，以提高系统安全性。本节将以 Windows 7 操作系统为例，说明提高系统安全性的方法。

1. 配置账户策略

攻击者在攻击网络时，会尝试窃取用户账户信息，若成功获取账户信息，攻击者便可进入网络，像用户一样使用网络。因此，为了保护系统的安全，应提高密码被破解的难度。可通过本地安全策略对账户和密码的配置进行统一的规范，配置账户策略的方式如下。

单击“开始”→“控制面板”，在控制面板右上角“查看方式”的选项列表中选择“大图标”，调出“所有控制面板选项”，选择“管理工具”→“本地安全策略”，打开“本地安全策略”窗口，如图 9-4 所示。

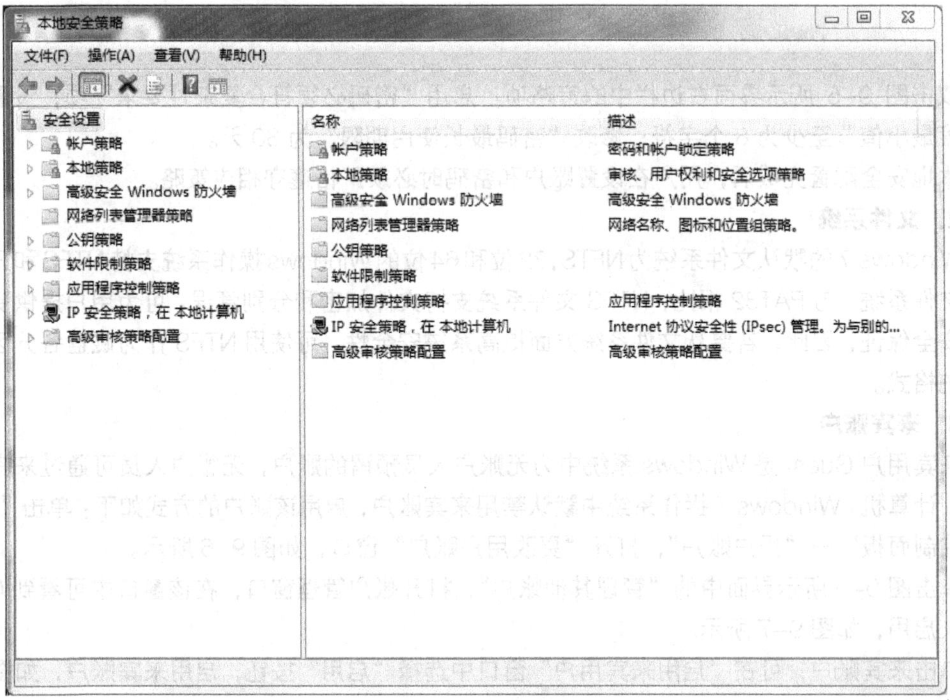

图9-4 本地安全策略

选择“本地安全策略”窗口左侧的“账户策略”→“密码策略”，可查看到已有密码策略，如图 9-5 所示。

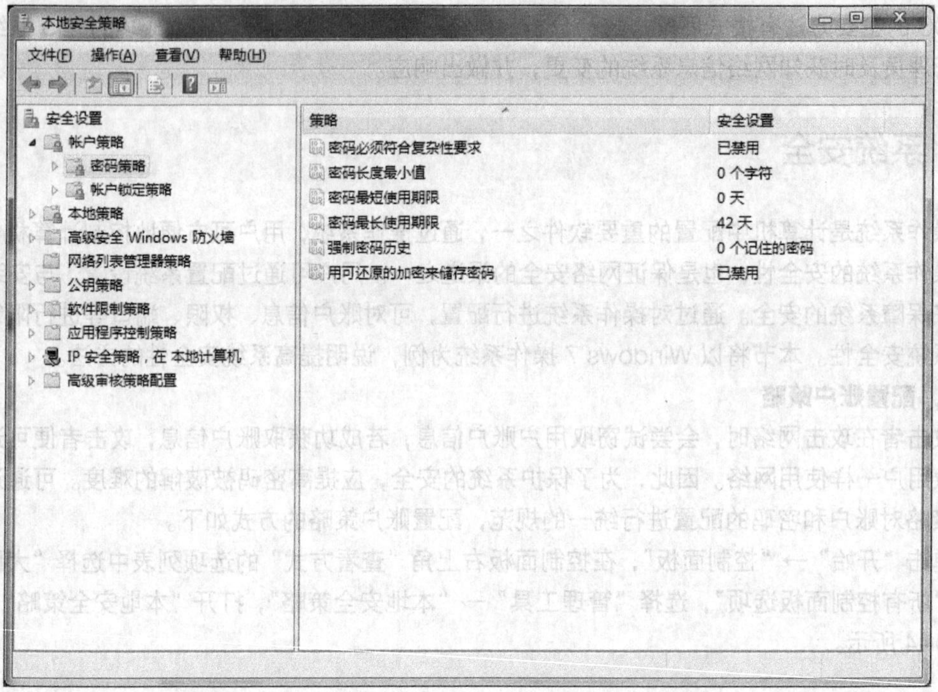

图9-5　密码策略

双击图 9-5 所示界面右边栏中的策略项：启用“密码必须符合复杂性要求”项；设置“密码长度最小值”至少为 8 个字符；修改“密码最长使用期限”为 30 天。

本地安全配置完成后，用户在设置账户和密码时必须严格遵守相应策略。

2. 文件系统

Windows 7 的默认文件系统为 NFTS，32 位和 64 位的 Windows 操作系统支持 NTFS 和 FAT32 两种文件系统，与 FAT32 相比，NTFS 文件系统支持文件加密和分别管理，可为用户提供更高层次的安全保证，因此，若要从文件系统方面提高系统安全性，可使用 NTFS 作为磁盘各分区的文件系统格式。

3. 来宾账户

来宾用户 Guest 是 Windows 系统中为无账户人员预留的账户，无账户人员可通过来宾账户登录到计算机。Windows 7 操作系统中默认禁用来宾账户，启用该账户的方式如下：单击“开始”→“控制面板”→“用户账户”，打开“更改用户账户”窗口，如图 9-6 所示。

单击图 9-6 所示界面中的“管理其他账户”，打开账户管理窗口，在该窗口中可看到 Guest 账户未启用，如图 9-7 所示。

单击来宾账户，可在“启用来宾用户”窗口中选择“启用”按钮，启用来宾账户，如图 9-8 所示。

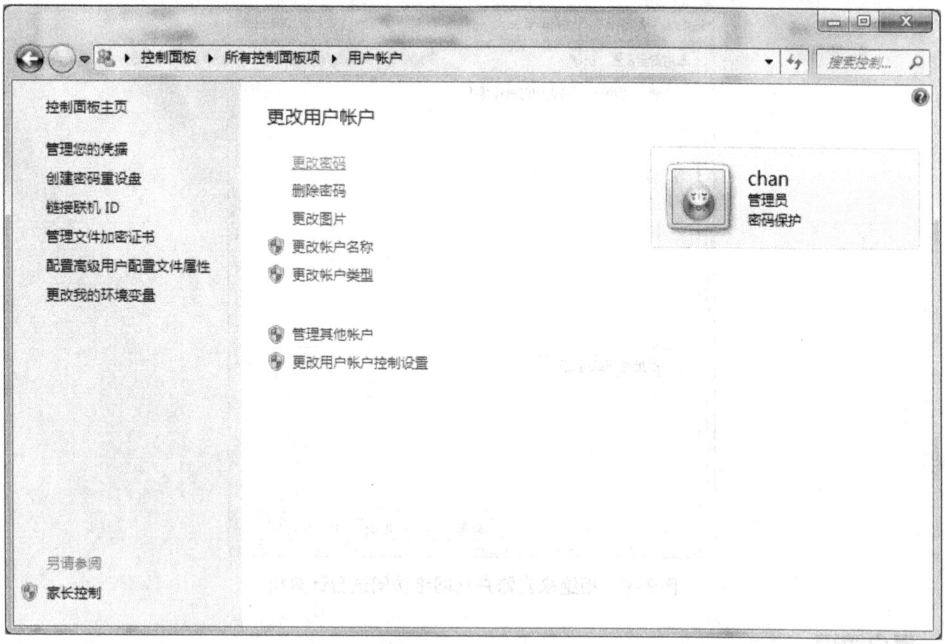

图9-6　更改用户账户

图9-7　来宾账户未启用

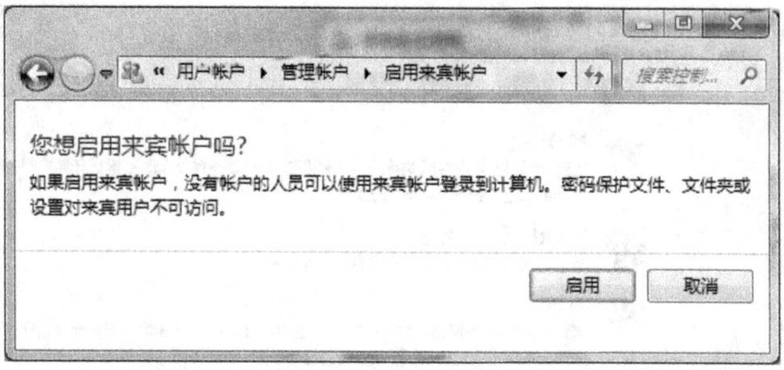

图9-8　启用来宾账户

为保证系统安全，应拒绝来宾用户从网络访问计算机，具体操作为：打开控制面板中管理工具里的“本地安全策略”，在窗口左边栏选择“本地策略”→“用户权限分配”，在右边栏策略列表中找到策略“拒绝从网络访问这台计算机”，双击打开该策略的属性，在其中添加用户 Guest，如图 9-9 所示。

如需开放来宾账户权限，则应为来宾账户设置复杂的密码。具体操作为：单击“开始”→“控制面板”→“管理工具”→“计算机管理”，打开“计算机管理”窗口，选择该窗口左边栏的“本地用户和组”→“用户”，打开用户列表，右击来宾账户 Guest，选择“设置密码”，为来宾账户设置密码。

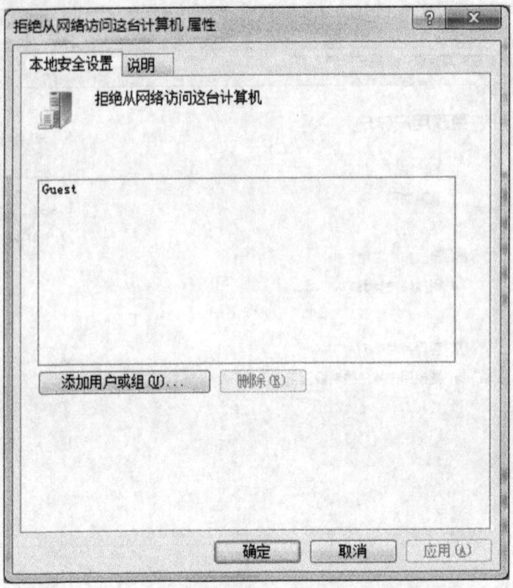

图9-9　拒绝来宾账户从网络访问这台计算机

4. 用户管理

Windows 7 系统默认管理员账户为 Administrator，将其更名，伪装成普通用户，具体操作为：在计算机管理窗口中打开用户列表，右击管理员账户 Administrator，选择“重命名”，重新为管理员用户命名。

另外，可限制系统中账户数量，及时删除无用账户；限制普通用户权限。

5. 防火墙

Windows 7 系统默认开启防火墙，单击“开始”→“控制面板”→“系统和安全”，打开控制面板主页，如图 9-10 所示。

图9-10　控制面板主页

单击控制面板主页右边栏“Windows 防火墙”选项下的“检查防火墙状态”，打开“Windows 防火墙”窗口，如图 9-11 所示。

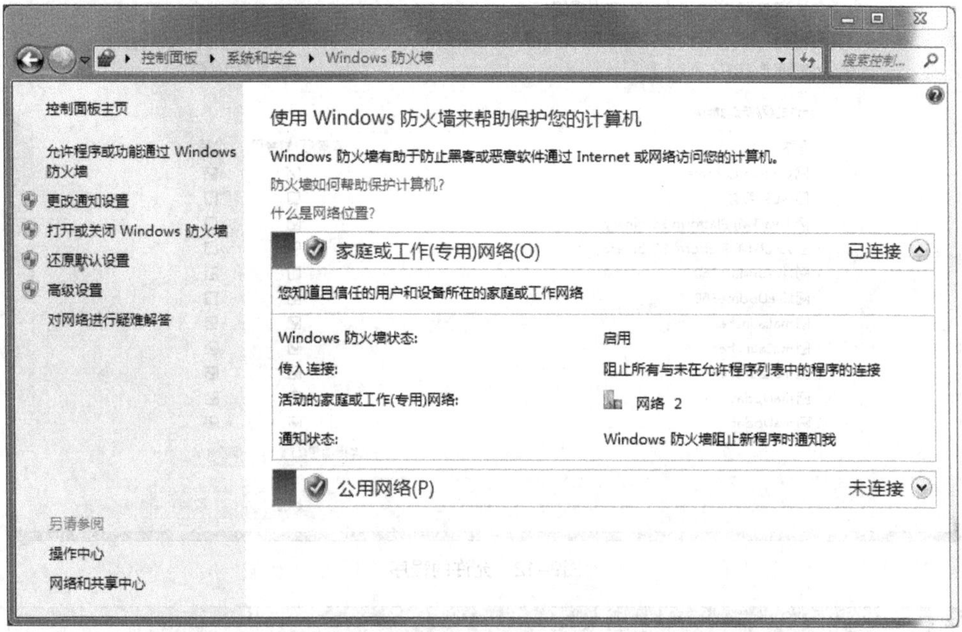

图9-11 Windows防火墙

从图 9-11 中可看到，当前系统中的防火墙已开启。

通过图 9-11 左边栏的选项，可对防火墙进行以下配置：

（1）允许程序或功能通过 Windows 防火墙。

（2）更改通知设置。

（3）打开或关闭 Windows 防火墙。

（4）还原默认设置。

（5）高级设置。

以上配置中“允许程序或功能通过 Windows 防火墙”用于添加、更改或删除防火墙允许通信的程序和端口，单击该选项，相应窗口如图 9-12 所示。

单击图 9-11 所示窗口左边栏的“高级设置”选项可打开“高级安全 Windows 防火墙”窗口，如图 9-13 所示。

在图 9-13 所示窗口中，可查看已有防火墙规则，并添加、删除、修改规则。

6. 关闭非必要端口

Windows 系统默认开启一些一般不使用的端口，如 135、139、445 端口，其中 135 端口被用于 RPC（远程过程调用）服务，139 端口被用于文件和打印机共享，445 端口用于在局域网中轻松访问各种共享文件夹或打印机。若计算机不使用这些端口，则应关闭这些端口以避免被黑客利用，危害网络安全。

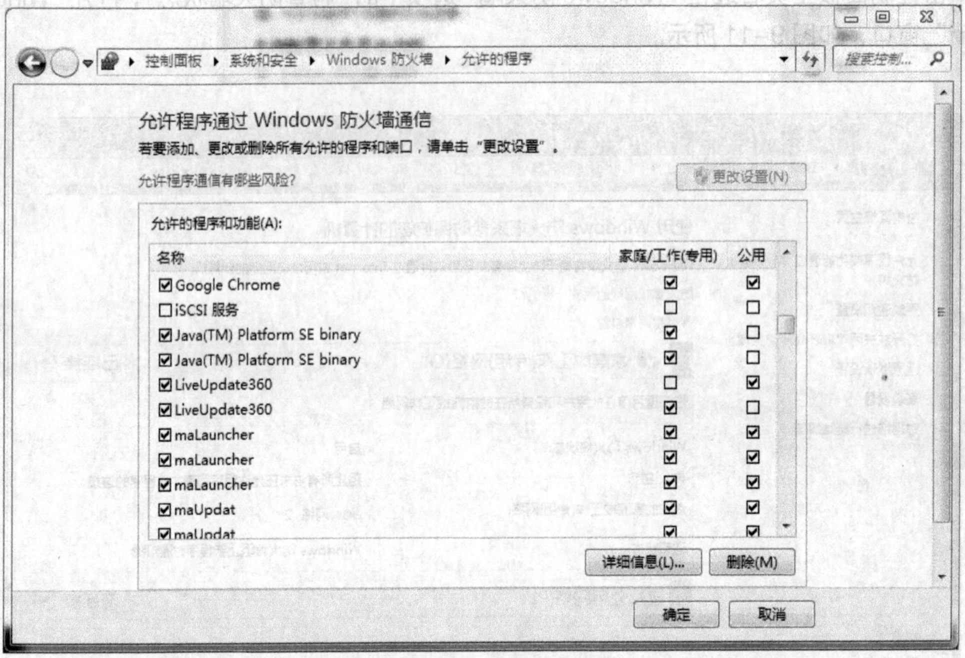

图9-12　允许的程序

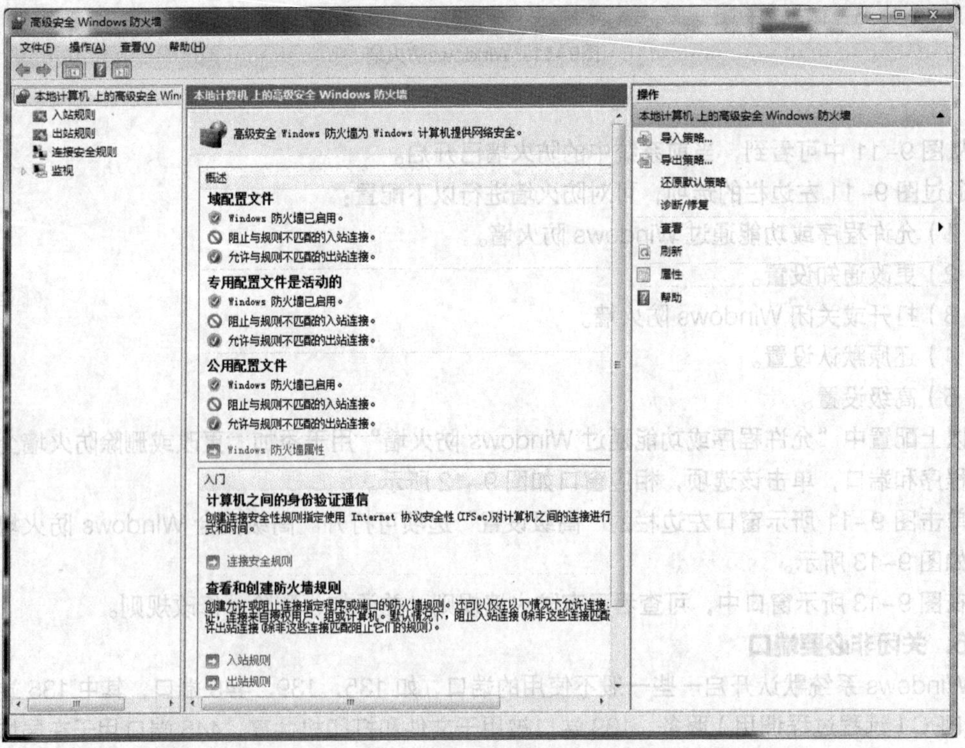

图9-13　高级安全Windows防火墙

用户可通过本地安全策略中的安全设置关闭非必要端口，具体操作如下。

（1）创建 IP 安全策略

打开控制面板管理工具中的“本地安全策略”，在安全设置列表中选中“IP 安全策略，在本地计算机”，在右边栏中右击空白区域，在下拉列表中单击“创建 IP 安全策略”，打开“IP 安全策略向导”窗口，如图 9-14 所示。

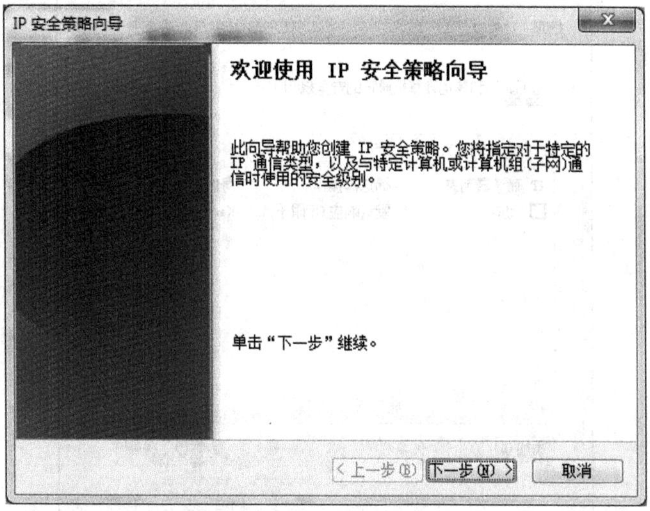

图9-14　打开IP安全策略向导

单击“下一步”按钮，为 IP 安全策略设置名称与描述信息，此处设置名称为“关闭端口”，描述信息为空，如图 9-15 所示。

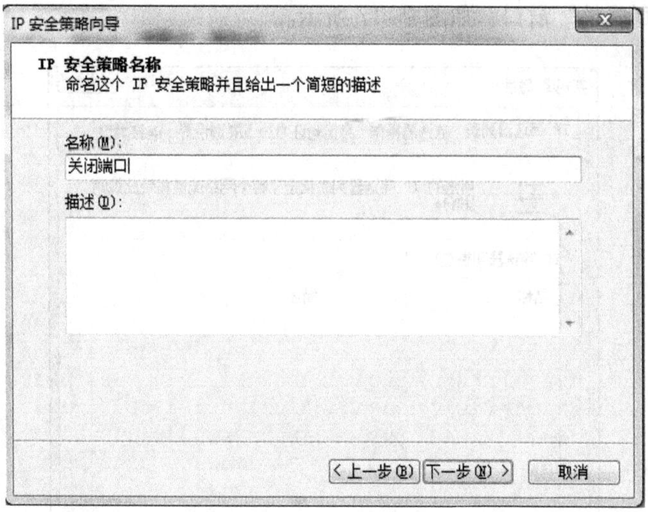

图9-15　IP安全策略名称

单击“下一步”按钮，取消勾选“安全通讯请求”页的“激活默认响应规则”选项；继续单击“下一步”按钮，勾选“正在安装 IP 安全策略向导”页的“编辑属性”选项，最后单击“完成”按钮，完成创建 IP 安全策略。

（2）关闭端口

单击“完成”按钮后，IP 安全策略向导退出，同时弹出“关闭端口属性”窗口，如图 9-16 所示。

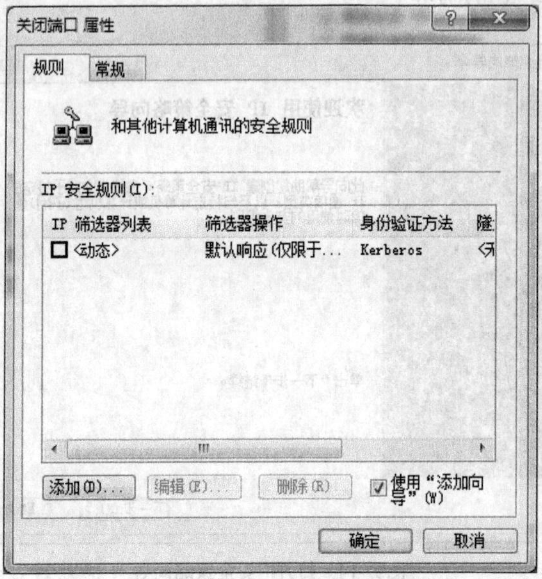

图9-16　关闭端口属性

在该窗口中用户可关闭指定端口，具体步骤如下。

取消勾选“关闭端口属性”窗口右下角的“使用“添加向导””选项，单击左下角的“添加”按钮，弹出“新规则属性”窗口，如图 9-17 所示。

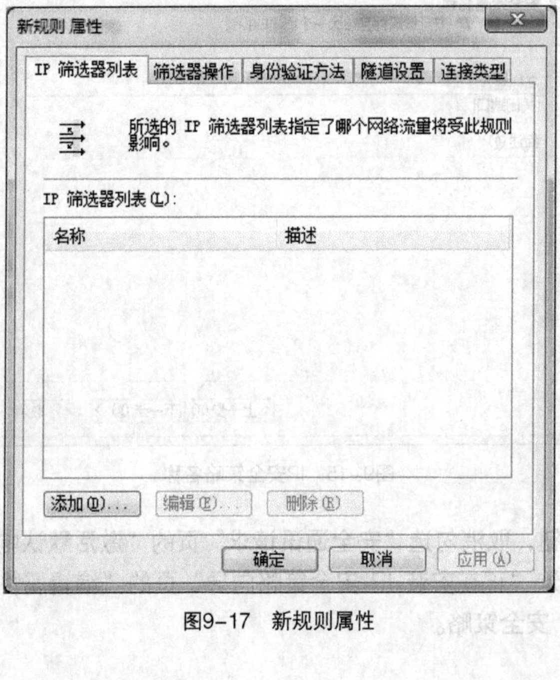

图9-17　新规则属性

单击图 9-17 左下角的“添加”按钮，将弹出“IP 筛选器列表”窗口，如图 9-18 所示。

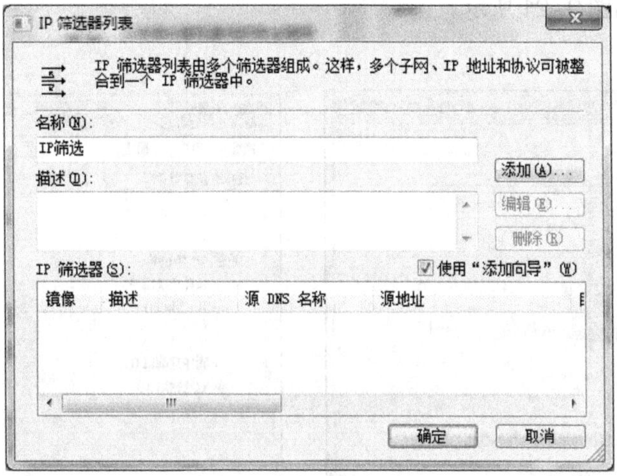

图9-18　IP筛选器列表

IP 筛选器列表由多个筛选器组成，多个子网、IP 地址和协议可以被整合到一个 IP 筛选器中。IP 筛选器列表指定了哪个网络流量将受此规则影响。在图 9-18 所示窗口中设置 IP 筛选器列表名称，取消勾选“使用“添加向导””，单击右侧“添加”按钮，弹出“IP 筛选器 属性”窗口，如图 9-19 所示。

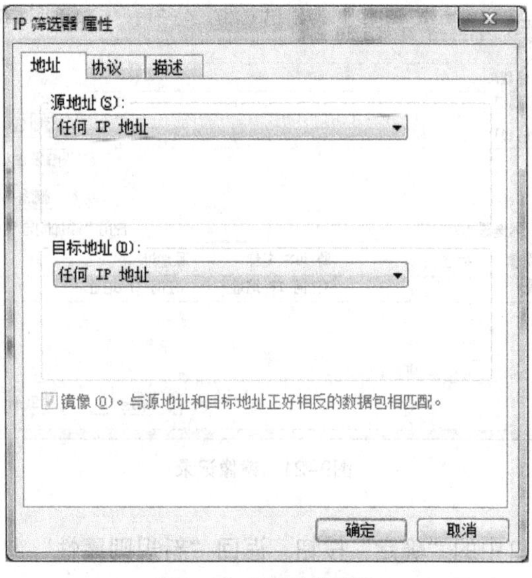

图9-19　IP筛选器属性

在图 9-19 所示的“地址”标签页中，将目的地址设置为“我的 IP 地址”；在“协议”标签页中，选择协议类型为“TCP”、设置 IP 协议端口为从任意端口到此端口“135”，分别如图 9-20

(a)和图 9-20(b)所示。

单击“确定”按钮，返回到“IP 筛选器列表”窗口，可观察到窗口下方的 IP 筛选器列表中新增了一条记录，如图 9-21 所示。

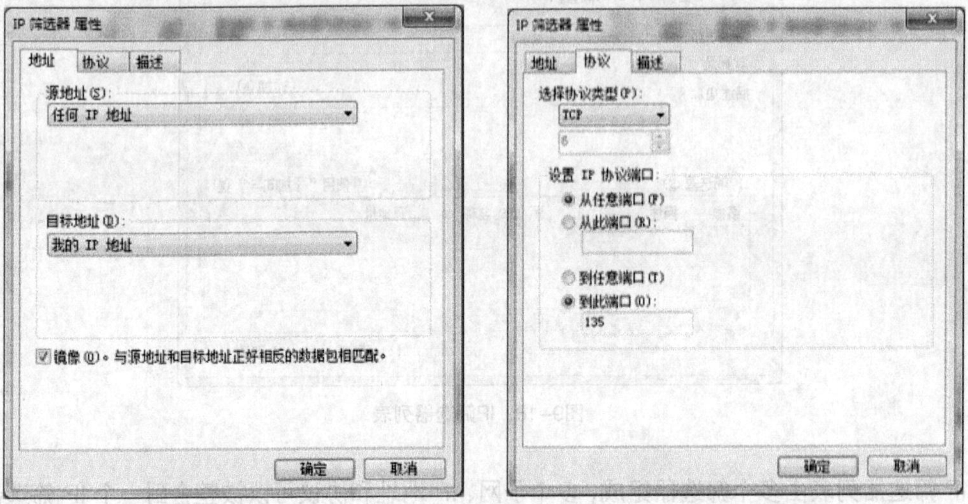

(a) 地址　　(b) 协议

图9-20　IP筛选器属性设置

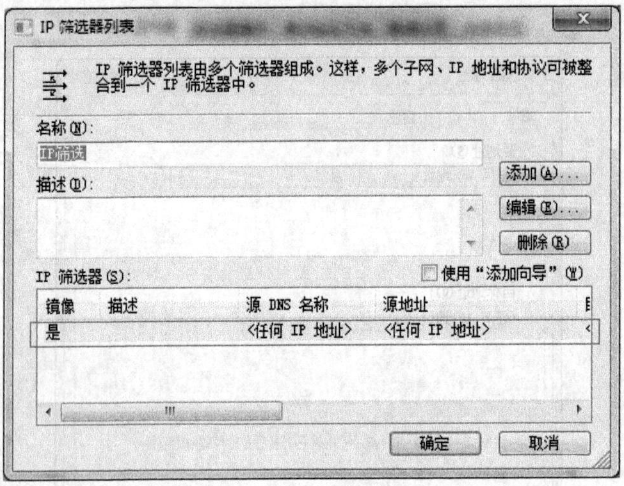

图9-21　镜像记录

单击图 9-21 所示窗口中的“确定”按钮，返回“新规则属性”窗口，该窗口的“IP 筛选器列表”中新增了一条记录，如图 9-22 所示。

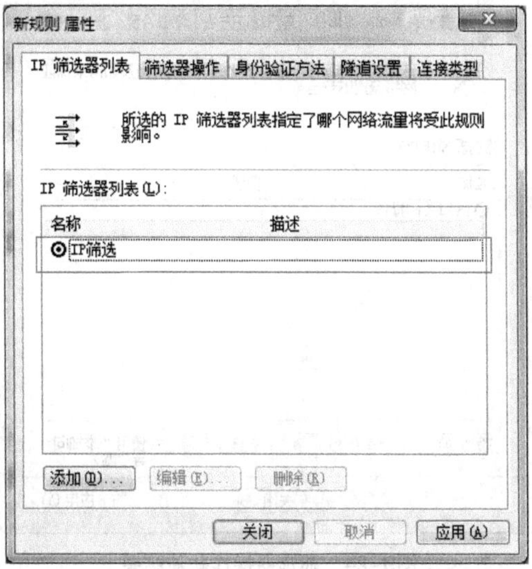

图9-22 IP筛选器添加结果

选中新增的 IP 筛选器“IP 筛选”，单击“筛选器操作”选项卡，取消勾选“使用“添加向导””，单击“添加”按钮，弹出“新筛选器操作属性”窗口，在该窗口的“安全方法”选项卡中选择“阻止”；在“常规”选项卡中设置操作名为“端口关闭操作”，分别如图 9-23（a）和图 9-23（b）所示。

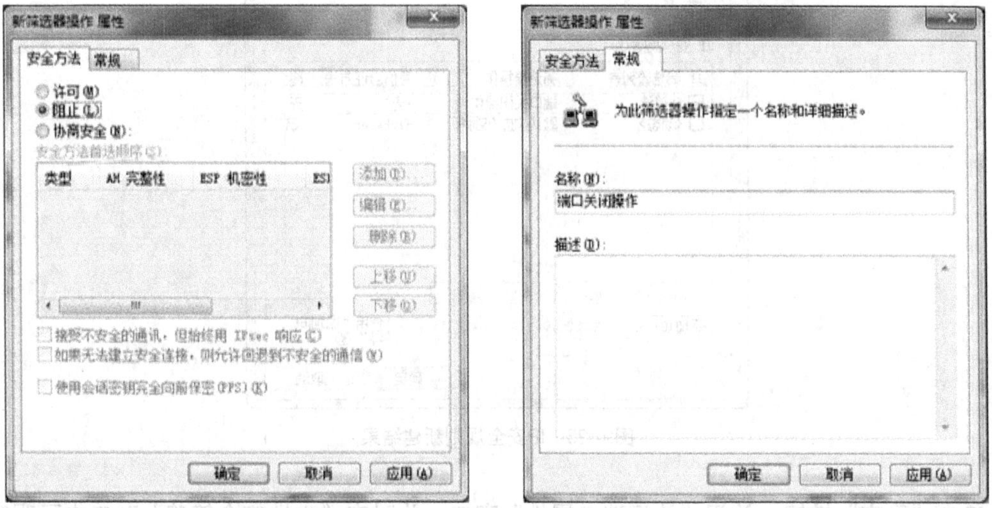

(a) 安全方法　　　　(b) 常规

图9-23 新筛选器操作属性

配置完成后，单击“确定”按钮，返回“新规则属性”窗口，筛选器操作列表中出现之前新建的筛选器操作“端口关闭操作”，如图 9-24 所示。

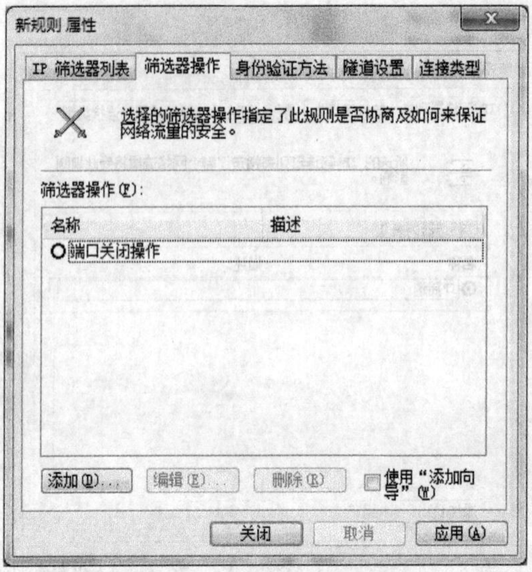

图9-24 筛选器操作新建结果

选中图 9-24 中的“端口关闭操作”，单击“关闭”按钮，返回“关闭端口属性”窗口，在 IP 安全规则列表中可观察到之前新建的 IP 筛选器“IP 筛选”，如图 9-25 所示。

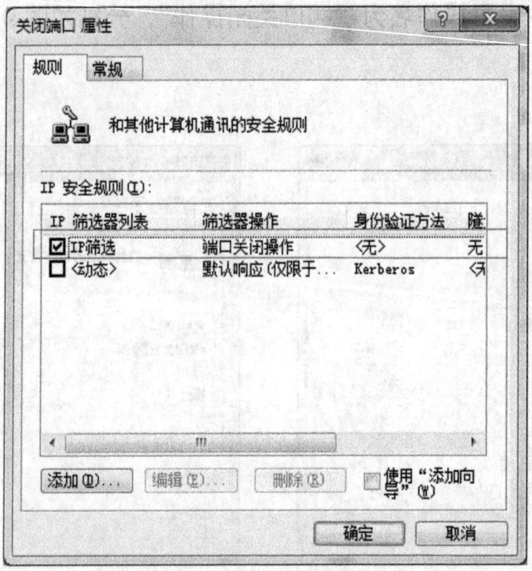

图9-25 IP安全规则新建结果

单击“确定”按钮，关闭“关闭端口属性”窗口，此时在“本地安全策略”窗口中可观察到新建的 IP 安全策略，如图 9-26 所示。

右击图 9-26 中的 IP 安全策略“关闭窗口”，在选项列表中选择“分配”，开始应用该策略。至此，端口 135 被关闭。需要注意的是，若要使用 IP 安全策略，必须保证 IP 安全策略服务 IPSEC Services 开启。

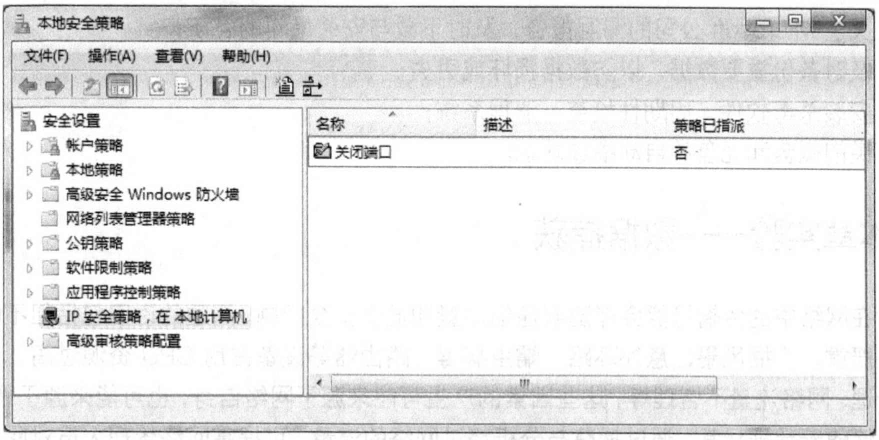

图9-26　IP安全策略新建结果

7. 开启杀毒软件

Windows7 中内置了名为 Windows Defender 的杀毒程序，在“控制面板”→“管理工具”→“服务”中打开“Windows Defender”服务，即可开启此程序。Windows 7 默认开启 Windows Defender，在控制面板中单击相应图标，可打开 Windows Defender 的图形化窗口，如图 9-27 所示。

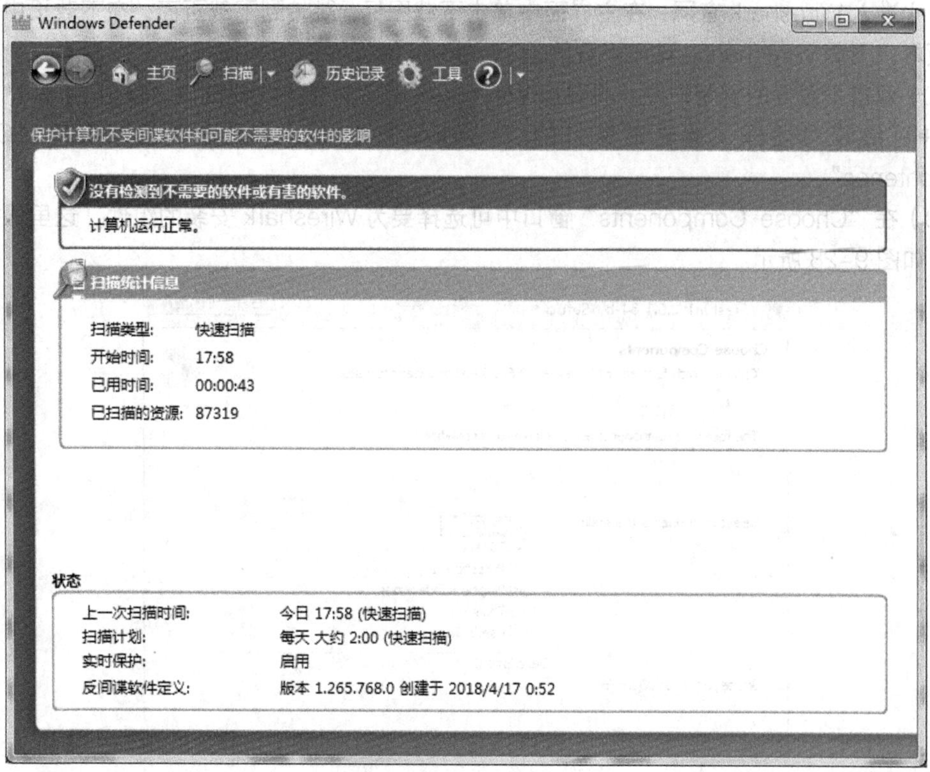

图9-27　Windows Defender

除以上配置外，还可通过以下几点，提高系统安全性：

（1）关注 Microsoft 公司的漏洞报告，及时下载与安装最新的补丁；
（2）及时备份重要数据，以防数据损坏或丢失；
（3）安装杀毒软件，周期性检查、清理系统；
（4）关闭磁盘和光盘的自动播放功能。

9.4 本章实验——数据捕获

信息在网络中的传输可能会伴随着通信质量和通信安全问题，问题的诱因包括但不限于物理线路窜扰严重、广播风暴、意外环路、蠕虫病毒、路由器等设备占用 CPU 资源过高、网络参数配置不合理、网络流量不合理等，这些因素的产生可能来源于网络自身，也可能来源于恶意入侵。问题往往伴随着数据异常，通过捕获与分析经过网络的流量，可提高网络管理人员对网络的掌控能力与解决问题的效率。人们常常借助 Wireshark 捕获与分析流经网络的数据。

Wireshark 是一款开源的网络数据捕获和协议分析工具，它可以捕获指定网卡发送和接收到的网络封包，尽可能显示出最为详细的数据包信息。Wireshark 的功能可以想象成“电工技师使用电表来测量电流、电压、电阻”，只是其应用场景为网络，“电线”实际则是网线。

1. 安装 Wireshark

Wireshark 分为 32 位和 64 位、中文版和英文版，本教材选用 64 位中文版，安装步骤具体如下。

（1）进入 Wireshark 官网，在主界面中单击下载图标，跳转到下载页面，在下载页中选择合适的版本，下载 Wireshark。这里下载的是 Windows Installer（64-bit）。

（2）双击下载好的安装程序，将弹出 Wireshark 安装向导的欢迎窗口，单击“Next”按钮，弹出许可协议对话框，单击该窗口的“I Agree”按钮，弹出选择组件窗口“Choose Compontenes”。

（3）在“Choose Components”窗口中可选择要为 Wireshark 安装的组件，这里保持默认设置，如图 9-28 所示。

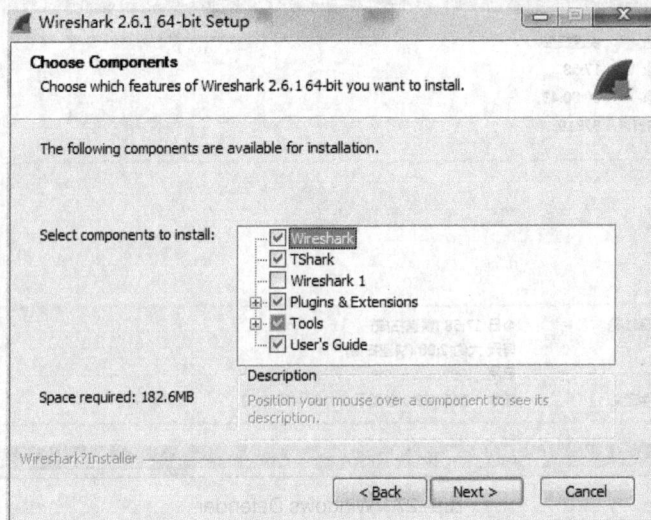

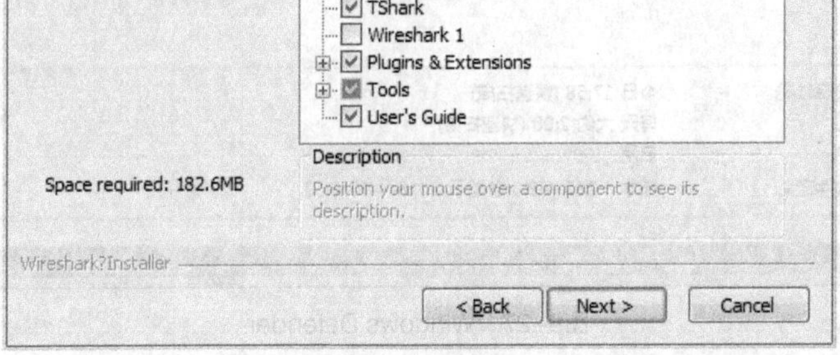

图9-28 选择组件

（4）单击“Next”按钮，将弹出“Select Additional Tasks”窗口，在该窗口中可设置创建快捷方式的位置和关联文件扩展名。此处保持默认设置，如图 9-29 所示。

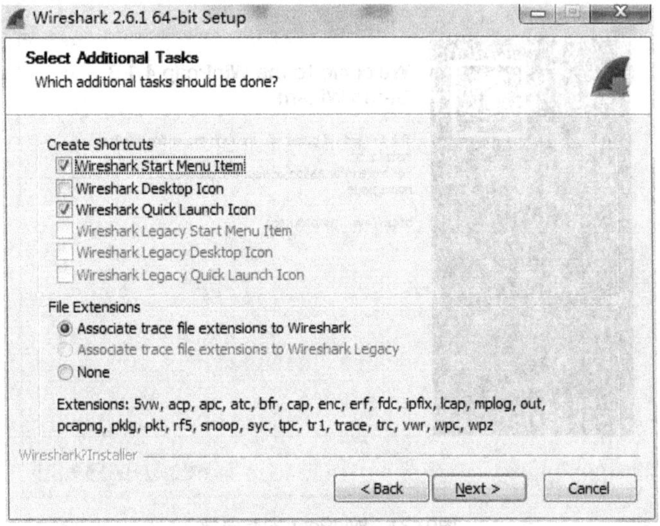

图9-29　选择附加任务

（5）单击“Next”按钮，弹出“Choose Install Location”窗口，在该窗口可选择安装位置。

（6）单击“Choose Install Location”窗口的“Next”按钮，弹出“Packet Capture”窗口，如图 9-30 所示。

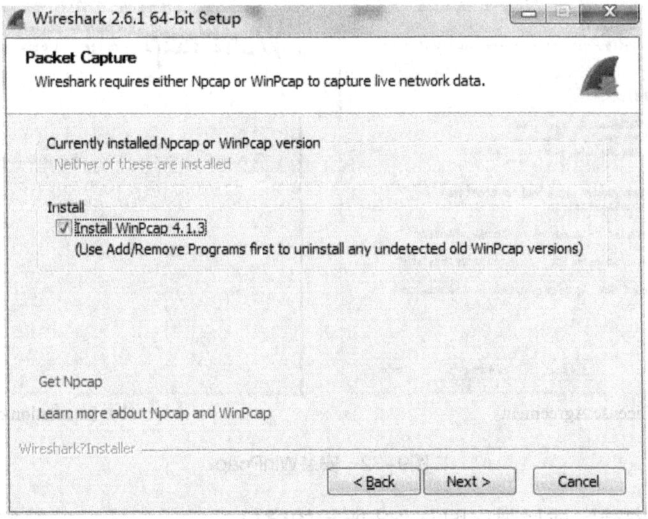

图9-30　Packet Capture

在该窗口中可选择是否安装 WinPcap。WinPcap 是 Windows 平台下的一个免费公共网络访问系统，Wireshark 使用 WinPcap 的接口捕获数据，因此 WinPcap 必须安装。此处勾选“Install WinPcap 4.1.3”复选框。

（7）单击“Next”按钮，进入“Install USBPcap”窗口，USBPcap 用于对 USB 设备进行装包测试，此处保持默认设置（不勾选“Install USBPcap”复选框），单击“Install”按钮，开始安装 Wireshark（此过程需要一段时间）。

（8）安装过程中会弹出 WinPcap 安装向导，如图 9-31 所示。

图9-31　WinPcap安装向导

单击图 9-31 所示窗口中的“Next”按钮，在“License Agreement”窗口中单击“I Agree”接受许可证协议，单击“Installation options”窗口中的“Install”按钮开始安装 WinPcap，License Agreement 窗口和 Installation options 窗口分别如图 9-32（a）和图 9-32（b）所示。

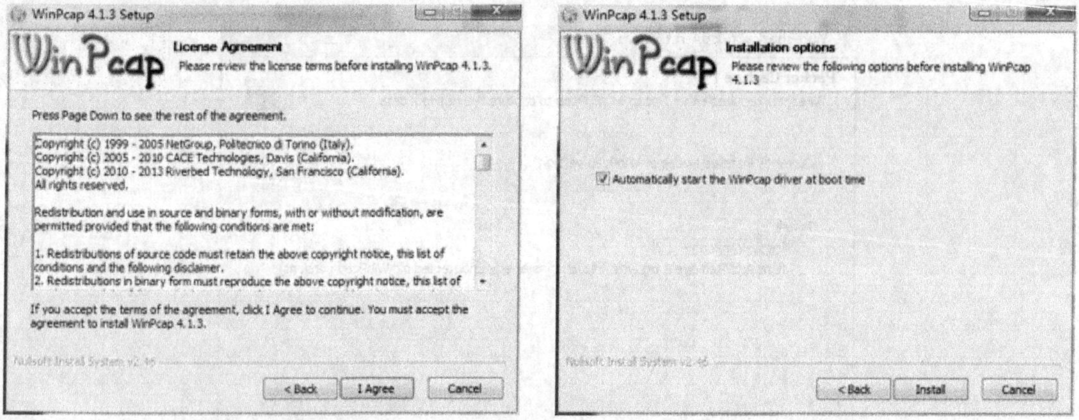

（a）License Agreement　　（b）Installation options

图9-32　安装WinPcap

（9）WinPcap 安装完成后弹出图 9-33 所示的窗口。

单击图 9-34 所示窗口中的“Finish”按钮，结束 WinPcap 的安装。片刻后 Wireshark 安装完成，如图 9-34 所示。

（10）单击“Next”按钮，进入完成设置的提示界面，单击该界面的“Finish”，结束 Wireshark 安装。至此，Wireshark 安装完毕。

启动 Wireshark，其主界面如图 9-35 所示。

图9-33 WinPcap安装完成

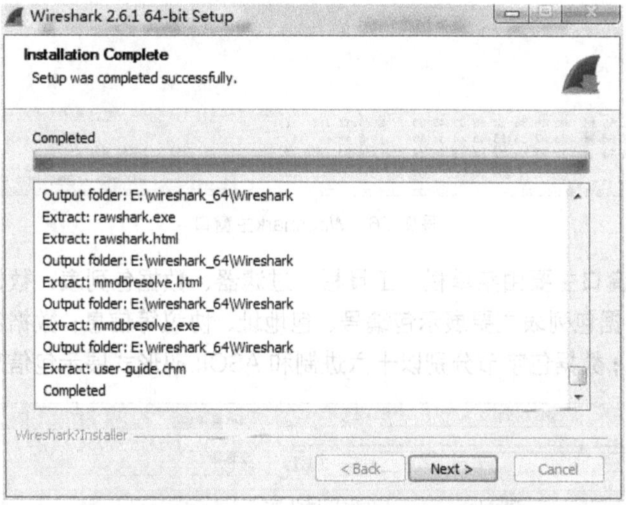

图9-34 Wireshark安装完成

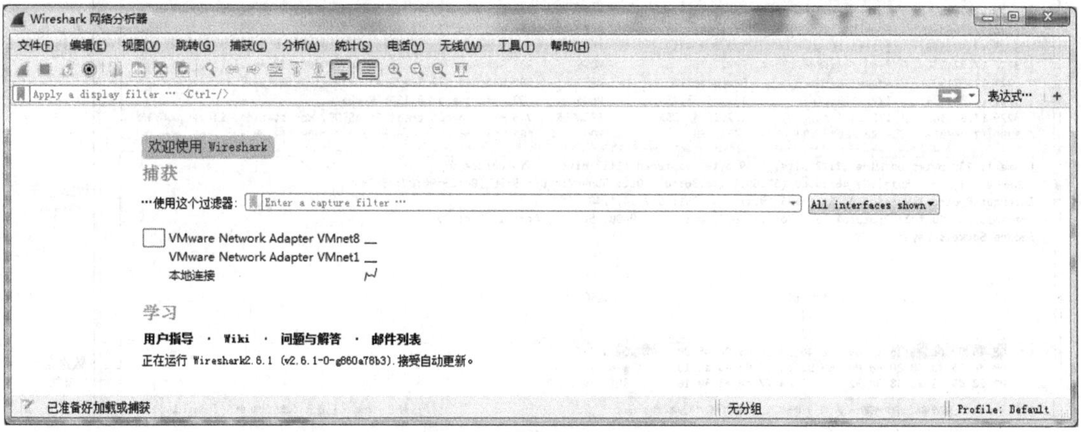

图9-35 Wireshark主界面

Wireshark 主界面中主要包含过滤器和网卡列表，当计算机接入网络，并与网络中的其他主机进行交互时，数据必定经过网卡。双击选择数据会流经的网卡，便可开始抓取数据包。这里双击 Wireshark 主界面中的“本地连接”，将切换到主窗口，开始抓取流经有线网卡上的数据，如图 9-36 所示。

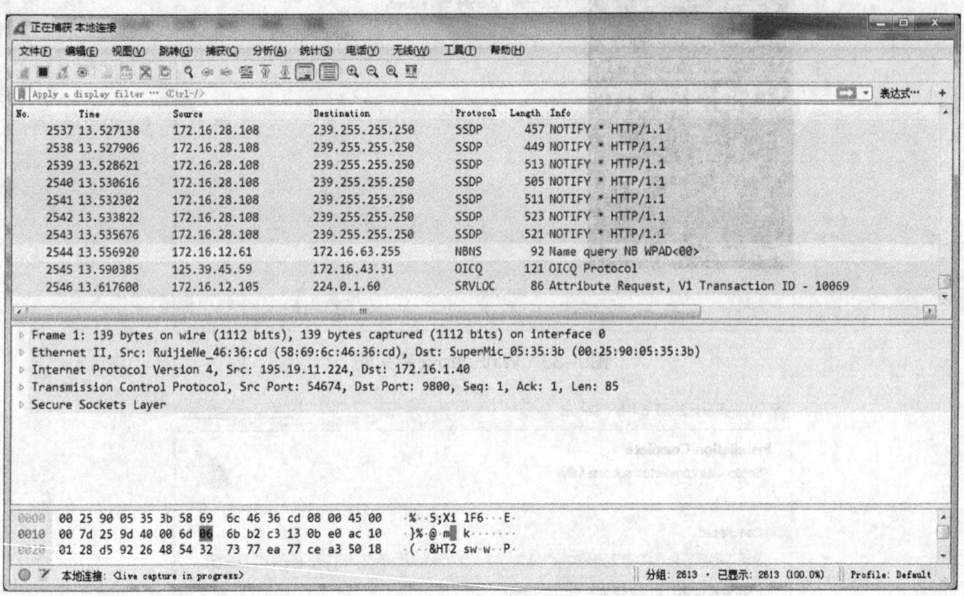

图9-36　Wireshark主窗口

Wireshark 的主窗口主要由菜单栏、工具栏、过滤器、数据包列表、数据包详细信息、数据包字节组成，其中数据包列表主要展示包编号、包地址、协议等信息；数据包详细信息按网络体系结构分层展示信息；数据包字节分别以十六进制和 ASCII 码形式展示包信息，如图 9-37 所示。

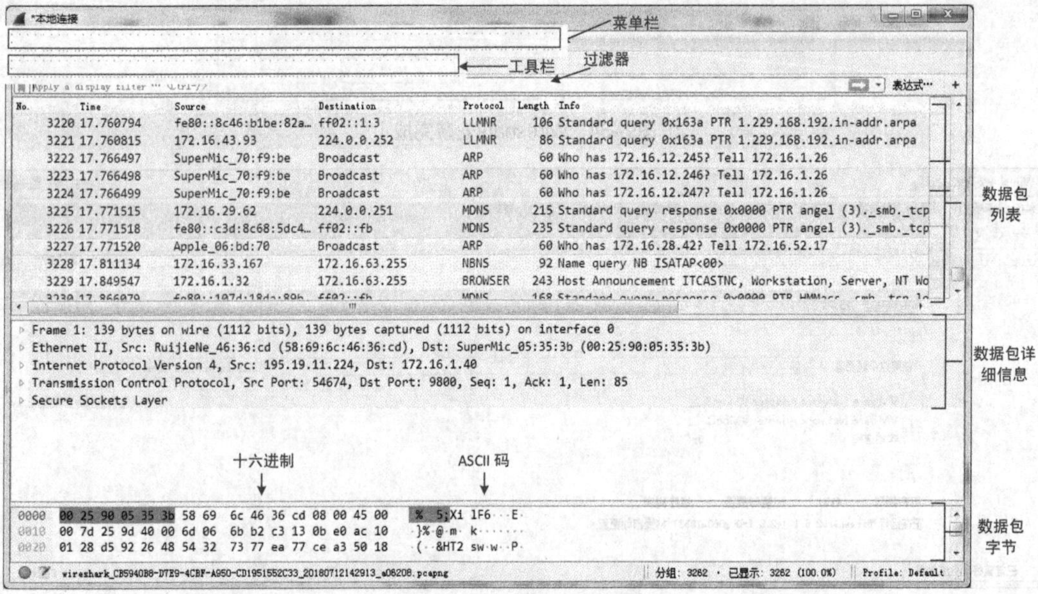

图9-37　主窗口面板组成

单击 Wireshark 主窗口中工具栏的第二个按钮“停止捕获分组”，可停止抓取数据；单击工具栏的第一个按钮“开始捕获分组”，可保存已抓取的数据包，或丢弃数据包，重新抓取数据。

下面通过 Wireshark 进行实验。

2. 抓取 QQ 数据包

本实验将使用 Wireshark 抓取 QQ 聊天过程中产生的数据包，并对 QQ 数据包进行分析。

一、实验目的

（1）熟悉 Wireshark 的功能和用法，可在本地主机上抓取数据。

（2）熟练分析 Wireshark 所抓取数据封包的格式。

（3）强化网络安全意识。

二、实验环境

实验设备：微型计算机，IP 地址为 172.16.43.31。

网络操作系统：Windows 7 系统 64 位。

抓包工具：Wireshark-win64-2.6.1。

三、实验内容

1. 抓取 QQ 数据包

（1）打开 Wireshark，选择“本地连接”，开始抓取数据；打开 QQ，使用 QQ 与列表好友聊天；片刻后单击工具栏按钮，停止捕获数据。

（2）通过 Wireshark 主窗口的过滤器，可对抓取到的数据包进行过滤。在 Wireshark 主窗口的过滤器中输入“oicq”（OICQ 为 QQ 使用的应用层协议），按 Enter 键，可过滤出捕获到的 QQ 数据包，如图 9-38 所示。

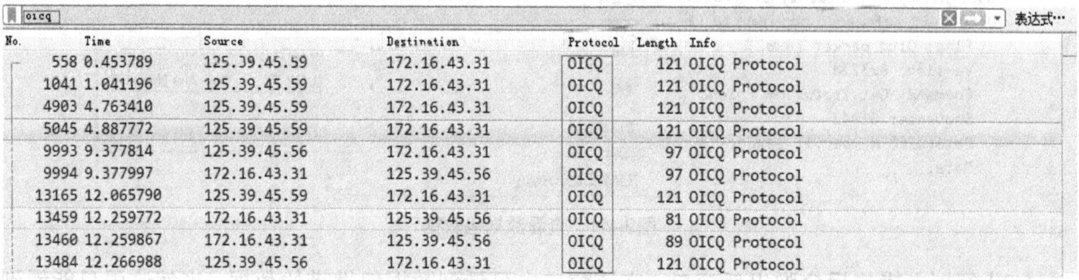

No.	Time	Source	Destination	Protocol	Length	Info
558	0.453789	125.39.45.59	172.16.43.31	OICQ	121	OICQ Protocol
1041	1.041196	125.39.45.59	172.16.43.31	OICQ	121	OICQ Protocol
4903	4.763410	125.39.45.59	172.16.43.31	OICQ	121	OICQ Protocol
5045	4.887772	125.39.45.59	172.16.43.31	OICQ	121	OICQ Protocol
9993	9.377814	125.39.45.56	172.16.43.31	OICQ	97	OICQ Protocol
9994	9.377997	172.16.43.31	125.39.45.56	OICQ	97	OICQ Protocol
13165	12.065790	125.39.45.59	172.16.43.31	OICQ	121	OICQ Protocol
13459	12.259772	172.16.43.31	125.39.45.56	OICQ	81	OICQ Protocol
13460	12.259867	172.16.43.31	125.39.45.56	OICQ	89	OICQ Protocol
13484	12.266988	125.39.45.56	172.16.43.31	OICQ	121	OICQ Protocol

图9-38　QQ数据包列表

由图 9-38 所示窗口中显示的 10 条数据包信息可知，IP 地址为 125.39.45.59 的主机向本机（172.16.43.31）发送了数据。

（3）选中数据包列表中的一条记录，数据包详细信息面板中会显示此数据包的详细信息。以图 9-38 中选中的序号为 5045 的数据包为例，其详细信息如图 9-39 所示。

具体信息将在后面分析。

（4）观察应用层的 OICQ 数据包，在其“Data”项中发现发送消息的 QQ 号码，由此可知数据包抓取成功，如图 9-40 所示。

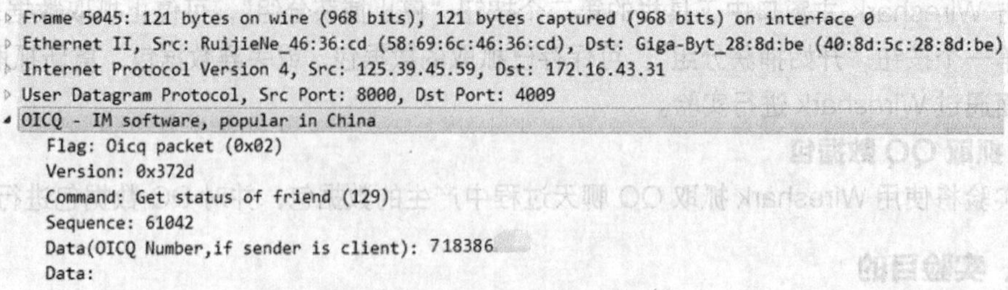

图9-39　数据包5045的详细信息

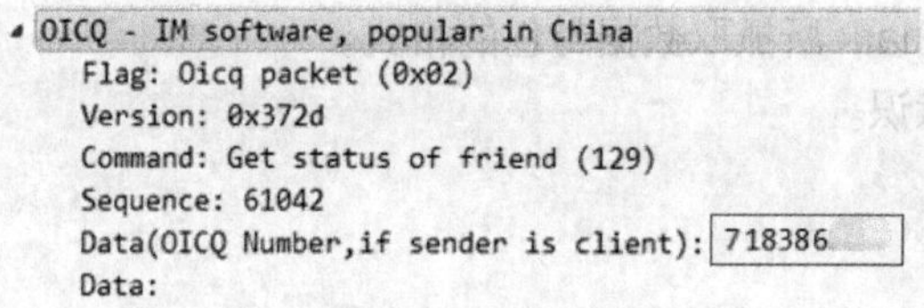

图9-40　应用层信息

（5）右击数据包列表中的记录，在下拉列表中选择“跟踪流”→“UDP 流”，可查看该数据包携带的数据，如图 9-41 所示。

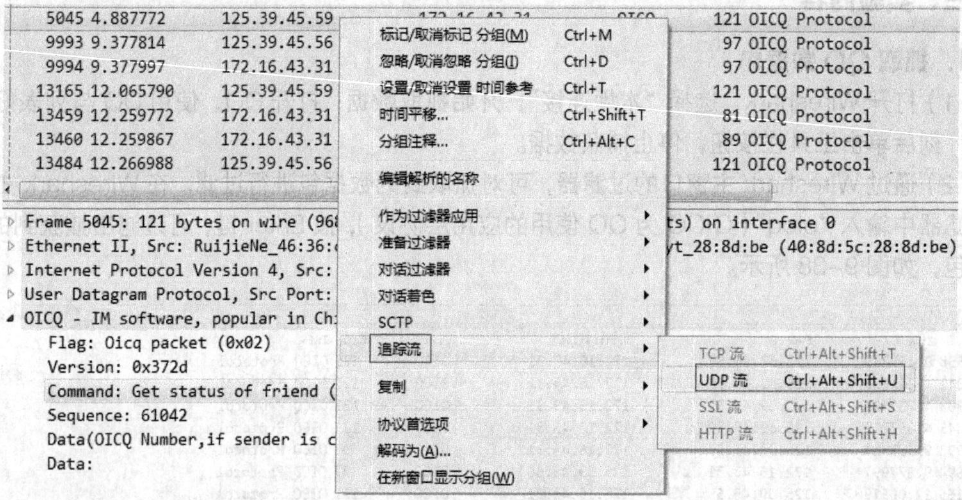

图9-41　查看数据包数据

（6）经以上操作后会弹出新窗口，在该窗口中可看到数据包携带的数据。当然这里只能看到加密后的数据，加密在一定程度上保证了数据在传输过程中的安全性，如图 9-42 所示。

2. 分析 QQ 数据包

选中 QQ 数据包 5045，数据包详细信息面板中展示的信息如图 9-43 所示。

不同数据包显示的项不完全相同，QQ 数据包在详细信息面板中展示的信息有 5 项，这 5 项包含的信息如下。

（1）Frame：物理层的数据帧概况。

（2）Ethernet II：数据链路层以太网帧头部信息。

（3）Internet Protocol Version 4：网络层 IP 数据报头部信息。

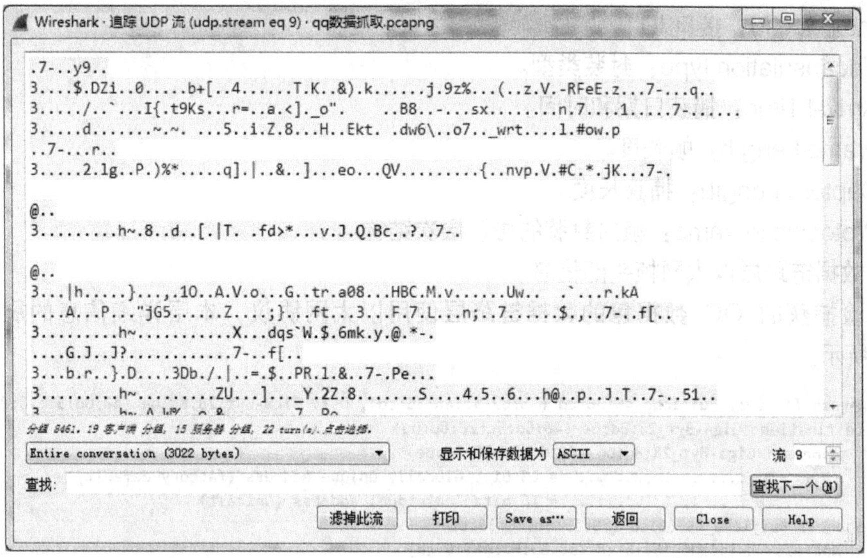

图9-42 UDP流追踪结果

```
▷ Frame 5045: 121 bytes on wire (968 bits), 121 bytes captured (968 bits) on interface 0
▷ Ethernet II, Src: RuijieNe_46:36:cd (58:69:6c:46:36:cd), Dst: Giga-Byt_28:8d:be (40:8d:5c:28:8d:be)
▷ Internet Protocol Version 4, Src: 125.39.45.59, Dst: 172.16.43.31
▷ User Datagram Protocol, Src Port: 8000, Dst Port: 4009
▷ OICQ - IM software, popular in China
```

图9-43 数据包详细信息

（4）User Datagram Protocol：传输层的数据报头部信息，这里使用 UDP。

（5）OICQ ：应用层数据头部信息，这里使用 OICQ 协议。

下面对以上 5 项的展开内容进行说明。

（1）物理层数据帧概况

折叠项中的信息为：物理层对应信息表示线路上传输的数据有 121 字节，本次捕获到的字节数为 121 字节。折叠项的展开内容如图 9-44 所示。

```
◢ Frame 5045: 121 bytes on wire (968 bits), 121 bytes captured (968 bits) on interface 0
  ▷ Interface id: 0 (\Device\NPF_{CB5940B8-D7E9-4CBF-A950-CD1951552C33})
    Encapsulation type: Ethernet (1)
    Arrival Time: Jul 13, 2018 09:36:47.104958000 中国标准时间
    [Time shift for this packet: 0.000000000 seconds]
    Epoch Time: 1531445807.104958000 seconds
    [Time delta from previous captured frame: 0.003586000 seconds]
    [Time delta from previous displayed frame: 0.124362000 seconds]
    [Time since reference or first frame: 4.887772000 seconds]
    Frame Number: 5045
    Frame Length: 121 bytes (968 bits)
    Capture Length: 121 bytes (968 bits)
    [Frame is marked: False]
    [Frame is ignored: False]
    [Protocols in frame: eth:ethertype:ip:udp:oicq]
    [Coloring Rule Name: UDP]
    [Coloring Rule String: udp]
```

图9-44 物理层数据帧概况

由图 9-44 中展示的物理层数据可得知数据包 5045 的主要信息如下。

① Interface id：接口 ID。

② Encapsulation type：封装类型。

③ Arrival Time：捕获日期和时间。

④ Frame Length：帧长度。

⑤ Capture Length：捕获长度。

⑥ Protocols in frame：帧内封装的协议层次结构。

（2）数据链路层以太网帧头部信息

本实验捕获的 QQ 数据包的数据链路层使用以太网协议，本层详细信息的展开内容如图 9-45 所示。

```
◢ Ethernet II, Src: RuijieNe_46:36:cd (58:69:6c:46:36:cd), Dst: Giga-Byt_28:8d:be (40:8d:5c:28:8d:be)
  ◢ Destination: Giga-Byt_28:8d:be (40:8d:5c:28:8d:be)
      Address: Giga-Byt_28:8d:be (40:8d:5c:28:8d:be)
      .... ..0. .... .... .... .... = LG bit: Globally unique address (factory default)
      .... ...0 .... .... .... .... = IG bit: Individual address (unicast)
  ◢ Source: RuijieNe_46:36:cd (58:69:6c:46:36:cd)
      Address: RuijieNe_46:36:cd (58:69:6c:46:36:cd)
      .... ..0. .... .... .... .... = LG bit: Globally unique address (factory default)
      .... ...0 .... .... .... .... = IG bit: Individual address (unicast)
    Type: IPv4 (0x0800)
```

图9-45 数据链路层以太网帧头部信息

由图 9-45 可获得的主要信息如下。

① Destination：目标 MAC 地址。

② Source：源 MAC 地址。

③ Type：IP 协议版本。

选中 Type 信息，在数据包字节面板中可观察到十六进制码顺序。结合 IP 协议版本 0x0800 在数据包字节中的十六进制码顺序，可得知数据在网络中的存储模式。本次捕获的数据包 5054 其数据包字节面板如图 9-46 所示。

```
    Type: IPv4 (0x0800)
▷ Internet Protocol Version 4, Src: 125.39.45.59, Dst: 172.16.43.31
▷ User Datagram Protocol, Src Port: 8000, Dst Port: 4009
▷ OICQ - IM software, popular in China

0000  40 8d 5c 28 8d be 58 69  6c 46 36 cd 08 00 45 20   @·\(··Xi lF6···E
0010  00 6b 29 6a 40 00 31 11  9e 66 7d 27 2d 3b ac 10   ·k)j@·1· ·f}'-;··
0020  2b 1f 1f 40 0f a9 00 57  c1 08 02 37 2d 00 81 ee   +··@···W ···7-···
0030  72 1b b3 0a 33 00 00 00  14 e3 32 df 6c 67 e0 9f   r···3··· ··2·lg··
0040  50 f0 29 25 2a ff b8 11  18 d6 71 5d ab 7c a6 d9   P·)%*··· ··q]·|··
0050  26 bd b5 5d c9 ee 18 65  6f 13 b5 03 51 56 ff e5   &··]···e o···QV··
0060  e7 ee bd 14 1e 18 84 7b  b2 fa 6e 76 70 cb 56 c7   ·······{ ··nvp·V·
0070  23 43 f7 2a e8 6a 4b c0  03                        #C·*·jK· ·
```

图9-46 数据包字节面板

由图 9-46 可知，0x0800 的低位“00”存储在高地址，高位“08”存储在低地址，所以本次捕获的 QQ 数据包在网络中以小端模式存储。

（3）网络层 IP 数据报头部信息

本实验捕获的 QQ 数据包的网络层使用 IP，本层对应的详细信息的展开内容如图 9-47 所示。

```
◢ Internet Protocol Version 4, Src: 125.39.45.59, Dst: 172.16.43.31
    0100 .... = Version: 4
    .... 0101 = Header Length: 20 bytes (5)
  ▷ Differentiated Services Field: 0x20 (DSCP: CS1, ECN: Not-ECT)
    Total Length: 107
    Identification: 0x296a (10602)
  ◢ Flags: 0x4000, Don't fragment
      0... .... .... .... = Reserved bit: Not set
      .1.. .... .... .... = Don't fragment: Set
      ..0. .... .... .... = More fragments: Not set
      ...0 0000 0000 0000 = Fragment offset: 0
    Time to live: 49
    Protocol: UDP (17)
    Header checksum: 0x9e66 [validation disabled]
    [Header checksum status: Unverified]
    Source: 125.39.45.59
    Destination: 172.16.43.31
```

图9-47　网络层IP数据报头部信息

由图 9-47 可获得的主要信息如下。

① Version：IP 协议版本。

② Header Length：IP 数据报头部长度。

③ Differentiated Services Field：差分服务字段。

④ Total Length：IP 数据报的总长度。

⑤ Identification：标志字段。

⑥ Flags：标记字段。

⑦ Fragment offset：分段偏移量。

⑧ Time to live：生存期 TTL。

⑨ Protocol：IP 数据报中封装的上层协议。

⑩ Header checksum：头部数据的校验和。

⑪ Source：源 IP 地址。

⑫ Destination：目的 IP 地址。

（4）传输层 UDP 数据报头部信息

本实验捕获的 QQ 数据包在传输层使用的协议为 UDP，本层对应的详细信息的展开内容如图 9-48 所示。

```
◢ User Datagram Protocol, Src Port: 8000, Dst Port: 4009
    Source Port: 8000
    Destination Port: 4009
    Length: 87
    Checksum: 0xc108 [unverified]
    [Checksum Status: Unverified]
    [Stream index: 9]
```

图9-48　UDP数据报头部信息

由图 9-48 可获得的主要信息如下。

① Source Port：源端口号。

② Destination Port：目标端口号。

③ Length：UDP 数据报长度。

④ Checksum：校验和。

（5）应用层 OICQ 数据报头部信息

本实验捕获的 QQ 数据包在应用层使用 OICQ 协议，本层对应的详细信息的展开内容如图 9-49 所示。

```
◢ OICQ - IM software, popular in China
    Flag: Oicq packet (0x02)
    Version: 0x372d
    Command: Receive message (23)
    Sequence: 28934
    Data(OICQ Number,if sender is client): 718386
```

图9-49　OICQ数据报头部信息

由 9-49 可获得的主要信息如下。

① OICQ-IM software，popular in China：应用相关信息。

② Flag：标识。OICQ 标识固定为 0x02。

③ Version：协议版本。

④ Command：通信中发出的命令。

⑤ Data：与应用相关的数据信息。

通过 Wireshark 监听网络节点可容易地获取流经节点的数据。网络管理员可通过对 Wireshark 捕获的数据进行分析，判断网络状况，及时发现网络中出现的问题。

四、总结

分析实验数据，总结实验中出现的问题。

9.5 本章小结

本章主要讲解与网络安全相关的知识，包括网络安全的概念、实现信息安全、网络安全的技术，以及系统安全的常用配置，并在实验中介绍了抓取数据包、分析数据包的方法。通过本章的学习，读者应对网络遭遇的威胁、保障网络安全的技术有所了解，能通过更改系统配置提高系统安全性，并了解如何抓取、分析数据包。

9.6 本章习题

一、填空题

1. 网络安全包括物理安全和逻辑安全两方面，逻辑安全指信息的保密性、________、________、可控性和________。

2. ________指攻击者以向服务器发送大量垃圾信息或干扰信息的方式，使服务器无法向正常用户提供服务的现象。

3. 信息加密技术由明文、密文、________和________4 个部分组成。

4. 按加密密钥与解密密钥是否相同分类，可将加密技术分为________和________。

5. 常见的网络安全技术有________、________和入侵检测技术等。

二、判断题

1. 与对称加密算法相比，非对称加密算法的密钥管理简单。 ( )
2. 与信息加密技术相比，信息隐藏技术更能保证信息的安全。 ( )
3. 软件防火墙像其他软件产品一样，安装之后便可使用，实现保护计算机的功能。 ( )
4. 包过滤防火墙基于数据包头的源 IP 地址、目的 IP 地址、端口号和协议等信息对包进行过滤，它工作在 OSI 参考模型的传输层。 ( )
5. 一个成功的 IDS 系统能使系统管理员及时获知网络信息系统的变更，并做出响应。 ( )

三、单选题

1. 下面关于流量分析的说法中，不正确的是？ ( )
   A. 流量分析也称为截取，是一种非显式的威胁，通常难以检测
   B. 攻击者往往只是观察和分析通信实体的通信内容，不会直接干扰通信过程
   C. 攻击者可能从通信内容中了解数据的性质、获取通信实体的身份和地址
   D. 流量分析会在分析的同时在计算机程序中插入破坏计算机功能和数据的代码
2. 下列哪个选项会在运行环境满足一定条件时，执行一些特殊的功能？ ( )
   A. 蠕虫病毒　B. 特洛伊木马　C. 逻辑炸弹　D. 以上全部
3. 下列哪个选项是目前最有代表性的非对称加密算法？ ( )
   A. RSA　B. AES　C. IDEA　D. Hash
4. 下列哪个选项是信息认证技术的基本功能？ ( )
   A. 合法的接收者能够验证其所接收的信息的真实性
   B. 信息发送者无法否认自己发送的信息
   C. 除合法的发送者外，他人无法伪造信息
   D. 以上全部
5. 下列哪个防火墙工作在会话层？ ( )
   A. 包过滤防火墙　B. 应用级网关
   C. 电路级网关　D. 以上全部

四、简答题

简述数字签名技术的实现过程。